Kontaktadresse nach EU-Produktsicherheitsverordnung:
produktsicherheit@fischerverlage.de

Selma Lagerlöf

Gesammelte Erzählungen

Aus dem Schwedischen
von Marie Franzos

Herausgegeben
von Astrid Erb

Fischer Taschenbuch Verlag

2. Auflage

Hedderichstr. 114, 60596 Frankfurt am Main
Druck und Bindung: BoD – Books on Demand GmbH,
Norderstedt, Germany
ISBN 978-3-596-90383-2

Unsere Adresse im Internet:
www.fischerverlage.de
www.fischer-klassik.de

Inhalt

Der Stein im See 7
Die Silbergrube 25
Das Wasser in der Kirchenbucht 41
Die Legende vom Vogelnest 56
Die Legende von der Christrose 64
Gottesfriede 81
Das Mädchen vom Moorhof 93
Herrn Arnes Schatz 153
Der Wechselbalg 225
Das Hünengrab 240

Anhang

Quellennachweise 263
Daten zu Leben und Werk 264
Aus Kindlers Literatur Lexikon:
Selma Lagerlöf, ›Das erzählerische Werk‹ 268

Der Stein im See

Es war einmal im siebzehnten Jahrhundert ein armer Geistlicher, der auf der Kanzel der Broer Kirche in Värmland stand und seine Predigt las. Die Bankreihen unter ihm waren voll von Leuten, die ganz stumm und andächtig dasaßen, die Frühlingssonne schien durch die kleinen Fensterscheiben und verjagte die Winterkälte aus dem ungeheizten Gotteshaus, der Küster stand Wache, um einen jeden zu wecken, der es sich etwa einfallen lassen sollte einzuschlummern, alles ging, wie es sollte, und dem Prediger war froh ums Herz wie dem Sämann, wenn er gute Saat in wohlgepflügte Erde streut.

Der Prediger war groß und ungeschlacht, mit starker Stimme und gewaltigen Fäusten, ein ganzer Kerl. Er war so dunkel, daß, wer ihn sah, ohne zu wissen, wer er war, beinahe vor ihm erschrecken konnte. Das schwarze Haar fiel ihm nach Bauernart bis auf die Schultern und hing tief in die Stirn. Die Augenbrauen zogen sich grob wie Stricke über die strengen Augen, und kaum wurde die Haut der Wangen ein bißchen lichter, fing schon der buschige schwarze Bart an und verdeckte den unteren Teil des Gesichts. Als der Geistliche ungefähr zur Mitte seiner Predigt gekommen war, hörte er vor der Kirche Pferdegetrappel und laute Menschenstimmen. »Da sind welche, die zum Gottesdienst zu spät kommen. Wenn sie doch den Verstand hätten, draußen zu bleiben, bis die Predigt aus ist«, dachte er. »Wenn sie jetzt hereinkommen, so stören sie doch nur, und sie haben ja auch keine Erbauung davon, eine halbe Predigt zu hören.« Aber es ging nicht so, wie der Geistliche wünschte. Die Neuankömmlinge kamen vielmehr gleich darauf über den Steinboden des Waffenhauses getrappelt, geradewegs auf die Kirchentüre zu. Sie gingen schwer, und sie sprachen laut. Es sah aus, als wollten sie so viel Lärm machen, als ihnen nur möglich war.

Obgleich er ruhig weitersprach, merkte der Prediger doch, daß dieser und jener unter seinen Zuhörern schon aus seiner Andacht gerissen war und den Kopf zur Türe drehte. Er wünschte inbrünstig, daß die Kommenden sich doch wenigstens auf einer der hintersten Bänke niederlassen und nicht in die Nähe der Kanzel vordringen möchten.

Aber auch diese Hoffnung erfüllte sich nicht. Die Kirchentüren wurden mit Lärm und Getöse aufgerissen, und den großen Gang herauf kam ein Zug von gut zwanzig Menschen. Nach all dem Lärm, den sie gemacht hatten, hätte man eine Schar betrunkener Kriegsknechte erwarten können, doch nein, es war eine hochgewachsene junge Bauerstochter, die an der Spitze des Zuges ging, und lauter friedliche Bauersleute folgten ihr nach. Sie war blond und schön, trug pelzverbrämte Kleider aus weißem Fries und hatte so viel Silbergeschmeide um Hals und Gürtel, daß es wohl seine zwölf, dreizehn Pfund wiegen mochte. Die hinterher kamen, waren alle dunkel gekleidet. Es waren Alte und Junge darunter, Mannsbilder und Weibsleute. Der Geistliche sah, daß es Herrschaft und Gesinde eines großen Bauernhofes sein mußten, die da zur Kirche gekommen waren.

Es fiel dem Geistlichen schwer, in seiner Predigt fortzufahren, denn jetzt hatte die ganze Gemeinde ihre Gedanken von dem Gottesdienst abgewandt und starrte nur immerzu die Neuangekommenen an. Und das war auch nicht zu verwundern, denn sie betrugen sich nicht so, wie sie sollten, wenn sie in ein Gotteshaus traten. Sie verhielten sich wohl jetzt, nachdem sie unter die Kirchenwölbung getreten waren, schweigend, aber gerade als sie an der Kanzel vorbeigehen wollten, blieb die junge stattliche Bauerstochter stehen und fing an, den Geistlichen anzugaffen, als hätte sie nie seinesgleichen gesehen. Sie machte die anderen auf ihn aufmerksam, und nun blieben sie allesamt stehen und betrachteten ihn mit erstaunten Gebärden, ganz als wäre er ein wunderliches Tier in einer Jahrmarktbude.

Der Prediger war sich wohl bewußt, daß er ein geringer Mann

war. Er war nicht Propst, er war nicht Pastor, er war nur ein armer Hilfsgeistlicher, der von Kirchspiel zu Kirchspiel geschickt wurde. Er war an Demütigungen und Verachtung gewöhnt, aber dieses Angaffen war doch etwas, was er nicht dulden zu müssen glaubte. Hier stand er als ein Verkünder von Gottes Wort, und hier durfte ihm niemand Mißachtung zeigen. Die grobe Faust erhob sich und fiel mit solcher Wucht auf die Kanzel nieder, daß es in der ganzen Kirche widerhallte.

Er wollte es damit nicht genug sein lassen. Dem Faustschlag sollten auch noch ein paar strenge Worte an die Friedensstörer folgen, aber dazu kam es nicht. Er sah noch einmal in das trotzige Gesicht der Bauerstochter, bevor er zu reden anfing, und dann wurde nichts aus der Strafpredigt. Er beugte sich über sein Heft und predigte zu Ende, ohne auch nur einen einzigen Blick mehr in die Kirche zu werfen. Als der Geistliche dann in die Sakristei kam, war kein Mensch drinnen. Er setzte sich auf ein kleines schmales Bänkchen, stützte den Kopf in die Hände und starrte vor sich hin. Er sah ganz verstört aus.

Das Unglück war, daß er dieser Tage mit dem Küster davon gesprochen hatte, wie kümmerlich er es hatte. Denn er bekam ja für seine Arbeit so gut wie keinen Lohn. Er war der Hilfsgeistliche eines armen Vikars, der selbst kaum genug zum Leben hatte. Er konnte nichts verlangen, wo nichts zu holen war.

Auch war er kein alleinstehender Mann. Er war verheiratet gewesen und hatte für drei kleine Kinder zwischen zwei und fünf Jahren zu sorgen. Er hatte es so schwer, daß er schon an das Konsistorium geschrieben hatte, man möchte ihm doch um Gottes Barmherzigkeit willen zu einer anderen Stelle verhelfen. Hier wohnte er ja in einer kleinen Hütte, die aus einem einzigen Raum bestand. Er hatte nicht die Mittel, sich Knecht oder Magd zu halten, und der Hunger war täglicher Gast bei ihm. Niemandem in der ganzen Gemeinde ging es so erbärmlich wie ihm. Er mußte von hier fort. Da hatte ihm der Küster gesagt, er könne doch etwas tun, das besser sei, als seiner Wege zu gehen. Der Prediger hatte zu wissen verlangt, was dies wäre, und darauf hatte der Küster zurückgefragt, ob er denn etwas dagegen habe, noch einmal zu heiraten.

Hier im Kirchspiel war eine reiche Bauerstochter. Die hatte noch keinem Freier ihr Jawort gegeben, sondern führte ihre große Wirtschaft selbst. Aber wer konnte wissen, was sie sagen würde, wenn nun der Prediger – sie war ja nicht mehr ganz so jung, aber ein stattliches Frauenzimmer. Der Prediger hatte sie wohl noch nicht gesehen, denn sie wohnte in einem entlegenen Winkel des großen Kirchspiels. Sie hatte mehrere Meilen zur Kirche und kam auch höchstens zweimal im Jahre hin. Zu seinen Zeiten war sie noch nicht da gewesen.

Der Küster hatte die Sache so gut darzustellen gewußt, daß der Prediger ihm die Erlaubnis gegeben hatte, nicht gerade zu freien, aber doch sich ein wenig zu erkundigen, ob sie, Gudrun Ivarsdotter, daran denken würde, ihn zu heiraten.

Er hatte ja begriffen, daß sie alt und häßlich sein mußte, und vielleicht war sie auch noch obendrein böse, aber danach hatte er nicht gefragt. Er hatte nur daran gedacht, daß, wenn er sie bekäme, die kleinen Kinder nicht mehr über Hunger zu klagen brauchten. Nun, in der Kirche, gerade als er seine Strafpredigt beginnen wollte, war es ihm klar geworden, daß das die reiche Bauerstochter war, um die er geworben hatte und die nun gekommen war, um ihm Bescheid zu geben.

Sie war in dieser Weise gekommen, um dem armen Geistlichen zu zeigen, daß sie viel zu gut für ihn war, und darin mußte er ihr recht geben. Wenn er doch nur dem Küster nicht aufs Wort geglaubt hätte! Hätte er nur gewußt, daß sie noch jung und schön war, so wäre er dieser neuen Demütigung entgangen! Er blieb lange in der Sakristei sitzen, um Gudrun Ivarsdotter und all den anderen Zeit zu lassen, sich wegzubegeben, bis er über den Kirchenhügel ging. Aber sie hatte sich offenbar nicht beeilt, denn als er die Sakristeitür öffnete, war sie noch da. Sie wollte sich eben in den Sattel schwingen und war auf einen Stein gestiegen, der zur Bequemlichkeit der Reitenden gerade vor das Kirchentor gelegt worden war. Ihr Knecht, der das Pferd hielt, konnte es nicht still halten, so daß es ihr ein ums andere Mal mißlang, auf den hohen Quersattel hinaufzukommen.

Da trat der Prediger rasch heran. Er faßte Gudrun mit seinen starken Armen, hob sie hoch in die Höhe und setzte sie dann derb in den Sattel.

Sie war wahrlich nicht auf den Mund gefallen, aber sie fand kein Wort der Erwiderung, sondern ritt schweigend fort.

Nach diesem Frühlingssonntag begann für den armen Hilfsgeistlichen wie für die ganze Gemeinde eine Zeit, die schlimmer war als alles, was sie je miterlebt hatten. Der Frühling hatte schon im April so schön begonnen, daß es beinahe sommerlich warm gewesen war. Schnee und Eis verschwanden, der Boden grünte, die Bäume schlugen aus, und die Leute mußten sich sputen, so sehr sie nur konnten, um die Saat in die Erde zu bringen. Dafür, daß es April war, fiel merkwürdig wenig Regen, aber um so mehr würde wohl im Mai nachkommen. Regen bekam man immer noch genug, da brauchte einem nicht bange zu sein. Von dieser Ware gab es eher zu viel als zu wenig.

Aber der Mai wurde trocken und windig, nur hier und da gab es einen kurzen Schauer. Die Leute erwarteten, daß der Regen zu Pfingsten kommen würde, wenn schon nicht früher, aber der Pfingstsonntag brach blank und klar an wie alle anderen Tage, und in der Nacht zum Pfingstmontag wurde es so kalt, daß es fror. Der Frost griff ungleich an, wie gewöhnlich. Manche Felder wurden ganz zerstört, aber viele hielten sich noch, und das Gras auf Wiesen und Angern sah ganz gut aus. Es fehlte eben nur der Regen.

Der Johannistag pflegte ja ebenso große Macht zu haben, den Regen anzuziehen, wie Pfingsten, und am Johannisabend stiegen denn auch dunkle Wolken am Himmel auf. Es gab ein heftiges Gewitter, und etliche Hagelkörner kamen herabgeprasselt, das war alles.

Dann wölbte sich der Himmel ganze drei Monate lang klar und wolkenlos. Die Erde wurde so erhitzt wie ein Backofen. Nacht und Tag waren gleich schwül und drückend.

Das Gras wurde braun gebrannt und verkümmerte. Das Korn bekam Ähren, als die Halme noch keine Handbreit aus der Erde standen. Alles wurde frühzeitig reif, und die Ernte war leicht zu bergen. Aber dafür fanden sich auch große klaffende Lücken in Scheuern und Vorratshäusern.

Den Sommer über wurde die ganze Gegend von großen Waldbränden heimgesucht. Es war kaum möglich, ein Feld zu schwenden, ohne daß das Feuer auf den Wald übergriff. Es war noch gut, daß es auf den Äckern so wenig zu tun gab, denn man mußte beständig in den Wald eilen, um dort zu löschen.

Gegen Ende August wurden die Nächte lang und dunkel, die Sonne büßte ihre Kraft ein, jetzt mußte es den Wolken doch endlich möglich sein, sich zu sammeln. Das taten sie auch, sie ballten sich so dicht und schwer zusammen, daß der Regen gar nicht die Macht hatte, aus ihnen hervorzubrechen. Um diese Zeit begann das Wasser in Quellen und Bächen zu versiegen. Die Mühlen standen still, und die Getreide zu mahlen hatten, mußten ihre alten Handmühlen hervorsuchen. Im Walde verdorrte alles Futter, die Herden kehrten von selbst auf die Höfe zurück, als wollten sie die Bauersleute um Hilfe anflehen.

Jetzt waren die Menschen nicht mehr im Zweifel darüber, daß ihnen ein Notjahr bevorstand. Sie wanderten alle aus den Häusern in den Wald, um für ihr Vieh Moos, Flechten und Laub einzusammeln. Ihr eigenes Brot mischten sie bald mit Waldbeeren, bald mit feingehacktem Stroh, bald mit getrockneter, zerstoßener Rinde.

Im Oktober mußte schließlich doch Regen kommen. Es konnte der Ernte ja nicht mehr helfen, aber es wäre doch ein Gutes, wenn man Wasser für Mensch und Vieh bekäme und die Mühlen in Gang setzen könnte. Aber der Oktober wurde klar und wolkenlos, nahezu wie ein Sommermonat. In diesen Monat fiel der Jahrmarkt, und der pflegte immer schlechtes Wetter anzuziehen wie alle großen Feiertage. Der Markttag brach auch mit scharfem Nordwind und bitterer Kälte an, aber Regen brachte er keinen.

Jetzt waren es nicht nur die zahmen Tiere, die dem Dorfe zustrebten, jetzt kamen auch die Waldtiere zu den Menschenwohnungen geschlichen, um zu sehen, ob es nicht da etwas zu essen und zu trinken gäbe.

Die Menschen konnten sich auch nicht still verhalten. Sie begannen auf die Wanderschaft zu gehen, wie die Tiere. Ganze Familien griffen zum Bettelstab und zogen fort, um zu sehen, ob es anderswo Bauernhöfe gäbe, wo man genug hatte und noch austeilen konnte. Im November kam endlich ein wenig Niederschlag. Es war Schnee. Hartgefroren fiel er zu Boden, er reichte nicht zur Schlittenbahn, er reichte zu gar nichts, es war gerade nur so viel, daß man die ausgedörrte Erde nicht mehr sah.

Im Dezember, als sich das harte Jahr endlich seinem Ende zuneigte und alles schon so schlimm war, daß es nicht mehr schlimmer werden konnte, traf den armen Prediger doch erst seine schwerste Prüfung. Er wurde eines Tages kurz vor Weihnachten mehrere Meilen weit weg in die Waldgegend zu einer armen Fischerswitwe gerufen. Nach langer Wanderung kam er zu einer kleinen Hütte, die am Ufer eines langen Sees lag. In der ganzen Umgegend sah er nicht ein Wohnhaus, keine Felder, keine Ställe, nur Wald. Die elende Hütte lag ganz einsam und verlassen da, den öden See vor sich, den stummen Wald im Rücken.

Dort drinnen hatte er eine todkranke Frau gefunden und sechs Kinder, die bald elternlos sein mußten. Ihr Vater war im Sommer vorangegangen, und nun sollten sie auch ohne Mutter bleiben.

Das älteste der Kinder zählte zehn Jahre, das jüngste nicht mehr als drei. Keines von ihnen konnte sich schon nützlich machen oder etwas für seinen Unterhalt verdienen. Alle brauchten sie noch Hilfe, und man mußte ihnen Kleider und Nahrung geben, ihnen Wartung und Pflege angedeihen lassen, wenn sie nicht zugrunde gehen sollten.

Alle hatten sie die Mutter umstanden, als sie das heilige Abendmahl empfing, und sie hatte von ihnen zum Prediger geschaut und vom Prediger zu ihnen. Sie hatte die Augen nicht geschlossen, immer nur geschaut und geschaut. Aber sie hatte nicht mit Worten gebeten. Es gibt Wünsche, die zu groß sind, als daß man sie aussprechen könnte.

Der Geistliche hatte sie gefragt, ob sie denn keine Nachbarn habe. Doch, das hatte sie. Eine Meile weiter den Rottner-See hinauf lag ein großes Gehöft, das einer gewissen Gudrun Ivarsdotter gehörte. Die Fischersfrau hatte sich vor einigen Tagen zu ihr geschleppt und ihr von den Kindern gesprochen, aber sie hatte sich ihrer nicht annehmen wollen.

Dies setzte den Prediger keineswegs in Erstaunen. Es war ja nicht zu erwarten, daß solch eine trotzige, selbstzufriedene Jungfer wie Gudrun einer so großen Kinderschar zu Hilfe kommen würde. Es war wohl auch gar nicht wünschenswert.

Die Augen der kranken Frau hatten mit solcher Herzensangst auf dem Prediger geruht, daß er es schließlich nicht mehr in der Hütte aushalten konnte. Er mußte ins Freie gehen, um nicht etwas zu versprechen, das er ja doch beim besten Willen nicht halten konnte. Er ging von der Hütte zum Seeufer hinunter. Das Wasser stand so tief, daß der Seegrund bis weit hinaus sichtbar war, und er begann, dorthin zu wandern. Er ging da allein und hilflos durch das Ödland und fühlte sich zu Tode bedrückt von der neuen Bürde, die er sich auferlegen mußte. »Wenn es doch ein anderes Jahr gewesen wäre«, dachte er, »wie kann ich es auf mich nehmen, für noch sechs Schnäbel Essen zu schaffen, wo ich die drei nicht satt machen kann, für die ich schon zu sorgen habe?«

Er hatte geglaubt, daß er im Frühjahr arm gewesen war. Aber was war das gegen die Armut gewesen, die ihn heute bedrückte? Jetzt war ja auch bei anderen Menschen keine Hilfe zu finden.

Plötzlich bemerkte er einen Stein, der dicht am Wasser lag. Es waren Buchstaben eingehauen, und er ging näher heran, um zu lesen. Er konnte ein M und ein paar X unterscheiden und dachte sich, daß da wohl, in den Stein eingeritzt, eine Jahreszahl gestanden hatte. Irgend jemand hatte in längst vergangenen Zeiten bezeichnen wollen, wie tief das Wasser in diesem Jahre zurückgetreten war.

Der Prediger blieb vor dem Steine stehen und suchte die Jahreszahl zu entziffern. Es wollte ihm nicht glücken, aber es mußte wohl etwas darin liegen, das ihm gleichsam Erleichterung und Trost brachte. Das Wasser hatte ebenso tief gestanden wie heute, aber die Menschen waren doch nicht untergegangen. Sie hatten, was ihnen auferlegt war, getragen und weitergelebt.

Rasch ergriff er einen scharfkantigen Kiesel und begann die Zahl des Notjahres, das er nun selbst durchlebt hatte, in den Stein zu klopfen.

Er setzte die Jahreszahl 1640 in den Stein, so gut er es ohne Stemmeisen und Hammer konnte. Aber als dies getan war, war es ihm nicht genug.

Jeden Tag hatte er in langen Gebeten zu Gott um Hilfe gefleht. Nun wollte er noch ein Gebet zu ihm emporsenden, aus der großen stummen Einsamkeit hier oben in der Wildnis.

Und er begann in den Stein zu graben, was sein Herz in dieser Unglückszeit stündlich rief: Gott, hilf uns. Es war eine Arbeit, die seine ganze Kraft erforderte. Aber sie tat ihm wohl. Während er das Gebet in den Stein ritzte, dünkte es ihn, daß der weite graue See und die schwarzen Tannen der Ufer und der niedrige schwere Winterhimmel zu einem großen Gotteshause wurden.

Es tat ihm gut, all die Angst, die er mit sich herumtrug, in den Stein pressen zu können. Er ritzte die Klageschreie all der Hungernden und Dürstenden ein. Er führte das Wort für die Tiere, die in der Hut der Menschen und in der Wildnis lebten, für die gewaltigen Tannen, die auf den Bergen verschmachteten, und für das kleinste Hälmchen auf dem Anger. Mit jedem Buchstaben, den er in den Stein einschrieb, wurde er mutiger. Er fühlte, wie ihm Kraft zuströmte. Er hatte keine Angst mehr, irgendeine Bürde auf sich zu nehmen, wie schwer sie auch immer sein mochte. Gott würde ihm sicherlich beistehen.

Ein paar Tage darauf war Weihnachtsabend.

An diesem Tage herrschte bei dem Hilfsgeistlichen keinerlei Not. Man hatte ihm vom Pfarrhof und auch von anderen Seiten

Weihnachtsspeisen geschickt. Nach dem Mittagessen war er mit all den neun Kindern bei einem der Nachbarn in der Weihnachtsbadestube gewesen, und dann hatte er sich mit ihnen daheim in der Hütte im Weihnachtsstroh getummelt, bis sie so müde waren, daß sie sich auf dem raschelnden gelben Christusbettlein ausgestreckt hatten und eingeschlummert waren.

Der Prediger hätte auch Lust gehabt, sich ins Stroh zu legen und zu schlafen, aber er hatte an anderes zu denken. Es begann zu dunkeln, und er mußte die Gerstengrütze aufs Feuer setzen.

Von dem Augenblick an, in dem die Grütze kochte, wagte der Prediger den Kochlöffel nicht fortzulegen, sondem rührte und rührte die ganze Zeit. Hoch aufgeschossen, wie er war, mußte er beim Rühren so gebückt stehen, daß ihm der Rücken vor Müdigkeit schmerzte. Aber er ließ sich das nicht anfechten, sondern schien in vortrefflicher Weihnachtsstimmung zu sein.

Seine Lage war in keiner Weise erfreulicher geworden, er war ebenso elend daran wie zuvor, aber er hatte mehr Zuversicht. Es würde ihm schon in der einen oder anderen Weise Hilfe kommen, dessen war er gewiß.

Mit einem Mal runzelte der Prediger die dichten schwarzen Brauen. Er hörte, daß jemand auf die Türklinke drückte und herein wollte. Freilich war es in der ganzen Gemeinde bekannt, daß er seine eigene Haushälterin sein mußte, aber es war ihm doch nicht recht, Besuch zu bekommen, wenn er mit Weiberhantierung beschäftigt war.

Er griff nach den Kesselringen, als wollte er die Gerstengrütze vom Feuer wegstellen, aber er überlegte es sich wieder.

Es war wohl nur der Küster, der kam, um nachzusehen, wie es ihm und den Kindern am Weihnachtsabend erging, und vor ihm brauchte er ja keine Scheu zu haben.

Doch als die Tür aufging, sah er, daß es nicht der Küster war, sondern eine hochgewachsene Weibsperson, die da hereinkam. Er meinte auch sogleich zu wissen, wer sie war, obschon es unten bei der Türe so dunkel war, daß er ihr Gesicht nicht sehen konnte.

»Ja, das ist mir eine schöne Bescherung«, dachte er. »So etwas hat sie gewiß noch nicht erlebt. Jetzt hat sie etwas, worüber sie von Weihnachten bis zum Johannistag lachen kann!«

Die Fremde zog sachte die Türe hinter sich zu und kam zum Herd heran, die Hand zum Gruße ausgestreckt. Es war Gudrun Ivarsdotter, aber sie sah gar nicht mehr aus wie die störrische Bauerstochter, die in die Kirche geritten kam, um mit ihrem Freier Spott zu treiben. Sie war sehr bleich, und sie sah schwach und elend drein, so, als wäre sie eben erst von einer schweren Krankheit genesen. Wie es in ihrem Innern aussah, konnte der Prediger nicht wissen, aber sie schien nicht einmal zu merken, was für eine Arbeit er da unter den Händen hatte.

Der Geistliche sagte nichts, um sie willkommen zu heißen, er legte nur ganz geschwind den Kochlöffel weg und beeilte sich, ihr einen Schemel zum Sitzen hinzurücken. Es war eine so große Veränderung in ihr vorgegangen. Es war ihm eine solche Überraschung, sie so still und schwach vor sich zu sehen. Sie rührte ihn, und die Stimme wollte ihm durchaus nicht aus der Kehle hervor.

So mußte also Gudrun das Gespräch eröffnen. Und sie sprach wie jemand, der weder scheu noch unruhig ist, weil er eben erst einen großen Schrecken durchgemacht hat, der ihm alle andere Furcht genommen hat. Die ganze Zeit sah sie ins Feuer. Sie konnte die Augen nicht davon weg wenden.

Sie wollte den Prediger nach all den armen Fischerskindern fragen, sagte sie. Konnte es möglich sein, daß er sie alle miteinander zu sich genommen hatte?

Der Prediger hatte den Grützlöffel wieder ergriffen. Aber jetzt legte er ihn abermals fort und riß ein brennendes Scheit aus dem Herde und beleuchtete die Hütte, wo die Kinder im Weihnachtsstroh lagen und schliefen.

»Ich mein' schon, daß sie alle miteinander da sind«, sagte er.

»Aber wie ist das nur möglich?« wunderte sich Gudrun. Die Kranke war in der vorigen Woche bei ihr gewesen und hatte sie gefragt, ob sie sich der Kinder annehmen könne. Und sie hatte geglaubt, nein darauf sagen zu müssen. Es war doch ein so schlimmes Jahr, daß sie für ihre eigenen Leute nichts zu essen hatte. Aber immerhin konnte sie doch mehr aufbringen als er.

»So viel wie ihre Mutter gehabt hat, habe ich vielleicht auch noch«, sagte der Prediger. »Die Kinder da sind das Hungern gewöhnt.«

Sie sprach weiter, als hätte sie seinen Einwand nicht gehört. »Ich war nicht imstande, sie aus meinen Gedanken zu bringen. Gestern ritt ich nach dem Fischerhaus, um zu sehen, wie es ihnen erging, aber da waren sie schon fort. Ich traf nur ein paar Männer, die die Leiche holen wollten, und sie sagten, daß die Kinder hier beim Hilfsgeistlichen seien.«

»Ja, da sind sie gerade an den Rechten gekommen.«

Jetzt, zum ersten Male, wandte sie sich ihm zu und sah ihm gerade ins Gesicht. Er verstand wohl nicht, wie sie es meinte, dachte sie.

Er rührte rascher und rascher in dem Kessel herum: »Ach, ich schaffe es wohl mit Gottes Hilfe«, sagte er kurz. Dieselbe Verlegenheit, die früher über den Prediger gekommen, war wieder da. Er hätte über sie weinen mögen. Was war es wohl, das sie so verändert hatte, daß sie jetzt Mitleid fühlte, auch mit ihm? Er wußte nicht, was er sagen sollte, um seine Rührung nicht zu verraten. Gudrun kam ihm nicht zu Hilfe. Sie saß da, das Gesicht in die Hände gestützt, und blickte ins Feuer. Sie dachte wohl an das, was sie so verwandelt hatte.

»Das wird ein seltsamer Weihnachtsabend für deine Leute, Gudrun, wenn du fern bist«, sagte er schließlich.

»Ja, es war auch nicht die Absicht, daß es so kommen sollte. Ich machte mich ganz frühmorgens auf, und ich glaubte, ich würde um diese Zeit längst wieder daheim sein.«

»Bist du auf dem Wege aufgehalten worden?«

»Nur dadurch, daß es zu regnen anfing; aber der Boden war doch gefroren, und da wurde es so glatt, daß das Pferd nicht vorwärts wollte.«

Wieder bekam er großes Mitleid mit ihr. Er hätte mit dabeisein mögen, um ihr zu helfen, aber das wollte er nicht sagen.

»Das ist ein merkwürdiges Jahr, in dem es am Weihnachtsabend regnet«, sagte er statt dessen, denn er mußte ja seine Worte sorgsam wählen, damit die Stimme nicht ins Schwanken kam.

»Ja, das steht fest, ein schweres und wunderliches Jahr«, sagte sie, »nicht einmal solch eine kleine Fahrt konnte ich machen, ohne daß mir dabei etwas in die Quere kam. Ich bin erst bei Einbruch der Dunkelheit ins Dorf gekommen.«

»Vielleicht hast du das Pferd hier draußen stehen, Gudrun?« fragte der Geistliche hastig. Er wäre froh gewesen, wenn er Gelegenheit gefunden hätte, etwas für sie zu tun.

»Nein«, sagte sie, »ich habe es beim Propst eingestellt. Ich bin es gewöhnt, dort einzukehren. Ich habe ja zwei Jahre im Pfarrhof gelernt.«

»Ich glaube, das hat mir der Küster erzählt«, sagte der Prediger.

»Ich werde wohl über Nacht dort bleiben müssen«, sagte sie, und da sie keine Antwort darauf bekam, fuhr sie fort: »Ich habe den Kindern etwas mitgebracht. Ich bringe es morgen, das Gehen war heut abend so schwer.«

»Es wird jederzeit willkommen sein.«

Das war nüchterne Rede – der Prediger begann seiner Erregung Herr zu werden. Er mußte daran denken, wie wunderlich es doch war, daß Gudrun selbst gekommen war. Wenn sie ihm und den Kindern nur Weihnachtsspeisen schicken wollte, hätte es ja genügt, einen Knecht auszusenden.

Gudrun hatte dagesessen und mit einem Finger Figuren auf die Herdplatte gezeichnet. Jetzt schlug sie plötzlich die Augen zu ihm auf.

»Damals im Frühling, als ich in die Kirche kam und die Predigt störte, hab' ich mich nicht recht benommen«, sagte sie. – Nun fand der Geistliche Gelegenheit, ein Wort zu sagen, was ihm schon lange auf der Zunge gelegen war, und er fiel eifrig ein:

»Niemand hatte mir gesagt, wie du bist, Gudrun. Ich wußte nicht, wie falsch ich angeklopft hatte.«

»Ich habe mich doch auf jeden Fall falsch benommen«, beharrte sie. Jetzt wurde er abermals gerührt, weil es mit ihrem Stolz so ganz aus war. Er hätte ihr gerne gesagt, wie schön er es fand, daß sie ihr Unrecht eingestand, aber er konnte es nicht herausbringen.

Auch in ihrer Stimme waren Tränen, aber sie dachte nicht daran, sie zu verbergen, sondern fuhr fort, das auszusprechen, was sie zu sagen gekommen war. Sie wollte wissen, ob er sich noch entsinne, was er damals gesagt hatte, als er sie aufs Pferd setzte. Er hatte gewünscht, sie möge so weit fortziehen, daß sie ihm nie mehr unter die Augen kommen konnte. Sie wollte jetzt wissen, ob er etwas Bestimmtes damit gemeint hatte.

»Nein«, sagte der Prediger, »ich sagte nur so, weil ich zornig war.«

»Ja, zuerst glaubte ich auch nicht, daß es etwas anderes zu bedeuten hätte.«

Nun wandte sie die Augen wieder von seinem Gesicht ab und begann auf der Herdplatte zu zeichnen.

»Es ist heuer soviel Unglück über mich gekommen«, sagte sie. »Ich bin seit diesem Tage wie verfolgt gewesen.«

»Du siehst aus, als wärst du krank gewesen.«

»Nein, Krankheit war es nicht, die mich heimgesucht hat, ich habe mich gegrämt.«

»Ihr habt wohl oben in der Waldgegend viel unter der Dürre zu leiden gehabt«, warf der Prediger hin.

»Es war die Dürre, und es war allerlei anderes Unglück«, erwiderte Gudrun. »Aber der große Waldbrand war das ärgste. Mir ist mein ganzer Wald verbrannt, und alles, was in dem Walde war, ist auch dahin.«

»Du bist doch wohl nicht obdachlos?« rief er aus.

»Nein, nein, der Hof steht, aber all mein Vieh ist umgekommen. Und das war das Schlimmste.«

»Ah«, sagte er nur, aber nun ließ er endlich den Kochlöffel

sinken. Er begriff, daß sie nach all den toten Tieren starrte, wenn sie so ins Feuer sah. Das hatte sie gebrochen.

»Ich habe viele Leute unter mir«, sagte sie. »Es ist hart, nicht zu wissen, was man ihnen zu essen geben soll, wenn es keine Milch und keine Butter gibt –«

»Darum konntest du die Kinder nicht aufnehmen?«

»Ja – nein, nicht nur darum.«

»Ich wundere mich, daß ich nichts davon gehört habe«, sagte der Prediger nachdenklich, »aber es war wohl so, daß ich nicht auf die hören wollte, die von dir gesprochen haben. Ich hatte Angst vor dir.«

Er sah, wie Gudruns Gesicht von einem flüchtigen Lächeln erhellt wurde.

»Ich habe noch mehr Angst vor dir gehabt.«

»Angst?« sagte er und war noch verdutzter über dies als über alles andere, was er sie hatte sagen hören.

»Du hast Angst vor mir gehabt?«

»Ja, seit diesem Sonntage«, sagte sie und sah wieder ganz erschrocken aus, als sie davon sprach.

»Hast du geglaubt, daß ich dir all das Unglück schickte?« rief er heftig.

»Ja, ich glaubte, du wolltest mich aus der Gegend verjagen.«

»Aber du hättest doch daran denken müssen, daß ich ein Priester bin.«

»Ja, gerade deshalb. Priester haben ja mehr Macht als wir anderen.«

Der Prediger wußte nicht, ob er lachen oder weinen sollte. Er begann mit eifrigen Einwänden, aber sie unterbrach ihn.

»Daheim im Rottner-See ist ein Stein mit Hexenzeichen. Der liegt meistens auf dem Seegrund verborgen, aber in großen Unglückszeiten kommt er zum Vorschein. Meine Leute haben erzählt, du hättest ihn gesehen und noch größere Unglücksrunen eingezeichnet, als schon darin standen.«

»Ist dort oben an deinem See niemand, der lesen kann?« fragte der Prediger.

»Doch, ich kann's«, sagte Gudrun. »Ich habe den Stein gestern gesehen und die Inschrift gelesen.«

Sie stieß einen tiefen Seufzer aus wie bei der Erinnerung an eine schwere Bürde, die von ihr genommen war.

»Nun will ich auch sagen, warum ich mich der armen Fischerkinder nicht annehmen wollte. Ich dachte, all meinen Hausrat zusammenzupacken und zu meinen Verwandten zu ziehen, die drüben auf der anderen Seite des Gebirges in einem anderen Tal wohnen.«

»Aber jetzt willst du bleiben?«

»Ich fürchtete mich nicht mehr so sehr vor dir, als ich sah, was du geschrieben hattest.«

»So hat denn Gott schon geholfen«, sagte der Geistliche.

»Ich dachte, wer dies Gebet eingegraben und sechs arme Kinder zu sich genommen hat, der kann kein harter Mann sein«, sagte Gudrun sanft.

Er stand ein wenig abseits vom Feuer und sah sie an. »Du hast das mit den Kindern als Vorwand genommen, um herzukommen und mich um Barmherzigkeit zu bitten?« sagte er ein wenig zögernd, denn es war ja schwer für ihn, es in seinen Kopf zu bringen, daß sie Angst vor ihm gehabt hatte.

»Ja«, sagte sie. Es klang wie ein ängstlicher Seufzer.

»Du willst, daß ich dir verspreche, dich nicht mehr zu verfolgen, dir nicht mehr Unglück zu senden, so daß du es wagen kannst, daheim zu bleiben?«

Sie hielt die Hände vor die Augen und antwortete nichts, bewegte nur den Kopf ein wenig. Es konnte kein Zweifel sein, daß er sie recht verstanden hatte und daß es das war, was sie zu ihm geführt hatte.

»Was soll ich dir nur sagen, damit du mir glaubst und nie mehr Angst vor mir hast?«, sagte er mit einem starken Zittern in der Stimme.

»Ich habe dir schon gesagt, daß auch ich Furcht vor dir gehabt habe, ich vor dir, den ganzen Sommer«, fuhr er fort. »Ich wäre froh gewesen, wenn ich gehört hätte, du seist über die Berge in ein andres Tal gezogen. Denn wärst du so weit fortgewesen, dann wäre meine Sehnsucht nicht so arg geworden. Es ist schlimmer zu wissen, daß die, der man gut ist, ganz nahe ist, ohne trennende Berge. – Jetzt siehst du vielleicht ein, daß du vor mir keine Angst zu haben brauchst?« fügte er mit einem kleinen Lachen hinzu, das recht wehmütig und mutlos klang. Er wartete ungeduldig darauf, daß sie etwas sagte, aber sie saß ganz still da. Er wußte gar nicht, ob sie ihn hörte.

»Du warst heut abend so, daß ich dir dies sagen konnte«, fuhr er fort. »Ich glaube nicht, daß du dich über mich lustig machen wirst.«

Endlich hob sie den Kopf. In ihren Augenwinkeln schimmerten Tränen.

»Ich bin wohl von Sinn und Verstand«, sagte sie, »aber denke nur, ich finde, es war schon wert, all das durchzumachen, was ich diesen Sommer erleiden mußte, nur um diese Worte von dir zu hören.«

Er wußte nicht, ob er es wagen sollte zu glauben, daß er recht gehört hatte.

»Ich will, daß du bleibst, wo du jetzt bist«, rief er dann aus. »Daß du nie von mir gehst! Diesen Fluch will ich über dich verhängen.«

Er trat näher an sie heran, und sie wich nicht zurück. Aber als er gerade ihre eine Hand an sich gezogen hatte, hörte man ein starkes Zischen und Prasseln vom Herde. Es war die Gerstengrütze, die überkochte.

Der Prediger wandte sich, so rasch er konnte, dem Feuer zu, aber Gudrun kam ihm zuvor. Sie faßte die Kesselringe und hob den Kessel vom Feuer. Aber es war zu spät. Die Grütze brodelte aus dem Kessel und lief über die Herdplatte. Die brennenden Scheite zischten und prasselten, starker Rauch und furchtbarer Dampf erfüllte die Stube. Die Kinder sprangen erschrocken aus dem Stroh auf, und die Kleinsten begannen zu weinen.

Aber mittendrin fing Gudrun zu lachen an. Das Herz schlug

ihr rasch und sorglos in der Brust, und sie fühlte, wie sie wieder die alte wurde.

»Ja, nun siehst du, wie es in diesem Haushalt zugeht«, sagte er.

»Du mußt freilich hexen können, du schwarzer Priester, um eine Frau in dein Haus zu kriegen.«

»Ich weiß schon, wer mir meine Frau geschickt hat«, sagte der Prediger. »Die Hexen nicht.«

Plötzlich wurde Gudrun wieder ernst.

»So ist es wohl er, zu dem du gebetet hast, als du deine Bitte in den Stein schriebst, der mich hierher gesandt hat«, sagte sie.

Es heißt, daß der Stein im Rottner-See sich in diesem Jahr der Not und des Schreckens, das wir nun durchleben, wieder gezeigt hat. Die Leute in Värmland glauben, daß er Unheil verkündet, und das mag wohl sein. Aber vielleicht auch soll uns die Kunde, die er von der Not und von dem Glauben früherer Zeiten bringt, Mut einflößen, Zuversicht zu zeigen, Barmherzigkeit zu üben.

Die Silbergrube

König Gustav III. machte eine Reise durch Dalekarlien. Er hatte es eilig und wollte den ganzen Weg wie im Flug durchfahren. Und als sie mit solcher Eile dahinrasten, daß die Pferde wie gestreckte Riemen den Weg entlang lagen und der Wagen an den Biegungen auf zwei Rädern stand, da steckte der König den Kopf durchs Wagenfenster und rief dem Kutscher zu: »Warum sputet Er sich denn nicht? Glaubt Er etwa, daß Er eine Eierschale fährt?«

Da sie in so toller Hast über schlechte Landstraßen fuhren, wäre es beinahe ein Wunder gewesen, wenn Zaumzeug und Wagen gehalten hätten. Das konnten sie denn auch nicht; am Fuße eines steilen Hügels brach die Deichselstange, und da saß nun der König. Des Königs Kavaliere sprangen aus dem Wagen und schalten den Kutscher, aber das machte den Schaden nicht geringer. Es gab keine Möglichkeit für den König, die Reise fortzusetzen, ehe nicht der Wagen instand gesetzt war.

Als die Hofherren sich umsahen, um etwas ausfindig zu machen, was den König zerstreuen könnte, indes er wartete, sahen sie aus einem Gehölz, das ein Stück weit am Wege lag, einen Kirchturm aufragen. Sie schlugen dem König vor, sich in einen der Wagen zu setzen, in denen der Hofstaat fuhr, und zur Kirche zu fahren. Sonntag war es, und der König könnte ja dem Gottesdienst beiwohnen, damit die Zeit verginge, bis die große königliche Karosse fertig wäre.

Der König ging auf den Vorschlag ein und fuhr zur Kirche. Vorher war der König viele Stunden lang durch dunkle Waldgegenden gefahren, hier sah es fröhlicher aus; große Felder und Dörfer und der Daistrom, der hell und prächtig zwischen gewaltigen Massen von Erlengebüsch dahinglitt.

Nur hatte der König insofern Unglück, als der Küster gerade in dem Augenblick, in dem der König auf dem Kirchenhügel aus dem Wagen stieg, den Schlußpsalm anstimmte und das Volk schon die Kirche zu verlassen begann. Als die Menschen so an ihm vorübergingen, blieb der König mit dem einen Fuß im Wagen und dem andern auf dem Trittbrett stehen und rührte sich nicht vom Fleck, sondern betrachtete sie. Das waren die schmucksten Leute, die der König je gesehen hatte. Die Burschen waren alle über gewöhnliche Manneshöhe, mit klugen, ernsten Gesichtern, und die Frauen kamen so stattlich und würdig gegangen, daß der König fand, es könnte ihnen wohl anstehen, im feinsten Schloß zu wohnen.

Den ganzen vorhergehenden Tag hatte sich der König vor der öden Gegend geängstigt, durch die er gekommen war, und er hatte einmal übers andre zu seinen Kavalieren gesagt: »Jetzt fahre ich gewiß durch den allerärmsten Teil meines Reichs.« Aber als er nun das Volk in der schmucken Kirchspieltracht sah, da vergaß er, an Armut zu denken. Es wurde ihm im Gegenteil warm ums Herz, und er sagte zu sich selbst: »Mit dem König steht es nicht so schlimm, wie seine Feinde glauben. Solange meine Untertanen so aussehen, werde ich wohl noch imstande sein, meinen Glauben und mein Land zu verteidigen.«

Er befahl den Hofherren, dem Volk zu verkünden, daß der Fremde, der mitten unter ihnen stünde, ihr König sei und daß sie sich um ihn versammeln sollten, damit er zu ihnen reden könne.

Und nun hielt der König eine Ansprache an das Volk. Er sprach von der hohen Treppe vor der Sakristei, und die schmale Treppenstufe, auf der er stand, ist noch heute erhalten.

Der König begann darzulegen, wie schlimm es im Reich stünde. Er sagte, daß die Schweden von den Russen und Dänen mit Krieg bedrängt würden. Dies wäre unter andern Umständen nicht so gefährlich, aber im Kriegsheer gäbe es viele Verräter, und der König habe keine Armee, auf die er sich verlassen könne. Darum sei ihm nichts übriggeblieben, als selbst hinaus in die Provinzen zu ziehen und seine Untertanen zu fragen, ob sie sich den Verrätern anschließen oder dem König treu sein und ihm mit Leuten und Geld helfen wollten, das Vaterland zu befreien.

Die Bauern verhielten sich ganz still, während der König sprach, und als er geschlossen hatte, gaben sie kein Zeichen der Zustimmung oder des Mißfallens.

Dem König schien es selbst, daß er sehr beredt gewesen sei. Die Tränen waren ihm mehrere Male in die Augen getreten, während er gesprochen hatte. Aber als die Bauern noch immer ängstlich und unschlüssig dastanden und sich nicht entschließen konnten, ihm zu antworten, runzelte er die Stirn und sah mißvergnügt drein.

Die Bauern begriffen, daß es dem König schwerfallen müßte zu warten, und endlich trat einer von ihnen aus der Menge hervor.

»Nun mußt du wissen, König Gustav, daß wir heute keinen Königsbesuch im Kirchspiel erwarteten«, sagte der Bauer, »und darum sind wir auch nicht sogleich bereit, dir zu antworten. Ich will dir raten, daß du in die Sakristei gehst und mit unserm Pfarrer sprichst, während wir das beratschlagen, was du uns vorgelegt hast.«

Der König begriff, daß er fürs erste keinen besseren Bescheid erlangen könne, und fand es am klügsten, den Rat des Bauern zu befolgen. Als er in die Sakristei kam, war niemand da außer einem, der wie ein alter Bauer aussah. Er war groß und grobknochig, mit derben Händen, die von harter Arbeit schwielig waren, und trug weder Kragen noch Mantel, sondern Lederhosen und einen langen, weißen Schafpelz wie alle die andern Männer. Er stand auf und verneigte sich vor dem König, als dieser eintrat.

»Ich glaubte, ich würde den Pfarrer hier finden«, sagte der König.

Der andre wurde ein wenig rot. Er fand es peinlich zu sagen, daß er selbst der Seelsorger dieser Gemeinde sei, da er sah, daß der König ihn fur einen Bauern hielt.

»Ja, der Pfarrer pflegt um diese Zeit hierzusein«, sagte er.

Der König ließ sich in einem großen, hocharmigen Lehnstuhl nieder, der dazumal in der Sakristei stand und noch heutigentags dasteht und ganz unverändert ist; nur eine vergoldete königliche Krone hat die Gemeinde an der Rückenlehne anbringen lassen.

»Habt Ihr einen guten Pfarrer hier im Kirchspiel?« fragte der König. Er wollte versuchen, Anteilnahme an dem Schicksal der Bauern zu zeigen.

Als der König ihn so fragte, schien es dem Pastor unmöglich zu sagen, wer er sei. »Es ist besser, der König bleibt bei seinem Glauben, daß ich nur ein Bauer bin«, dachte er und antwortete, der Pfarrer sei gut genug. Er predige Gottes Wort rein und klar, und er versuche zu leben, wie er lehre.

Der König fand, dies sei eine gute Auskunft, aber er hatte ein scharfes Ohr und merkte ein gewisses Zögern im Ton.

»Das klingt so, als wäre Er doch nicht so recht mit dem Pfarrer zufrieden«, sagte er.

»Er ist wohl ein bißchen eigenwillig«, sagte der Pastor. Er dachte, sollte der König doch erfahren, wer er sei, dann würde es diesem sicher nicht gefallen, daß er da gestanden und nur sich selbst gelobt hätte; und darum wollte er sich auch mit ein wenig Tadel hervorwagen. »Es gibt Leute, die vom Pfarrer sagen«, fuhr er fort, »daß er ganz allein dieses Kirchspiel lenken und regieren will.«

»Dann hat er es auf jeden Fall aufs beste geführt und geleitet«, sagte der König. Es wollte ihm nicht gefallen, daß dieser Bauer sich über den beklagte, der über ihn gesetzt war. »Mich dünkt, hier sieht es aus, als herrschten gute Sitten und altväterische Schlichtheit.«

»Das Volk ist brav«, sagte der Pastor, »aber es lebt auch weit aus der Welt in Armut und Abgeschiedenheit. Die Menschen hier würden wohl auch nicht besser sein als andre, wenn die Versuchungen dieser Welt ihnen näher kämen.«

»Nun, es ist ja wohl keine Gefahr vorhanden, daß das geschieht«, sagte der König und zuckte die Achseln. Er fand, daß er an einen geraten war, der sich unnötige Sorgen machte. Der König sagte nichts weiter, sondern begann mit den Fingern auf dem Tisch zu trommeln. Er meinte, daß er genug gnädige Worte mit diesem Bauern gewechselt hätte, und begann sich zu wundern, wann wohl die anderen bereit sein würden, ihm Antwort zu geben.

»Diese Bauern sind nicht sehr eifrig, ihrem König zu Hilfe zu kommen«, dachte er. »Wenn ich nur meinen Wagen hätte, so würde ich von ihnen und allen ihren Beratschlagungen fort meiner Wege fahren.«

Der Pastor hinwiederum saß bekümmert da und kämpfte mit sich selbst, wie er eine wichtige Sache entscheiden solle, mit der er zu Ende kommen mußte. Er fing an, sich zu freuen, daß er dem König nicht gesagt hatte, wer er sei. Nun konnte er mit ihm über das reden, was er sonst nicht hätte zur Sprache bringen können.

Nach einer kleinen Weile brach der Pfarrer das Stillschweigen und fragte den König, ob es sich wirklich so verhielte, wie er ihn eben habe sagen hören, daß die Feinde Schweden bedrohten und das Reich in Gefahr sei.

Der König meinte, daß dieser Mann soviel Verstand haben sollte, ihn nicht weiter zu stören. Er sah ihn groß an und antwortete nicht.

»Ich frage, weil ich hier drinnen stand und vielleicht nicht ganz richtig hören konnte«, sagte der Pastor. »Aber wenn es sich wirklich so verhält, dann will ich sagen, daß der Pfarrer dieser Gemeinde vielleicht imstande wäre, dem König mehr Geld zu verschaffen, als er benötigt.«

»Mich dünkt, Er sagte doch ganz kürzlich, daß alle hier so arm seien«, erwiderte der König und dachte, der Bursche wisse wohl selbst nicht, was er schwätze.

»Ja, das ist wahr«, versetzte der Pastor, »und der Pfarrer hat auch nicht mehr als irgendein andrer. Aber wenn der König so gnädig sein will, mich ein Weilchen anzuhören, dann will ich erzählen, wie es kommt, daß der Pfarrer die Macht hat, ihm zu helfen.«

»Er mag sprechen«, sagte der König. »Es scheint ihm leichter zu fallen, die Worte über die Lippen zu bringen, als seinen

Freunden und Nachbarn draußen, die wohl nie mit dem zu Ende kommen, was sie mir zu sagen haben.«

»Es ist nicht so leicht, dem König zu antworten«, sagte der Pastor. »Ich fürchte, daß es schließlich der Pfarrer auf sich nehmen muß, es für die andern zu tun.«

Der König legte ein Bein über das andre, drückte sich tief in den Lehnstuhl, kreuzte die Arme und ließ den Kopf auf die Brust sinken.

»Nun kann Er beginnen«, sagte er in einem Tone, als schliefe er schon.

»Es waren einmal fünf Männer aus diesem Kirchspiel, die auf die Elenjagd in den Wald zogen«, begann der Pastor. »Einer von ihnen war der Pfarrer, von dem wir sprachen. Zwei von den andern waren Soldaten und hießen Olof und Erik Svärd, der vierte der Männer war der Gastwirt hier im Kirchdorf, und der fünfte war ein Bauer, der Israels Per Person hieß.«

»Er braucht sich nicht die Mühe zu machen, so viele Namen aufzuzählen«, murmelte der König und ließ den Kopf auf die eine Seite sinken.

»Diese Männer waren gute Jäger«, fuhr der Pastor fort, »und sie pflegten sonst Glück zu haben. Aber an diesem Tage waren sie weit und breit umhergezogen, ohne etwas anzutreffen. Endlich hörten sie völlig zu jagen auf und setzten sich nieder, um zu plaudern. Sie sprachen davon, daß es im Wald keine Stelle gäbe, die sich urbar machen ließe, alles sei nur Felsen und Morast. ›Unser Herrgott hat nicht gerecht an uns gehandelt, daß er uns ein so karges Land gegeben hat‹, sagte einer von ihnen. ›Anderswo können die Menschen sich Reichtum und Überfluß verschaffen, aber hier vermögen wir uns mit knapper Not unser tägliches Brot zu erarbeiten.‹«

Der Pastor hielt einen Augenblick inne, gleichsam im Zweifel, ob der König ihn auch höre, aber der König machte eine Bewegung mit dem kleinen Finger, um ihm zu bedeuten, daß er noch wach sei.

»Gerade als die Bauern davon sprachen, merkte der Pfarrer,

daß es zwischen den Felsen an einer Stelle glitzerte, wo er zufällig mit dem Fuß das Moos weggestoßen hatte. Das ist doch ein merkwürdiger Stein, dachte er und stieß noch ein Mooshügelchen weg. Er nahm einen Steinsplitter auf, der am Moos hängengeblieben war und ebenso glänzte wie alles andere. ›Es ist doch wohl nicht möglich, daß dies hier Blei sein kann?‹ sagte er. Nun sprangen die andern auf und stießen das Moos mit den Büchsenkolben beiseite. Und als sie das getan hatten, war es prächtig zu sehen, wie eine breite Erzader sich durch das Gestein zog. ›Was glaubt ihr, daß dies sein kann?‹ fragte der Pfarrer. Die Männer schlugen Steinsplitter los und bissen hinein. ›Das muß wenigstens Blei oder Zink sein‹, sagten sie. ›Und der ganze Berg ist voll davon‹, sagte der Pfarrer.«

Als der Pastor in seiner Erzählung so weit gekommen war, sah man, wie der Kopf des Königs sich ein wenig hob und ein Auge sich öffnete. »Weiß Er, ob einer dieser Leute sich auf Erze und Gesteine verstand?« fragte er.

»Nein, davon verstanden sie nichts«, antwortete der Pastor. Da sank der Kopf des Königs hinab, und seine beiden Augen schlossen sich wieder.

»Sowohl der Pfarrer wie die, welche mit ihm waren, freuten sich sehr«, fuhr der Pastor fort, ohne sich durch die Gleichgültigkeit des Königs irremachen zu lassen. »Sie dachten, daß sie nun das gefunden hätten, was sie reich machen könnte und ihre Nachkommen ebenfalls! ›Nie mehr werde ich zu arbeiten brauchen!‹ sagte einer von den Soldaten, ›ich werde die ganze Woche nichts tun und am Sonntag in einer goldenen Kutsche zur Kirche fahren!‹

Es waren sonst verständige Leute, aber der große Fund war ihnen zu Kopf gestiegen, so daß sie wie Kinder sprachen. So viel Besinnung hatten sie doch, daß sie das Moos wieder zurechtlegten und den Schatz verbargen. Dann merkten sie sich genau den Platz, wo er sich befand, und gingen heim.

Bevor sie sich trennten, bestimmten sie, daß der Pfarrer nach Falun fahren und den Berghauptmann fragen solle, was dies für ein Erz sei. Er sollte so bald als möglich zurückkommen, und bis dahin gelobten sie einander mit heiligen Eiden, keinem Menschen zu verraten, wo das Erz zu finden sei.«

Der Kopf des Königs hob sich wieder ein wenig, aber er unterbrach den Erzähler mit keinem Wort. Er schien jetzt zu glauben, daß der andre ihm wirklich etwas Wichtiges zu sagen haben müsse, da er sich durch seine Gleichgültigkeit so gar nicht stören ließ.

»Nun machte sich der Pfarrer mit ein paar Erzproben in der Tasche auf den Weg. Er war ebenso froh, reich zu werden, wie irgendeiner der andern. Er dachte daran, daß er den Pfarrhof umbauen wollte, der jetzt um nichts besser war als eine Bauernhütte; und dann wollte er sich mit einer Propsttochter verheiraten, der er gut war. Bis dahin hatte er gedacht, daß er lange auf sie warten müßte. Er war arm und unbekannt, er wußte, daß es lange währen würde, bis er eine Stelle bekäme, die es ihm möglich machte, zu heiraten.

Der Pfarrer fuhr zwei Tage lang nach Falun, und einen Tag mußte er dort umhergehen und warten, weil der Berghauptmann verreist war, und an jemand andern wagte er sich nicht zu wenden. Endlich konnte er ihn sprechen und zeigte ihm die Erzstücke. Der Berghauptmann nahm sie in die Hand. Er sah zuerst sie an, dann den Pfarrer.

Der Pfarrer erzählte, daß er sie in seinem heimatlichen Kirchspiel in einem Felsen gefunden habe, und meinte, ob es nicht Blei sein könne.

›Nein, Blei ist es nicht‹, sagte der Berghauptmann.

›Also ist es vielleicht Zink?‹ fragte der Pfarrer.

›Zink ist es auch nicht‹, sagte der Berghauptmann.

Dem Pfarrer war zumute, als ob seine ganze Hoffnung zu Boden sänke, so verzagt hatte er sich so manchen lieben Tag nicht gefühlt.

›Habt ihr viel solche Steine in eurem Kirchspiel?‹ fragte der Berghauptmann.

›Wir haben einen ganzen Berg‹, sagte der Pfarrer.

Da ging der Berghauptmann auf ihn zu, klopfte ihm auf die Schulter und sagte: ›Dann seht zu, daß ihr einen solchen Gebrauch davon macht, daß es euch selbst und dem Lande zum Nutzen gereicht, denn dies ist Silber!‹

›Ja so‹, stammelte der Pfarrer ganz verwirrt. ›Ja so, es ist Silber.‹

Der Berghauptmann begann, ihm zu erklären, was er zu tun hätte, um sich ein gesetzliches Recht auf die Grube zu verschaffen, und gab ihm viele gute Ratschläge, aber der Pfarrer stand, ganz wirr im Kopf, da und hörte nicht zu, was er sagte. Er dachte, wie unglaublich dies sei, daß daheim in seinem armen Kirchspiel ein ganzer Berg mit Silbererzen läge und auf ihn wartete.«

Der König erhob so heftig den Kopf, daß der Pastor sich unterbrach.

»Es kam wohl so«, sagte der König, »daß, als er nach Hause zurückkehrte und anfing, die Grube zu bearbeiten, er merkte, daß der Berghauptmann seinen Spaß mit ihm getrieben hatte.«

»Ach nein, der Berghauptmann hatte ihn durchaus nicht zum besten gehabt«, sagte der Pastor.

»Er kann fortfahren«, sagte der König und setzte sich wieder zurecht, um zuzuhören.

»Als der Pfarrer endlich zu Hause war und durch sein heimatliches Kirchspiel fuhr«, hob der Pastor wieder an, »war er sich klar, daß er vor allem seine Kameraden von der Entdeckung benachrichtigen müßte.«

»Er wollte wohl ihr Glück sehen«, fiel der König ein.

»Ja, das wollte er, und da er an dem Hause des Gastwirts Sten Stensons vorüberfuhr, beabsichtigte er, bei ihm einzukehren und ihm zu erzählen, daß das, was sie gefunden hatten, Silber sei. Aber als er vor dem Tore haltmachte, sah er, daß Laken vor den Fenstern hingen und daß ein breiter Weg von gehacktem Tannenreisig zur Treppe hinaufführte.

›Wer ist denn hier im Hause gestorben?‹ fragte der Pfarrer einen Jungen, der am Zaune lehnte.

›Der Gastwirt selber‹, antwortete der Junge. Und dann erzählte er dem Pfarrer, daß der Gastwirt sich seit einer Woche jeden Tag betrunken habe. ›Ach, der viele Branntwein, der viele Branntwein, der hier draufgegangen ist!‹ sagte der Junge. ›Woher mag das kommen?‹ fragte der Pfarrer. ›Der Gastwirt pflegte sich doch sonst niemals zu betrinken.‹ ›Ja‹, sagte der Junge, ›er trank, weil er behauptete, daß er eine Grube gefunden habe. Er sei so steinreich, sagte er. Er brauche niemals mehr etwas anderes zu tun, als zu saufen. Und gestern abend fuhr er fort, betrunken wie er war; der Wagen warf um, und er fiel sich zu Tode.‹

Als der Pfarrer das vernommen hatte, fuhr er heimwärts. Er war sehr betrübt über das, was er gehört hatte. Er war ja so vergnügt gekommen und hatte sich so sehr gefreut, die große Neuigkeit zu erzählen.

Als der Pfarrer ein paar Schritte weitergefahren war, sah er Israels Per Person herankommen. Er sah ganz wie immer aus, und der Pfarrer dachte, es sei gut, daß ihm nicht auch das Glück zu Kopfe gestiegen war. Ihn wollte er sogleich mit der Nachricht erfreuen, daß er nun ein reicher Mann sei. ›Guten Tag‹, sagte Per Person, ›kommst du von Falun?‹ ›Ja, daher komme ich‹, sagte der Pfarrer, ›und nun will ich dir sagen, daß es dort besser gegangen ist, als wir uns dachten; der Berghauptmann sagte, daß das, was wir gefunden haben, Silber sei.‹ In demselben Augenblick sah Per Person aus, als hätte sich die Erde vor ihm aufgetan. ›Was sagst du, was sagst du? Es ist Silber?‹ ›Ja‹, antwortete der Pfarrer, ›wir werden nun reiche Leute, wir alle, und können wie Herrschaften leben!‹ ›Nein, ist es Silber!‹ sagte Per Person noch einmal und sah immer betrübter aus. ›Ja, gewiß ist es Silber‹, antwortete der Pfarrer, ›du darfst nicht glauben, daß ich dich betrügen will. Du brauchst dich nicht zu fürchten, froh zu sein.‹ ›Froh‹, sagte Per Person, ›wie sollte ich froh sein. Ich glaubte, es sei nur Katzengold, und so meinte ich, ein Sperling in der Hand ist besser als eine Taube auf dem Dach. Ich habe meinen Anteil an der Grube für hundert Taler an Olof Svärd verkauft.‹

Er war ganz verzweifelt, und als der Pfarrer von ihm fortfuhr, blieb er auf der Landstraße stehen und weinte.

Als der Pfarrer heim auf den Hof kam, schickte er einen

Knecht zu Olof Svärd und seinem Bruder, um ihnen sagen zu lassen, daß das, was sie gefunden hatten, Silber sei. Er fand, daß er nun genug davon hätte, die gute Neuigkeit selbst zu verbreiten.

Aber als der Pfarrer am Abend allein daheim saß, da kam die Freude wieder zu ihrem Recht. Er ging in die Dunkelheit hinaus und stellte sich auf einen Hügel, wo er das neue Pfarrhaus anzulegen gedachte. Es sollte stattlich werden, das wollte er meinen, ebenso prächtig wie ein Bischofssitz. Er blieb lange draußen stehen in dieser Nacht, und er begnügte sich nicht damit, ein neues Pfarrhaus zu bauen. Es fiel ihm ein, daß, wenn soviel Reichtum von dieser Gegend ausginge, die Leute herbeiströmen müßten, und schließlich würde vielleicht eine ganze Stadt rings um die Grube im Wald gebaut werden. Und dann würde er gezwungen sein, in dieser Stadt eine neue Kirche zu errichten. Dafür würde wohl ein großer Teil seines Reichtums draufgehen. Aber er war auch damit noch nicht zufrieden, sondern dachte sich, daß, wenn seine Kirche fertig wäre, der König und viele Bischöfe kommen würden, um sie einzuweihen; und dann würde der König sich sehr über die Kirche freuen, aber er würde einwenden, daß für ihn, den König, keine rechte Unterkunft in der Stadt sei. Und dann würde er dem König in der neuen Stadt ein Schloß bauen müssen.«

Einer der Kavaliere des Königs öffnete jetzt die Tür zur Sakristei und meldete, daß die große königliche Karosse instand gesetzt sei.

Der König war im ersten Augenblick bereit, sich zu erheben, aber dann besann er sich anders. »Er soll seine Geschichte zu Ende erzählen«, sagte er zum Pastor. »Aber Er kann rascher fortfahren. Wir wissen schon, wie ein Mensch träumt und denkt. Wir wollen erfahren, wie er handelt.«

»Aber als der Pfarrer noch in diese Träume versunken dasaß«, fuhr der Pastor fort, »bekam er Botschaft, daß Israels Per Person sich selbst das Leben genommen habe. Er hatte es nicht ertragen können, daß er seinen Anteil an der Grube verkauft hatte. Er meinte wohl, daß er es nicht aushalten könne, sein ganzes Leben lang einherzugehen und zu sehen, wie ein andrer sich an dem Reichtum freute, der ihm hätte gehören können.«

Der König rückte sich ein wenig auf seinem Sitz zurecht. Er hatte beide Augen aufgeschlagen. »Meiner Treu«, sagte er, »wenn ich dieser Pfarrer gewesen wäre, ich glaube, ich hätte an der Grube genug gehabt.«

»Der König ist ein reicher Mann«, sagte der Pastor. »Er hat auf jeden Fall genug und übergenug. Anders steht es mit einem armen Pfarrer, der nichts sein eigen nennt. So einer fängt an nachzugrübeln, wenn er sieht, daß Gottes Segen nicht auf seinem Vorhaben ruht: ›Ich will nicht mehr daran denken, selbst Ehre und Nutzen aus diesen Reichtümern zu ziehen. Aber ich kann doch das Silber nicht in der Erde liegenlassen. Ich muß es zum Besten der Armen und Notleidenden heben. Ich will es tun, um dem ganzen Kirchspiel zu helfen.‹

Darum ging der Pfarrer eines Tages zu Olof Svärd hinüber, um mit ihm und seinem Bruder zu besprechen, was sie zunächst mit dem Silberbergwerk vornehmen sollten. Als er in die Nähe von Olofs Behausung kam, begegnete er einem Karren, um den Männer mit Flinten in den Händen herumgingen, so, als hielten sie Wacht. Und auf dem Karren saß einer, dem die Hände rücklings gebunden waren und der Fesseln an den Fußknöcheln trug.

Als der Pfarrer vorbeikam, machte der Karren halt, so daß er Zeit hatte, den Gefangenen zu betrachten. Sein Kopf war verbunden, so daß es nicht leicht war zu erkennen, wer es sei, aber der Pfarrer glaubte doch, daß dies Olof Svärd sein müsse.

Er hörte den Gefangenen seine Wächter bitten, ihn ein paar Worte mit dem Pfarrer sprechen zu lassen.

Er trat darum näher, und der Gefangene wendete sich an ihn. ›Nun bist du der einzige, der weiß, wo der Silberberg ist‹, sagte Olof.

›Was sagst du da, Olof?‹ fragte der Pfarrer.

›Ja, siehst du, Pfarrer, seit wir erfahren hatten, daß wir einen Silberberg haben, konnten mein Bruder und ich nicht mehr so gut Freund sein wie früher; wir gerieten stets in Zank. Und gestern abend stritten wir, wer von uns zuerst die Grube gefunden hätte, oder war es etwas andres, worüber wir zankten, kurz, wir kamen in Zwist, und ich habe meinen Bruder erschlagen, und er hat mir auch einen tüchtigen Denkzettel hier über die Stirn gegeben. Und nun komme ich an den Galgen, und du bist dann der einzige, der etwas von der Grube weiß. Deshalb will ich dich um etwas bitten.‹

›Sprich nur frei heraus‹, sagte der Pfarrer. ›Ich will für dich tun, was ich kann.‹

›Du weißt, daß ich viele kleine Kinder hinterlasse‹, begann der Soldat, aber der Pfarrer fiel ihm ins Wort.

›Was das betrifft, so kannst du ruhig sein. Was auf deinen Anteil an der Grube kommt, werden sie erhalten, ganz als wenn du selbst am Leben wärest.‹

›Nein‹, sagte Olof Svärd, ›ich wollte dich um etwas andres bitten. Laß keines von ihnen teil an dem haben, was aus dieser Grube kommt.‹

Der Pfarrer zuckte zusammen, er blieb stumm stehen und konnte nichts antworten.

›Wenn du mir das nicht versprichst, kann ich nicht ruhig sterben‹, sagte der Gefangene.

›Ja‹, sagte der Pfarrer leise und mühsam, ›ich will dir versprechen, was du von mir verlangst.‹

Darauf wurde der Mörder fortgeführt, und der Pfarrer stand auf der Landstraße und dachte nach, wie er das Versprechen halten könne, das er ihm gegeben hatte. Den ganzen Heimweg dachte er an den Reichtum, über den er sich gefreut hatte. Aber wenn es nun so war, daß das Volk dieser Gemeinde den Reichtum nicht vertrug? Jetzt waren schon vier verdorben, die früher stolze und prächtige Männer gewesen waren. Er glaubte, die ganze Gemeinde vor sich zu sehen, und er stellte sich vor, wie diese Silbergrube einen nach dem andern zugrunde richten würde. Sollte er, der eingesetzt war, die Seelen dieser armen Menschen zu hüten, das über sie bringen, was ihr Untergang sein mußte?«

Der König saß auf einmal ganz aufrecht und starrte den Sprecher an. »Ich muß sagen«, sagte er, »Er läßt mich begreifen, daß ein Pfarrer in diesem abgeschiedenen Dorf ein ganzer Kerl sein muß.«

»Es war noch nicht genug an dem, was schon geschehen war«, fuhr der Pastor fort, »sondern sobald die Neuigkeit von der Grube sich unter den Kirchspielbewohnern verbreitete, hörten sie auf zu arbeiten und gingen müßig umher und warteten auf die Zeit, wo der große Reichtum sich über sie ergießen würde. Alle Landstreicher, die es in der Gegend gab, strömten herbei, und der Pfarrer mußte beständig von Trunksucht und Schlägereien hören.

Eine Menge Leute tat nichts andres, als im Walde herumzustreichen und nach der Grube zu suchen, und der Pfarrer merkte, daß, sobald er seine Behausung verließ, ihm Menschen nachschlichen, um auszukundschaften, ob er sich zum Silberberg begäbe, um ihm so sein Geheimnis zu stehlen.

Als die Dinge so standen, rief der Pfarrer die Bauern zusammen.

Zuerst erinnerte er sie an all das Unglück, das die Entdeckung des Silberbergs über sie gebracht hatte, und fragte sie, ob sie sich zugrunde richten lassen oder sich selbst retten wollten. Dann sagte er ihnen, daß sie von ihm, der ihr Pfarrer sei, nicht erwarten dürften, daß er zu ihrem Untergang beitragen werde; er habe beschlossen, keinem Menschen zu verraten, wo der Silberberg sich befinde, und niemals wolle er selbst Reichtümer daraus heben. Und dann fragte er die Bauern, wie sie es in Zukunft halten wollten. Wenn sie fortfahren wollten, nach der Grube zu suchen und auf Reichtümer zu warten, dann wolle er so weit fortziehen, daß ihn niemals ein Gerücht von ihrem Elend erreichen könne. Aber wenn sie es aufgeben wollten, an die Silbergrube zu denken, und wieder werden, wie sie zuvor gewesen wären, dann wolle er bei ihnen bleiben. ›Aber, wie ihr euch auch entscheiden mögt‹, sagte der Pfarrer, ›so wisset das eine, daß von mir niemand je etwas über den Silberberg erfährt.‹«

»Nun«, sagte der König, »wie entschieden sich die Bauern?«

»Sie taten, wie ihr Pfarrer wollte«, sagte der Pastor. »Sie fanden, daß dies eines Mannes Rede sei, und versprachen, nicht mehr an den Silberberg zu denken. Sie sahen ein, daß der Pfarrer es gut mit ihnen meinte, da er um ihretwillen arm bleiben wollte. Und sie faßten großes Vertrauen zu ihm. Und sie gaben ihrem Pfarrer den Auftrag, in den Wald zu gehen und die Grube mit Reisig und Steinen wohl zu verbergen, so daß niemand sie finden könne, nicht sie und nicht ihre Nachkommen.«

»Und seitdem hat der Pfarrer hier ebenso arm gelebt wie die andern?«

»Ja«, antwortete der Pastor, »er hat hier ebenso arm gelebt wie die andern.«

»Er hat aber doch geheiratet und sich einen neuen Pfarrhof gebaut«, sagte der König.

»Nein, er hat nicht die Mittel gehabt zu heiraten, und er wohnt in der alten Hütte.«

»Das ist eine schöne Geschichte, die Er mir da erzählt hat«, sagte der König und neigte dankbar das Haupt.

Der Pastor stand schweigend vor dem König. Nach einigen Augenblicken fuhr dieser fort: »Dachte Er an das Silberbergwerk, als Er sagte, daß der hiesige Pfarrer mir so viel Geld verschaffen könne, als ich brauche?«

»Ja«, sagte der andre.

»Aber ich kann ihm nicht Daumenschrauben anlegen«, sagte der König, »und wie will Er sonst, daß ich einen solchen Mann dazu bringe, mir den Berg zu zeigen? Er hat ja auf seine Liebste und allen Wohlstand des Lebens verzichtet.«

»Das ist etwas andres«, sagte der Pastor, »wenn das Vaterland den Schatz braucht, so gibt er wohl nach.«

»Steht Er mir dafür ein?« fragte der König.

»Ja, dafür stehe ich ein«, sagte der Pastor.

»Kümmert Er sich denn nicht darum, wie es seinen Pfarrkindern ergeht?«

»Das muß in Gottes Hand stehen.«

Der König erhob sich von dem Stuhl und trat ans Fenster. Da stand er eine Weile und sah auf die Volksmenge draußen. Je länger er hinblickte, desto heller begannen seine großen Augen zu leuchten, und seine schmächtige Gestalt schien zu wachsen. »Er kann dem Pfarrer dieser Gemeinde sagen«, sprach der König, »daß es für Schwedens König keinen schöneren Anblick gibt, als ein Volk wie dieses zu sehen.«

Darauf wendete sich der König vom Fenster ab und sah den Pastor an. Ein Lächeln flog über seine Züge. »Steht es so, daß der Pfarrer dieser Gemeinde so arm ist, daß er die schwarzen Kleider ablegt, wenn der Gottesdienst zu Ende ist, und sich wie ein Bauer kleidet?« fragte der König.

»Ja, so arm ist er«, sagte der Pastor, und die Röte schoß ihm in das grobe Gesicht.

Der König trat wieder ans Fenster. Man sah es ihm an, daß er in bester Stimmung war. Alles, was Edles in ihm schlummerte, war zum Leben erweckt worden. »Er soll diese Grube in Frieden ruhen lassen«, sagte der König. »Da Er ein ganzes Leben lang gedarbt und gearbeitet hat, um das Volk hier so zu machen, wie Er es haben will, so soll Er es so behalten, wie es nun ist.«

»Aber wenn das Reich in Gefahr ist?« sagte der Pastor.

»Dem Reich ist besser mit Menschen als mit Geld gedient«, meinte der König. Und als er dies gesagt hatte, nahm er von dem Pastor Abschied und verließ die Sakristei.

Draußen stand die Volksmenge ebenso stumm und wortkarg wie bei seinem Eintritt. Aber als der König die Treppe hinabstieg, kam ihm ein Bauer entgegen.

»Hast du nun mit unserem Pfarrer gesprochen?« fragte der Bauer.

»Ja«, sagte der König, »ich habe mit ihm gesprochen.«

»Dann hast du wohl auch unseren Bescheid bekommen«, erwiderte der Bauer. »Wir baten dich, einzutreten und mit unserem Pfarrer zu sprechen, weil er dir unsere Antwort bringen sollte.«

Das Wasser in der Kirchenbucht

Vor einigen hundert Jahren lebte im Jössesprengel in Värmland ein ungewöhnlich starker, strenger Propst, der sich nach besten Kräften mühte, die Jösseháringer zu frommen und gottesfürchtigen Menschen zu machen. Nicht genug damit, daß er ihnen Trunksucht und Rauflust abzugewöhnen trachtete, auch das Schmuggeln nach Norwegen und anderes Unrecht – das hatten schon viele Geistliche vor ihm versucht –, nein, er verbot ihnen auch, die mächtigen Geister in Feld und Wald und Wasser anzubeten und zu fürchten, und dies war etwas, woran die geistlichen Herren sich sonst hüteten zu rühren.

Die früheren Pfarrer hatten wohl gedacht, wo es nun einmal Hexen im Wald und Nixen im Strom und Heinzelmännchen im Haus gab, so könne man es auch den Leuten nicht verwehren, sich vor ihrer Arglist zu schützen, entweder durch Opfer oder dadurch, daß man einen Vertrag mit ihnen schloß; aber von solchen Dingen wollte der jetzige Propst nichts hören. Gott und sein Wort, das war das einzige, woran die Menschen sich zu halten hatten, und tat man dies nur, so brauchte man nicht zu glauben, daß es etwas anderes gebe, das die Macht habe, einem zu schaden oder einen ins Verderben zu stürzen.

Obgleich der Propst ein gewaltiger Prediger war, so war es doch von Anfang an klar, daß all seine Reden gegen die Unterirdischen in den Wind gesprochen sein mußten. Die meisten Zuhörer fürchteten nur, daß er die Naturgeister gegen sie aufreizen würde, und es entstand eine solche Feindschaft gegen ihn, daß er auch in allem anderen, wofür er eiferte, keinerlei Erfolg hatte. Schließlich kam es so weit, daß alles, dem er entgegenwirken wollte, geschätzt und geehrt wurde; aber um Gottes Sache stand es mit jedem Tage, den er im Kirchspiel blieb, nur noch schlimmer.

Gerade um die Zeit, als er von all dem Mißerfolg, der ihn getroffen, ganz niedergeschmettert war, ging er eines Abends aus, um sich durch einen Spaziergang zu erquicken. Sein Haus lag am Seeufer, und er ging seinen gewöhnlichen Weg über die Landstraße zur Kirche und wieder zurück. Zu wiederholten Malen sah er über den See hin, der gefroren und schneebedeckt dalag, und dachte dabei an die Mühe, die die Frühlingssonne sich geben mußte, um das Eis zu schmelzen. Sie war damit noch nicht weit gediehen. Er sah sogar, daß ein paar Schlitten über den blankgefahrenen Weg glitten, der vom Pfarrhof abzweigte und quer über den See zum benachbarten Kirchspiel führte.

Aber was verschlug es der Sonne, wenn es langsam ging, das Eis aufzutauen? Sie war doch auf jeden Fall sicher, damit fertig zu werden. Wenn er für sein Teil nur die Zuversicht gehabt hätte, daß auch seine Arbeit von Erfolg gekrönt sein würde, dann wollte er nicht nach Widerstand oder Beschwerden irgendwelcher Art fragen.

Mitten auf dem Wege faltete er die Hände und wandte den Blick zum Himmel. »O Gott«, sagte er, »wenn du siehst, daß meine Arbeit nie Früchte tragen wird, so gib mir ein Zeichen, und ich will aufhören, Priester zu sein. Ich schwöre dir, ich bin bereit, Tagelöhner zu werden und mein täglich Brot durch meiner Hände Arbeit zu verdienen, wann immer du mir zeigst, daß ich mein Werk nicht so tun kann, daß es dir zum Wohlgefallen dient.«

Es war seltsam. Kaum hatte er dies gesagt, als er merkte, daß es wunderlich still um ihn wurde. Oder richtiger gesagt, es dünkte ihn, daß seine Ohren sich allem verschlossen, was sie sonst vernahmen, und daß er statt dessen gleichsam eine neue Art von Gehör bekam. Er hörte seine eigenen Schritte nicht, nicht das Knirschen der Schlittenkufen, nicht das Klappern der Dreschflegel, die in den benachbarten Bauernhöfen auf den Tennenböden aufschlugen. Aber dafür konnte er Laute und Stimmen vernehmen, wie sie sonst nicht zu Menschenohren dringen, und mit dieser neuen Gabe hörte er, wie es dreimal hintereinander unten vom See her rief:

»Die Zeit ist erfüllt, aber der Mann ist nicht gekommen.«

»Die Zeit ist erfüllt, aber der Mann ist nicht gekommen.«

»Die Zeit ist erfüllt, aber der Mann ist nicht gekommen.«

Es kam dumpf und gedämpft, nicht von der Eisrinde, die den See deckte, sondern aus der Tiefe darunter. Es war wie das unheimliche Heulen ausgehungerter Wölfe und kam so wild und schaurig unter dem Eis herangerollt, als stände dort unten ein wildes, blutdürstiges Tier und schrie nach Beute.

Sowie der dritte Ruf verklungen war, dünkte es den Lauscher, daß eine Luke in seinem Kopf sich schloß, und nun hörte er wiederum nichts anderes als jene Laute, die man gewöhnlich vernimmt. Der Wind säuselte ganz sachte im Schilf des Strandes, der Schnee knirschte unter dem Fuß, und von einem hochbeladenen Wagen, der eben vorbeifuhr, klingelte leise ein schwaches Glöckchen.

Aber die Erinnerung an den Ruf vom Seegrund war in ihm lebendig. Einmal ums andere vermeinte er, den raubgierigen, tierischen Laut zu hören, und all die Angst, die er in seiner Kindheit vor Nöck und Nix empfunden hatte, stieg von neuem in ihm auf und ließ ihn vom Scheitel bis zur Sohle erbeben. Sie bekam solche Macht über ihn, daß er anfing zu laufen, dem Pfarrhof zu. Aber nach ein paar Schritten hielt er inne und suchte seines Schreckens Herr zu werden. »Du bist ein Christenmensch und ein Diener Gottes«, sagte er zu sich selbst, »die unreinen Geister in Wald und Feld und See sollen nicht die Freude haben zu sehen, daß du sie fürchtest.«

Er zwang sich, langsam zu gehen, aber unwillkürlich duckte er Kopf und Schultern, wie man es tut, wenn man eines Überfalls von rückwärts gewärtig ist. Bald jedoch richtete er sich empor. Sein Herz schlug nun mit gleichmäßigen Schlägen, und ein Gefühl neubelebter Hoffnung durchströmte ihn.

»Du hast ja Gott um Zeichen gebeten«, sagte er zu sich selbst, »du hast ja Gott um ein Zeichen gebeten.«

Als er in den Pfarrhof zurückkehrte, trug er den Kopf hoch und ging seinen gewöhnlichen, festen Schritt.

Ehe er sich in sein Arbeitszimmer begab, öffnete er die Küchentür und bedeutete dem Gesinde, falls sie einen Wanderer sähen, der vom Weg abweiche, um sich auf den See zu begeben, so sollten sie ihn zurückrufen und ihm sagen, der Propst wünsche mit ihm zu sprechen.

Es währte nicht lange, so hörte man fremde Schritte im Hausflur. Die Tür zum Zimmer des Propstes öffnete sich, und ein junger Bursche trat herein. Er trug eine Friesjacke und gelbe Beinkleider aus Sämischleder, wie alle anderen Bauernburschen im Sprengel, aber aus einer gewissen Zierlichkeit und Schmuckheit in der Kleidung glaubte der Propst schließen zu können, daß er einen wohlbestallten Mann vor sich habe.

Der Propst sah den Eintretenden lange und prüfend an, bevor er etwas sagte. Er fühlte sich sogleich zu ihm hingezogen. Es war ein ziemlich kleiner, aber schlanker und gut gewachsener Mann, schön, mit grauen Augen, die wie leichtgekräuseltes Wasser bei starkem Sonnenschein glitzerten, und mit einem Lächeln, so hell, daß es den ganzen Menschen überstrahlte.

»Wenn ich diesen Mann davor bewahren kann, heute nacht über das Eis zu gehen und zu ertrinken«, dachte der Propst, »so soll mir dies ein Zeichen von Gott sein, daß ich fortfahren darf, ihm zu dienen.«

Volle zwei Stunden hatte der Propst mit dem Fremden gesprochen. Nun stockte das Gespräch schon eine Zeitlang, und es war still in der Stube. Draußen war es schon längst dunkel geworden, aber auf dem Schreibtisch brannte ein Talglicht, und bei seinem Scheine konnte man die zwei Männer unterscheiden. Der Bauer saß auf dem äußersten Rand eines Stuhls, noch immer sein glitzerndes Lächeln im Gesicht, während der Propst, der vor seinem Schreibtisch saß, sich sichtlich in einem Zustand großer Angst befand. Er hatte die Arme auf die Tischplatte gestützt und saß vorgebeugt da, den Kopf in den Händen. Hie und da stieß er einen Seufzer aus, so tief, daß er seine ganze Gestalt erschütterte.

Mit all seinem Reden hatte er nun doch nicht vermocht, dem anderen das bestimmte Versprechen abzuringen, daß er über die Landstraße heimkehren werde. Er machte nur Ausflüchte, bald sagte er, sie erwarteten ihn zu einer bestimmten Zeit daheim, dann wieder, er sei zu müde, den langen Umweg rings um den See herum zu machen. Der Propst erbot sich, ihn über die Landstraße nach Hause zu kutschieren, allein er wollte nicht darauf eingehen. Er hatte Angst, jetzt zu fahren, wo die Wege so schlecht waren; er hatte Angst vor allem, nur nicht davor, über das Eis heimzugehen.

Da saß nun der Propst und überdachte alles, was sie gesprochen hatten; er mußte herausfinden, wie er den Mann anzupakken hatte, um ihn zu retten. Das war ja das Wunderliche an ihm, daß er dem Propst immer wieder entglitt und sich nicht fangen ließ. Es war so gewesen, als steckte man die Hand in rinnendes Wasser und versuchte, es festzuhalten.

Der Propst hatte damit begonnen, ihm zu sagen, daß er ihn deshalb gebeten habe hereinzukommen, um ihm davon abzuraten, den Seeweg zu nehmen. Er wisse, daß das Eis hier vorne in der Kirchenbucht unsicher sei. Darauf hatte der Fremde nur geantwortet, heute morgen, bei seinem Aufbruch von daheim, sei das Eis eine Elle dick gewesen. In einem Tag könne es wohl nicht aufgetaut sein, wenn die Sonne auch stark geschienen habe. – Nein, draußen auf dem See habe es keine Gefahr, das glaubte der Propst auch gar nicht, aber in der Bucht, da wo der Fluß mündete. – Da hatte der Bursche ausgesehen, als hätte er alle Mühe, nicht hell aufzulachen. Er war doch Fischer und hatte all sein Lebtag hier an diesem See gehaust, da konnte sich der Propst doch denken, daß er klug genug war, sich vor einer Flußmündung in acht zu nehmen.

Aber nun war da noch ein besonderer Grund, weshalb er sich hüten sollte, gerade an diesem Abend über das Eis zu gehen. Und der Propst erzählte ihm, was er eben erst auf der Landstraße gehört hatte. Es war merkwürdig, wie wenig der Mann darauf gab, nicht mehr als auf ein Liedchen, das die Leute alle

Tage trällern. Wollte man sich um derlei kümmern, hatte er gesagt, dann könnte man sich nie auf einen See wagen.

Der Propst hatte ihn gefragt, ob er ihm denn nicht glaube. Ja, gewiß glaubte er ihm. Er hatte sie auch schon in der Tiefe brüllen und toben hören, aber er wußte, daß das nur Schreckschüsse waren. Es waren die kleinen Seekobolde, die Allotria trieben. Sie waren eben auch Jössehäringer und liebten es, zu spielen und zu tollen.

Die ganze Zeit stand er da und lächelte, und er war unmöglich dazu zu bringen, die Warnung ernst zu nehmen. Da stieg in dem Propst die Angst auf, daß es ihm nie gelingen würde, ihn davon zu überzeugen, daß ihm Gefahr drohe. Es sah aus, als könnte das gar keine so schwere Sache sein, aber hier stellte sich offenbar etwas Besonderes in den Weg. Der Propst sagte sich selbst, daß er herausfinden müsse, was dies sei, wenn er Macht über den Mann gewinnen sollte.

Der Fischer war übrigens recht mitteilsam und schwatzte, wie man so sagt, das Blaue vom Himmel herunter. Der Propst hatte schon erfahren, daß er Gille Folkesson hieß und am anderen Seeufer wohnte. Verheiratet war er auch, hatte eine junge schöne Frau, auf die er nicht wenig stolz war. Sie stammte nicht von Kleinhäuslern ab, wie er selbst, nein, sie war die Tochter eines Großbauern. Nun, er stand sich ja auch gut, wenn er auch nur ein Fischer war. Sie hätte es als Bäuerin nicht besser treffen können.

»Sie wird es nicht mehr so gut haben, wenn du hingehst und dich ertränkst«, hatte der Propst gesagt. Aber das nahm Gille wiederum nur als Spaß und hätte laut gelacht, wenn er sich nur getraut hätte.

Er war der zufriedenste Mensch unter der Sonne, und es läßt sich nicht leugnen, daß er ein klein wenig prahlte. Er hatte sein Boot selbst gemacht, und es war so leicht, daß es nur so übers Wasser flog, wenn er die Ruder noch so leise berührte. Er hatte auch größeres Fischerglück als irgendein anderer. Dies machte es, daß er in Wohlstand lebte, obgleich er kein Land besaß. Es war gar nichts Seltenes, daß er auf einen Zug so viele Fische in seine Netze bekam, daß sie im Boot gar keinen Platz fanden.

Diese Reden von seinem Fischerglück hatten den Propst stutzig gemacht. »Du bist wohl einer, der sich ganz auf sein Glück verläßt, he?« hatte er ganz plötzlich gefragt. »Ja freilich«, kam die Antwort, und dabei glitzerte es noch stärker als früher in den Augen des Fischers, »ich habe wohl auch guten Grund dazu.«

Er hatte sich ein wenig gesträubt zu erklären, was er damit meinte, aber der Propst hatte es bald aus ihm herausbekommen. Es kam ihn auch schwer an, darüber zu schweigen. Er schien nun bei dem angelangt, was ihm näher lag als alles andere.

Er erzählte dem Propst, wie seine Mutter, ein paar Monate, ehe er, Gille, auf die Welt kam, in einer schönen Sommernacht einen Weg gewandert war, der durch einen dichten Wald führte. Die Äste hatten sich so eng über ihr verflochten, daß sie beinahe in der Dunkelheit ging, obgleich es kurz nach Johannis war, wo die Nächte doch hell sind. Ganz plötzlich hatte sich der Wald gelichtet, und der Pfad hatte jäh abfallend zu einer großen halbkreisförmigen Bucht hinabgeführt, fast ebenso schön wie die Kirchenbucht hier vor dem Pfarrhof. Sie war von grünen, üppigen Wiesen umgeben, und auf diesen Wiesen, die voll großer Blumen waren und von Tau glitzerten, hatte ein weißes Pferd gegrast. Es war das schönste Tier, das sie je gesehen hatte. Die Mähne war so lang, daß sie auf die Hufe herabging, der ganze Leib apfelfarben, die Beine schmal und biegsam wie die Sehne eines Bogens, und der Schwanz so dick wie eine Roggengarbe und so lang, daß er auf dem Boden nachschleifte. Kaum mehr als einen Augenblick durfte sie sich an dem Anblick erfreuen. Denn als sie sich durch die hochblumigen Strandpflanzen näher an das Pferd heranschleichen wollte, erblickte es sie und floh. Aber nicht dem Land zu, sondern gerade hinaus in den See. Es sprang durch das seichte Wasser, so daß der Schaum um seinen Bug sprühte, und sowie es in die Tiefe kam, tauchte es unter, ohne einen Versuch zu machen zu schwimmen. Da wußte die Mutter, daß dies niemand anderes gewesen sein konnte als der Nöck, der sich, wenn er ans Land geht, in Gestalt eines Pferdes zu zeigen pflegt. Die Mutter hatte für sich selbst keine Angst gehabt, aber sie dachte an das Kind, das sie unter dem Herzen trug, und bangte, daß diese Begegnung ihm Nachteil bringen könnte. Zur größeren Sicherheit war sie zu einem »weisen Mann« gegangen, hatte ihn gefragt und den Bescheid erhalten, daß dies dem Kinde nicht schaden würde. Wenn sie einen Sohn bekäme, sollte sie einen Fischer aus ihm machen, denn der Nöck würde sich sicherlich seiner annehmen, so daß er gutes Fischerglück haben würde. Aber würde aus dem Kinde wirklich ein Fischer, dann müßte er sich vor einer einzigen Sache in acht nehmen, und das war, niemals aus dem See zu trinken, in dem er seine Fische fing.

Dies hatte Gille auch immer vermieden, obgleich es manchmal gar nicht so leicht gewesen war. Es war schwer, sich mit keinem einzigen Tropfen Wasser zu laben, wenn man an heißen Sommertagen in seinem Boot auf dem See lag. Wenn er zu Fremden kam, wagte er es kaum, ein Glas zum Munde zu führen. Es gab Leute, die über derlei nur lachten, und sie versuchten, ihn aus purem Unverstand zu verleiten, Seewasser zu trinken. Sie konnten nicht glauben, daß dies etwas für ihn bedeuten würde. Es kam auch hier und da vor, daß die Seekobolde kleine Versuche machten, ihn zu verlocken, Seewasser zu trinken. Aber bisher hatte er sich tapfer gehalten, und es war ihm in allen Stükken gutgegangen, wie es ihm vorausgesagt war. Und viele, ja unzählige Male hatte er gesehen, daß die kleinen Seejungfern, die nicht größer waren als Barsche und die holdseligste Gestalt bis zu den Hüften hatten, wo der Fischschwanz anfing, in ganzen Schwärmen um sein Boot geschwommen waren, wenn er an schönen Sommerabenden still lag und angelte, und sie hatten ihm einen Fisch nach dem anderen an den Angelhaken gehängt. Und ebenso hatte er auch im Herbst bei Sturm und Unwetter, wenn sein Garn sich verwirrte, bei ihnen Hilfe gefunden.

Als der Propst diese Geschichte aus Gilles eigenem Mund hörte, da hatte sie ihn nicht so erregt wie jetzt, wo er nur daran dachte. Während Gille sprach, hatte er ganz deutlich die lieblichen kleinen Värmlandseen vor sich gesehen mit ihrem Badestrand und ihren Angelstellen, wo er als Knabe seine fröhlichsten Stunden verbracht hatte. Er sah das Wasser blinken und spiegeln, es ging bis in seine Kammer hinein, es wogte sanft und schmeichelnd rings um ihn. Er hatte das Gefühl gehabt, als gehörten Gille und seine Zaubergeschichten und das Fischen und das sorglose Leben auf dem See zusammen, er hatte nichts Anstößiges darin sehen können. Er war wie vom Wellenrauschen eingelullt gewesen. Auch hatte er nicht recht gewußt, ob Gille es ernst meinte oder im nächsten Augenblick sagen würde, er habe nur gescherzt. Und so hatte er nur ganz sanftmütig gesagt, es könne gefährlich sein, Hilfe von solchen anzunehmen, die nicht unserer Welt angehören.

Aber Gille hatte wieder gesagt, für ihn habe es keine Gefahr, solange er das Wasservolk nicht dadurch herausforderte, daß er Wasser aus dem See trank, wo er fischte; täte er das, geriete er freilich in ihre Gewalt. Wie es jetzt war, hatte er nur Hilfe und Nutzen von ihnen.

Um dies zu beweisen, erzählte er dem Propst eine Geschichte von seiner Hochzeit.

Als Gille vor den Traualtar treten sollte, da war es ihm so schlimm ergangen, daß er sich fast nicht zur rechten Zeit im Hochzeitshause hatte einfinden können. Einer der Nachbarn hatte versprochen, ihm ein Pferd zu leihen, aber am selben Tag war dies Pferd krank geworden, und da stand nun Gille und guter Rat war teuer. Da hatte er plötzlich ein Pferd erblickt, das auf der Strandwiese ging und graste. Es war ein schönes Tier, ein rosigweißer Apfelschimmel, die Mähne so lang, daß sie bis zur Erde reichte, wie nur das Pferd den Kopf senkte, und der Schwanz dick wie eine Roggengarbe. Gille hatte das Pferd nie zuvor gesehen und wußte nicht, wem es gehörte, aber er meinte, Not kennt kein Gebot. Er mußte ein Pferd haben, gleichviel wo er es hernahm, sonst konnte er zur Trauung nicht zurechtkommen. Er versuchte das fremde Pferd einzufangen, und siehe da, es ging kinderleicht. Es ließ sich auch vor das Wägelchen spannen und zog es, ohne zu murren. Gille glaubte freilich zu merken, daß es einen wunderlichen Gang hatte und nicht recht eingefahren war, so daß es sich nicht auf Zeichen und Zurufe verstand, aber er war ja in seine Bräutigamsgedanken versunken und achtete nicht groß auf das Pferd, sondern war schon zufrieden, wenn es nur vorwärts ging. Aber als er in das Haus der Braut kam, da liefen die Leute heraus, um sein Pferd anzusehen, und vergaßen Braut und Bräutigam darüber, es zu loben und zu rühmen. Niemand konnte sich erklären, wo Gille ein solches Tier herbekommen habe. Das mußte zum allermindesten in des Königs Stall aufgewachsen sein. Gille beeilte sich, es abzuschirren, und stellte das Pferd zu den anderen. Er legte ihm schönes Futter vor, sagte ihm Dank für seine guten Dienste, aber band es nur mit einer Schleife fest. Als die Trauung vorüber war, gingen die Leute wieder heraus, um sich das Pferd anzusehen, aber da war es verschwunden. Gille gab sich selbst die Schuld, weil er es nicht sicher genug angebunden hatte, und sagte, es wäre vermutlich heimgelaufen. Dort im Hochzeitshause hatte er sich nicht anmerken lassen wollen, daß ihm die Sache nicht recht geheuer vorkam, aber er war zur Überzeugung gelangt, daß es niemand anderes als der Nöck sein konnte, der ihm den Dienst erwiesen hatte, ihm auf seiner Bräutigamsfahrt das Pferd zu machen.

Er hatte auch noch andere Begebenheiten erzählt, aber es war vor allem dieses, das ihn in dem Glauben bestärkt hatte, daß er in dem Wasservolk Freunde hatte und es nicht zu fürchten brauchte.

Der Propst fand Gefallen an dem Mann, und seine Geschichten hatten ihn, wie schon gesagt, an sein Jugendleben im Wald und auf dem See erinnert, und das war es, was ihn gleichsam zur Ruhe gewiegt und ihn verhindert hatte, Gille zuzurufen, doch einzuhalten und in seiner Gegenwart nicht von solchen Dingen zu sprechen.

Es gab Menschen genug, die nicht an diese Wesen glaubten, die das Volk in der Natur gesehen zu haben vorgab, doch der Propst gehörte nicht zur Zahl dieser. Aber eins war es zu glauben, daß sie da waren, ein anderes, Hilfe und Beistand von ihnen anzunehmen, wie es dieser Fischer tat. Diese Wesen waren ihrer Natur nach böse, und für den, der sich mit ihnen einließ, nahm es immer ein schlechtes Ende. Das wußte die Kirche, und aus diesem Grunde verbot sie allen Umgang mit ihnen. Auch Gille Folkesson würden sie Unglück bringen, wenn der Propst nicht imstande war, ihn aus den Fesseln seines Aberglaubens zu lösen.

Tausenderlei Geschichten hatte der Propst von dem Treiben dieser Geschöpfe gehört. Alle endeten sie so, daß sie sich auf den, welcher eine Zeitlang in ihrer Gunst gestanden und ihre Wohltaten genossen hatte, stürzten, wenn er ihnen ganz blind glaubte, und ihn zugrunde richteten. Alles an ihnen war List, Tücke und Bosheit. Sie gehörten in die Unterwelt, und ihr einziges Trachten war es, die Menschen in ihre Dunkelheit hinabzuziehen.

Nun erkannte er, der Propst, daß dies ihre deutliche Absicht mit diesem Fischer war. Er war in Sicherheit eingelullt, er glaubte an ihre freundliche Gesinnung. Keine Warnung hatte mehr die Macht, ihn abzuschrecken, und in dieser Nacht sollte er in das Netz fallen, das von seiner Geburt an für ihn ausgespannt war. Ja, so mußte es kommen, wenn der Propst nicht imstande war, ihn zu retten.

Der Propst stand da und erwog diese Aufgabe in Gedanken hin und her. Eins gab es, worauf Gille sein Vertrauen und seine Zuversicht setzte, und das war, daß er noch nie Wasser aus dem See getrunken hatte, in dem er seine Angeln und Netze auswarf. Aber was war nun das für ein Glaube, konnte man darauf vertrauen? Eine falsche Stütze war das, eine, die in dieser Nacht versagen würde; denn der Propst hatte gehört, daß man unten in der Tiefe auf Gille wartete. Eine morsche Planke war es, die ihn nicht tragen konnte. Wenn er fortfuhr, darauf zu bauen, mußte er elendiglich zugrunde gehen.

Der Propst sah deutlich, daß diese Planke Gille Folkesson entrissen werden mußte, ehe es zu spät war. Konnte er nur nicht mehr auf die bauen, dann würde er auch nicht mehr seine Hoffnung auf Nix und Nöck setzen, sondern auf den lebendigen Gott. Konnte er nicht mehr auf sie bauen, dann war er an Leib und Seele errettet und kam glücklich und wohlbehalten heim zu seinem jungen Weib. In seiner ganzen Gemeinde wußte der Propst keinen Menschen, zu dem er sich so hingezogen fühlte wie zu diesem Gille Folkesson. Er konnte ihn ob seiner Verbindung mit den unreinen Geistern nicht so tadeln, wie er sollte, aber es wandelte ihn eine große Sehnsucht an, ihn aus ihrer Gewalt zu erretten. Das Herz tat ihm in der Brust weh, wenn er diesen Mann ansah, der da jung, schön und sorglos vor ihm saß und doch verurteilt war, in dieser selbigen Nacht zu sterben.

Der Propst sah einen Weg, ihn zu erretten, hatte ihn von Anfang an gesehen, aber er wußte nicht, ob er nicht eine Sünde und eine Entheiligung beging, wenn er dieses Mittel anwendete. Aber konnte es eine größere Sünde geben, als einen Menschen mit Leib und Seele der Gewalt der dunklen Mächte zu überantworten? Vielleicht war es erlaubt, in einem solchen Fall zu diesem Ausweg zu greifen? Es lockte ihn und es widerstrebte ihm doch wieder. Es widerstrebte ihm sehr. Er war in furchtbarer Pein. Er brauchte einen Fingerzeig Gottes.

Wenn der Mann da vor ihm von seinem Glauben an die morsche Planke frei werden könnte, frei in der Art, daß er eine Stütze, eine neue Hoffnung bekam? Wenn er so ganz und gar befreit werden könnte, daß er sich nicht in Gefahr zu fühlen brauchte, sondern im Gegenteil gesichert und beschützt, wäre das nicht die größte Wohltat, die man ihm erweisen könnte?

Plötzlich schrak der Propst aus seinen Gedanken auf. Der Fischer war es müde geworden zu warten und stand nun von seinem Stuhl auf. Im selben Augenblick war auch der Entschluß des Propstes gefaßt. Er konnte den Mann nicht in sein Verderben rennen lassen. Er mußte ihn aufhalten, mußte tun, was in seinen Kräften stand, um ihn zu retten. »Ich sehe, du willst gehen, Gille«, sagte er. Dabei erhob er sich, und Gille wich in aller Eile zur Tür zurück, wie um leichter entkommen zu können. »Du darfst nicht glauben, Gille, daß ich dich mit Gewalt zurückhalten werde, wenn ich gleich Lust dazu hätte. Du kannst gehen, wohin du willst, und ich sehe schon, es wird der Seeweg sein.«

»Das wird es wohl, Herr Propst. Ich komme schon auf jeden Fall heim.«

»Aber du mußt wissen, Gille, wenn ich dich jetzt, so wie du willst, den Seeweg gehen lasse, dann ist dies für mich, als schickte ich dich geradewegs in den Tod. Ich bin so sicher, Gille, daß du den nächsten Morgen nicht erlebst, wenn du dich heute nacht aufs Eis begibst, als ich es wäre, wenn ich wüßte, daß blutrünstige Mörder dir vor meinem Hause auflauern. Darum, Gille, will ich dich zum Tode bereiten, so wie ich es täte, wenn du in den letzten Zügen lägest. Ich will dir das heilige Abendmahl geben.«

Gille legte unwillkürlich die Hand auf die Türklinke. Er hätte sich dem, was kommen sollte, am liebsten entzogen, doch der Propst hielt ihn zurück.

»Du darfst nicht gehen, Gille«, rief er mit einer mächtigen Stimme, die vor Gemütsbewegung brach. »Ich bin dein Seelsorger, und ich muß meine Pflicht gegen dich tun, sonst kann ich es nicht vor dem verantworten, der Herr ist über dich wie über mich.«

Der Fischer sah drein wie ein gegen seinen Willen hin und her gezerrter und gezwungener Mann, doch war er nun so sehr von der Ehrfurcht vor dem Propst befangen, daß er stehenblieb. Und sobald dieser merkte, daß Gille ihm zu gehorchen gedachte, begann er mit seinen Vorbereitungen.

Er nahm die kleinen Abendmahlskelche hervor, deren er sich bediente, wenn er zu Sterbenden gerufen wurde, entzündete noch eine Kerze und hing seinen Talar um.

Es war kein Wein in der Flasche, die er neben dem Kelch verwahrte, doch er schickte nicht in den Keller, um sie füllen zu lassen. »Möge Gott mir gnädig sein«, dachte er. »Ich fülle den Kelch mit dem Naß, das heilig genug ist, in seinem zweiten Sakrament zu dienen.«

Er ließ Gille vor seinem Stuhl niederknien, erteilte ihm die Absolution, las die Worte des heiligen Abendmahls, reichte ihm das Brot und führte den Kelch an seine Lippen.

Im nächsten Augenblick sprang der Fischer schreckensbleich auf. »Was hast du mir im Kelch gegeben, Pfaffe?« rief er und packte den Propst hart am Arm.

»Ich habe dir das gegeben, was du in deinem heidnischen Aberglauben nie zu kosten gewagt hast«, sagte der Propst. »Ich habe dir Wasser aus der Kirchenbucht gegeben, aber ich habe es geheiligt und geweiht. Jetzt ist es über deine Lippen geströmt, nicht als Wasser, sondern als Christi Blut. Möge es die Macht des natürlichen Wassers überwinden! Möge es deine Seele befreien von ...«

Er kam nicht weiter. Gille Folkesson hörte ihn nicht. »Wasser aus der Kirchenbucht«, schrie er so jammervoll wie ein Verwundeter. »Wasser aus der Kirchenbucht!«

Im nächsten Augenblick war er aus dem Zimmer und lief durch den Flur in den Hof.

Der Propst eilte ihm nach, aber Gille stürmte dahin wie ein Tollhäusler, und es war unmöglich, ihn einzuholen. Während er so lief, rief er mit einer Stimme, die nicht weniger schaurig klang als die Stimme vom Seegrund, die der Propst am Abend vernommen hatte:

»Die Zeit ist erfüllt, und der Mann kommt.«

Die halbe Nacht war der Propst mit Knechten und Nachbarsleuten auf dem Eis gewesen und hatte nach Gille Folkesson gesucht, der den Pfarrhof in Sinnesverwirrung verlassen hatte. Endlich hatte man nahe der Flußmündung ein Loch in dem schwachen Eis entdeckt, ein Mann war ganz vorsichtig hingekrochen und hatte Gilles Hut auf dem Wasser schwimmend gefunden. Da brauchte man nicht weiter zu suchen, sondern konnte heimgehen.

Auf dem Nachhauseweg sprachen die Männer natürlich von Gille. Sie kannten ihn gut und erzählten einander von dem

Bündnis, das zwischen ihm und dem Wasservolk bestanden haben sollte.

»Es ist sicher, daß sie dort unten ihm dienten«, sagte ein Bursche und stampfte auf das Eis. »Aber jetzt ist es so ausgegangen, wie derlei immer ausgeht. Er ist schließlich doch in ihre Gewalt geraten.«

»Er muß sich wohl doch nicht genug in acht genommen haben«, sagte einer. »Er muß Seewasser getrunken haben.«

In demselben Augenblick, in dem dies gesagt war, hörten sie aus ihrer Mitte eine Stimme, die zu reden und zu erzählen begann. Es war eine schwache zitternde Stimme, die Stimme eines alten, gebrochenen Mannes. Die Leute konnten sich anfangs gar nicht denken, wem sie gehörte, sie blieben verwundert stehen. Es war kein schwacher oder alter Mann unter ihnen gewesen, als sie sich aufs Eis begeben hatten.

Aber da merkten sie, daß es der Propst war, der sprach, und sie scharten sich dicht um ihn, um zu hören, was er sagte. Sie sahen sein Antlitz nicht, aber es dünkte sie, daß er gebeugt und zitternd dastand und sich kaum aufrecht zu halten vermochte.

Noch nie hatten sie einen Menschen so vernichtet gesehen. Es war junges, sorgloses Volk, die meisten von ihnen, aber sie standen rings um den gebrochenen Mann und weinten wie die Kinder, während er so sprach.

Als er ihnen gesagt, was er an diesem Abend erlebt hatte, ging er einsam ans Land. Die anderen schlichen stumm hinter ihm drein, gerade nur so weit, daß sie ihn im Auge behielten und sahen, daß er heimzuwanken vermochte und nicht auf dem Weg liegenblieb.

»Mit dem ist es zu Ende«, flüsterten sie einander zu. »Der kommt nie mehr auf eine Kanzel.«

Die Legende vom Vogelnest

Hatto, der Eremit, stand in der Einöde und betete zu Gott. Es stürmte, und sein langer Bart und sein zottiges Haar flatterten um ihn, so wie die windgepeitschten Grasbüschel die Zinnen einer alten Burgruine umflattern. Doch er strich sich nicht das Haar aus den Augen, noch steckte er den Bart in den Gürtel, denn er hielt die Arme zum Gebet erhoben. Seit Sonnenaufgang streckte er seine knochigen behaarten Arme zum Himmel empor – unermüdlich wie ein Baum seine Zweige ausstreckt. So wollte er bis zum Abend stehenbleiben, denn er hatte etwas Großes zu erbitten.

Er war ein Mann, der viel von der Arglist und Bosheit der Welt erfahren hatte. Er hatte selbst verfolgt und gequält; und Verfolgung und Qualen waren ihm zuteil geworden, mehr als sein Herz ertragen konnte. Darum zog er hinaus auf die große Heide, grub sich eine Höhle am Flußufer und wurde ein heiliger Mann, dessen Gebete an Gottes Thron Gehör fanden.

Hatto, der Eremit, stand am Flußgestade vor seiner Höhle und betete das große Gebet seines Lebens. Er betete zu Gott, den Tag des Jüngsten Gerichts über diese böse Welt hereinbrechen zu lassen. Er rief die posaunenblasenden Engel an, die das Ende der Herrschaft der Sünde verkünden sollten. Er rief nach den Wellen des Blutmeeres, um die Ungerechtigkeit zu ertränken. Er rief nach der Pest, auf daß sie die Kirchhöfe mit Leichenhaufen fülle.

Rings um ihn war die öde Heide. Aber eine kleine Strecke weiter oben am Flußufer stand eine alte Weide mit kurzem Stamm, der oben zu einem großen, kopfähnlichen Knollen anschwoll, aus dem neue, frischgrüne Zweige hervorwuchsen. Jeden Herbst wurden ihr von den Bewohnern des holzarmen Flachlandes diese frischen Schößlinge geraubt. Jeden Frühling trieb der Baum neue geschmeidige Zweige; und an stürmischen

Tagen sah man sie um den Baum flattern und wehen, wie Haar und Bart um Hatto, den Eremiten, flatterten.

Das Bachstelzchenpaar, das sein Nest oben auf dem Stamm der Weide zwischen den emporsprießenden Zweigen zu bauen pflegte, hatte gerade an diesem Tage mit seiner Arbeit beginnen wollen, aber zwischen den heftig peitschenden Zweigen fanden die Vögel keine Ruhe. Sie kamen mit Binsenhalmen und Wurzelfäserchen und vorjährigem Riedgras geflogen, aber sie mußten unverrichteter Dinge umkehren. Da bemerkten sie den alten Hatto, der Gott anflehte, den Sturm siebenmal heftiger werden zu lassen, damit das Nest der kleinen Vöglein fortgefegt und der Adlerhorst zerstört werde.

Natürlich kann kein heute Lebender sich vorstellen, wie bemoost und vertrocknet und knorrig und schwarz und menschenunähnlich solch ein alter Heidebewohner aussah. Die Haut lag so stramm über Stirn und Wangen, daß der Kopf fast einem Totenschädel glich, und nur an einem schwachen Aufleuchten tief in den Augenhöhlen sah man, daß Leben darin war. Die vertrockneten Muskeln gaben dem Körper keine Rundung; der emporgestreckte nackte Arm bestand nur aus ein paar schmalen Knochen, die mit verrunzelter, harter, rindenähnlicher Haut überzogen waren. Er trug einen alten, eng anliegenden schwarzen Mantel. Er war braungebrannt von der Sonne und schwarz von Schmutz. Nur sein Haar und sein Bart waren licht, hatten sie doch Regen und Sonnenschein gebleicht, bis sie dieselbe graugrüne Farbe angenommen hatten wie die Unterseite der Weidenblätter.

Die Vögel, die umherflatterten und einen Platz für ihr Nest suchten, hielten Hatto, den Eremiten, für eine alte Weide. Sie umkreisten ihn viele Male, flogen weg und kamen zurück, merkten sich den Weg, bedachten den Standort im Hinblick auf Raubvögel und Stürme, fanden ihn recht unvorteilhaft, aber entschieden sich doch dafür. Eines der Vögelchen schoß pfeilschnell herab und legte sein Wurzelfäserchen in die ausgestreckte Hand des Eremiten.

Der Sturm hatte nachgelassen, so daß das Wurzelfäserchen ihm nicht sogleich aus der Hand gerissen wurde – aber der Eremit unterbrach dadurch sein Gebet nicht.

»Mögest du bald kommen, o Herr, und diese Welt des Verderbens vernichten, auf daß die Menschen sich nicht mit noch mehr Sünden beladen. Möchtest du die Ungebornen vom Leben erlösen! Für die Lebenden gibt es keine Erlösung.«

Da setzte der Sturm wieder ein, und das Wurzelfäserchen flatterte aus der großen, knochigen Hand des Eremiten. Die Vögel kamen aber wieder und versuchten die Grundpfeiler ihres neuen Heims zwischen seinen Fingern zu befestigen. Da legte sich plötzlich ein plumper, schmutziger Daumen über die Halme und hielt sie fest, und vier Finger wölbten sich über die Handfläche, so daß eine friedliche Nische entstand, in der die Vögel bauen konnten. Doch der Eremit fuhr in seinen Gebeten fort.

»Herr, ist das Maß deiner Geduld nicht erschöpft und die Schale deiner Gnade noch nicht leer? O Herr, wann kommst du aus deinem Himmel?«

Hatto, der Eremit, hatte Fiebervisionen vom Tag des Jüngsten Gerichtes. Der Boden erbebte, der Himmel glühte. Unter dem roten Firmament sah er schwarze Wolken fliehender Vögel; über den Boden wälzte sich eine Schar flüchtender Tiere. Doch während seine Seele von diesen Fiebervisionen erfüllt war, begannen seine Augen dem Flug der kleinen Vögel zu folgen, die blitzschnell hin und her flogen und mit einem vergnügten kleinen Piepsen ein neues Hälmchen in das Nest fügten.

Der Alte rührte sich nicht. Er hatte das Gelübde getan, den ganzen Tag stillstehend mit emporgestreckten Händen zu beten, um damit Gott zu zwingen, ihn zu erhören. Je matter sein Körper wurde, desto lebendiger wurden die Gesichte, die sein Hirn erfüllten. Er hörte die Mauern der Städte zusammenbrechen und die Wohnungen der Menschen einstürzen. Schreiende, entsetzte Volkshaufen eilten an ihm vorbei, und ihnen nach jagten die Engel der Rache und der Vernichtung – hohe, silbergepanzerte Gestalten mit strengem, schönem Antlitz, auf schwarzen Rossen reitend und Geißeln schwingend, die aus weißen Blitzen geflochten waren.

Die kleinen Bachstelzchen bauten und zimmerten fleißig den ganzen Tag, und die Arbeit machte große Fortschritte. Auf der hügeligen Heide mit dem steifen Riedgras und an dem schilfreichen Flußufer war kein Mangel an Baustoff. Die Vögel fanden weder Zeit zur Mittagsrast noch zur Vesperruhe. Glühend vor Eifer und Vergnügen flogen sie hin und her, und ehe der Abend anbrach, waren sie beim Dachfirst angelangt.

Aber ehe der Abend anbrach, hatte der Eremit seine Blicke immer häufiger auf sie gerichtet. Er folgte ihnen auf ihrer Fahrt; er schalt sie aus, wenn sie sich dumm anstellten; er ärgerte sich, wenn der Wind ihnen Schaden tat; und am allerwenigsten konnte er es vertragen, wenn sie sich ein bißchen ausruhten.

So sank die Sonne, und die Vögel suchten ihre vertrauten Ruhestätten im Schilf auf.

Wer abends über die Heide geht, muß sich nahe zur Erde beugen, um Eulen mit großen, runden Flügeln über das Feld huschen zu sehen und Nattern und große Kröten. Hasen und Wasserratten fliehen vor den Raubtieren; und der Fuchs springt nach einer Fledermaus, die Mücken über dem Fluß jagt. Es ist, als hätte jedes Erdhügelchen Leben bekommen. Doch unterdessen schlafen die kleinen Vögelchen auf dem schwanken Schilf, dem kein Feind nahen kann, ohne daß das Wasser plätschert oder die Halme zittern.

Als der Morgen kam, flogen die Bachstelzen geradewegs auf ihr Nest zu, aber das war verschwunden. Sie guckten suchend über die Heide und erhoben sich in die Luft, aber der Baum war verschwunden. Schließlich setzten sie sich auf ein paar Steine am Flußufer, wippten mit dem langen Schwanz und drehten das Köpfchen. Wohin waren Baum und Nest gekommen?

Doch kaum hatte sich die Sonne um eine Handbreit über den Waldgürtel auf dem jenseitigen Flußufer erhoben, als ihr Baum gewandert kam und sich auf denselben Platz stellte, den er am Tage zuvor eingenommen hatte.

Da begannen die Bachstelzchen wieder zu bauen, ohne über die vielen Wunder der Natur nachzugrübeln.

Hatto, der Eremit, der die kleinen Kinder von seiner Höhle fortscheuchte und in den Flußschlamm hinausstürzte, um den fröhlichen jungen Menschen, die in bewimpelten Booten den Fluß hinaufruderten, Verwünschungen nachzuschleudern, vor dessen bösem Blick die Heidehirten ihre Herden behüteten, kehrte zu seinem Platz am Fluß zurück, den kleinen Vögeln zuliebe. Er wußte, daß nicht nur jeder Buchstabe in den heiligen Büchern seine verborgne mystische Bedeutung hat, sondern auch alles, was Gott in der Natur geschehen läßt. Jetzt glaubte er, herausgefunden zu haben, was das Nest der Bachstelzen in seiner Hand bedeutete; Gott wollte, daß er mit erhobnen Armen betend dastehen sollte, bis die Vögel ihre Jungen aufgezogen hatten. Vermochte er dies, so sollte er erhört werden.

Doch an diesem Tage sah er wenig Visionen des Jüngsten Gerichtes. Statt dessen folgte er immer eifriger mit seinen Blikken den Vögeln. Er sah sie das Nest rasch vollenden. Die kleinen Baumeister flatterten rund herum und besichtigten es. Sie holten ein paar kleine Moosflechten und klebten sie außen an das Nest. Sie holten das feinste Wollgras, und das Weibchen nahm Flaum von der eignen Brust und polsterte das Nest innen damit.

Die Bauern, die den Eremiten fürchteten, pflegten ihm Brot und Milch zu bringen, um seinen Groll zu besänftigen. Sie kamen auch jetzt und fanden ihn regungslos dastehen, das Vogelnest in der Hand.

»Seht, wie der fromme Mann die kleinen Tiere liebt«, sagten sie und fürchteten sich nicht mehr vor ihm, sondern hoben den Milcheimer an seine Lippen und führten ihm das Brot zum Munde. Als er gegessen und getrunken hatte, verjagte er die Menschen mit bösen Worten, aber sie lächelten nur über seine Verwünschungen.

Sein Körper war schon lange seines Willens Diener geworden. Durch Hunger und Schläge, durch tagelanges Knien und wochenlange Nachtwachen hatte er ihn Gehorsam gelehrt. Nun hielten stahlharte Muskeln seine Arme tage- und wochenlang emporgestreckt. Während das Bachstelzenweibchen auf den Eiern lag und das Nest nicht mehr verließ, suchte der Eremit nicht einmal nachts seine Höhle auf. Er lernte es, sitzend mit emporgestreckten Armen zu schlafen; unter den Freunden der Wüste gibt es so manche, die noch größere Dinge vollbracht haben.

Er gewöhnte sich an die zwei kleinen unruhigen Vogelaugen, die über den Rand des Nestes zu ihm hinabblickten. Er achtete auf Hagel und Regen und schützte das Nest, so gut er konnte.

Eines Tages konnte das Weibchen seinen Wachtposten verlassen. Beide Bachstelzen saßen auf dem Rand des Nestes, wippten mit den Schwänzchen und beratschlagten und sahen seelenvergnügt aus, obgleich das ganze Nest von einem ängstlichen Piepsen erfüllt schien. Nach einem kleinen Weilchen zogen sie auf Mückenjagd aus.

Eine Mücke nach der andern wurde gefangen und heimgebracht. Und als das Futter kam, piepste es im Nest am allerärgsten. Den frommen Mann störte das Piepsen in seinen Gebeten.

Und sachte, sachte sank sein Arm herab, und seine kleinen Glutaugen starrten in das Nest.

Niemals hatte er etwas so hilflos Häßliches und Armseliges gesehen: kleine, nackte Körperchen mit spärlichem Flaum, keine Augen, keine Flugkraft, eigentlich nur sechs große, aufgerissene Schnäbel.

Es kam ihm selbst wunderlich vor, aber er mochte die Kleinen gerade so leiden, wie sie waren. Die Alten hatte er ja niemals von dem großen Untergang ausgenommen, aber für diese sechs Schutzlosen machte er eine stillschweigende Ausnahme.

Wenn die Bäuerinnen ihm jetzt Essen brachten, dankte er ihnen nicht mehr mit Verwünschungen. Da er für die Kleinen in seiner Hand notwendig war, freute er sich, daß die Leute ihn nicht verhungern ließen.

Bald guckten den ganzen Tag sechs runde Köpfchen über den Nestrand. Des alten Hatto Arm sank immer häufiger zu seinen

Augen hernieder. Er sah die Federn aus der roten Haut sprießen, die Augen sich öffnen, die Körperformen sich runden.

Die Gebete um die große Vernichtung kamen immer zögernder über Hattos Lippen. Er glaubte Gottes Zusicherung zu haben, daß sie hereinbrechen würde, wenn die kleinen Vögelchen flügge waren. Nun stand er da und suchte gleichsam nach einem Ausweg. Denn diese sechs Kleinen, die er beschützt und behütet hatte, konnte er nicht opfern.

Früher war es etwas andres gewesen, als er noch nichts hatte, was sein eigen war. Die Liebe zu den Kleinen und Schutzlosen kam über ihn und machte ihn unschlüssig.

Manchmal wollte er das ganze Nest in den Fluß schleudern, denn er meinte, daß die beneidenswert sind, die ohne Sorgen und Sünden sterben dürfen. Mußte er die Kleinen nicht vor Raubtieren und Kälte, vor Hunger und den mannigfaltigen Heimsuchungen des Lebens bewahren? Aber gerade als er so dachte, kam der Sperber auf das Nest herabgesaust, um die Jungen zu töten. Da ergriff Hatto den Kühnen mit seiner linken Hand, schwang ihn im Kreise über seinem Kopf und schleuderte ihn mit der Kraft des Zornes in den Fluß.

Und der Tag kam, an dem die Kleinen flügge waren. Eine der Bachstelzen mühte sich drinnen im Nest, die Jungen auf den Rand hinauszuschieben, während die andre herumflog und ihnen zeigte, wie leicht das Fliegen war. Und als die Jungen sich hartnäckig fürchteten, da zeigten ihnen die beiden Alten ihre allerschönsten Flugkunststücke. Mit den Flügeln schlagend, beschrieben sie verschiedene Windungen, oder sie stiegen gerade in die Höhe wie Lerchen und hielten sich mit heftig zitternden Schwingen still in der Luft.

Aber als die Jungen noch immer eigensinnig blieben, konnte Hatto es nicht lassen, sich in die Sache einzumischen. Er gab ihnen einen behutsamen Puff mit dem Finger, und damit war alles entschieden. Heraus flogen sie, zitternd und unsicher, die Luft peitschend wie Fledermäuse, sie sanken, aber sie erhoben sich wieder, begriffen die Kunst und verwandten sie dazu, so rasch wie möglich das Nest wieder zu erreichen. Die Alten kamen stolz und jubelnd zu ihnen zurück, und der alte Hatto schmunzelte.

Er hatte doch in der Sache den Ausschlag gegeben.

Er grübelte nun darüber nach, ob es für unsern Herrgott nicht auch einen Ausweg geben konnte.

Vielleicht, wenn man es recht bedachte, hielt Gottvater diese Erde wie ein großes Vogelnest in seiner Rechten, und vielleicht hatte er Liebe zu denen gefaßt, die dort wohnen und hausen, zu allen schutzlosen Kindern der Erde. Vielleicht erbarmte er sich ihrer, die er zu vernichten gelobt hatte, so wie sich der Eremit der kleinen Vögel erbarmte.

Freilich waren die Vögel des Eremiten um vieles besser als unsers Herrgotts Menschen, aber er konnte doch begreifen, daß Gottvater dennoch ein Herz für sie hatte.

Am nächsten Tage stand das Vogelnest leer, und die Bitterkeit der Einsamkeit bemächtigte sich des Eremiten. Langsam sank sein Arm herab, und es war ihm, als ob die ganze Natur den Atem anhielt, um dem Dröhnen der Posaune des Jüngsten Gerichts zu lauschen. Doch in demselben Augenblick kamen alle Bachstelzen zurück und setzten sich ihm auf Haupt und Schultern, denn sie hatten gar keine Angst vor ihm. Da zuckte ein Lichtstrahl durch das verwirrte Hirn des alten Hatto. Er hatte ja den Arm gesenkt, ihn jeden Tag gesenkt, um die Vögel anzusehen.

Und wie er da stand, von allen sechs Jungen umflattert und umgaukelt, nickte er jemandem, den er nicht sah, vergnügt zu. »Du bist frei«, sagte er, »du bist frei. Ich hielt mein Wort nicht, und so brauchst du auch deines nicht zu halten.«

Und es war ihm, als hörten die Berge zu zittern auf und als legte sich der Fluß gemächlich in seinem Bett zur Ruhe.

Die Legende von der Christrose

Die Räubermutter, die in der Räuberhöhle im Göinger Walde hauste, hatte sich eines Tages auf einen Bettelzug in das Flachland hinunterbegeben. Der Räubervater war ein friedloser Mann und durfte den Wald nicht verlassen. Er mußte sich damit begnügen, den Wegfahrenden aufzulauern, die sich in den Wald wagten; doch zu der Zeit, als der Räubervater und die Räubermutter sich in dem Göinger Wald aufhielten, gab es im nördlichen Schonen nicht allzuviel Reisende. Wenn es sich also begab, daß der Räubervater ein paar Wochen lang kein Glück gehabt hatte, dann machte sich die Räubermutter auf die Wanderschaft. Sie nahm ihre fünf Kinder mit; und jedes der Kleinen hatte zerfetzte Fellkleider und Holzschuhe und trug auf dem Rücken einen Sack, der gerade so lang war wie es selbst. Wenn die Räubermutter zu einer Haustüre hereinkam, wagte niemand, ihr zu verweigern, was sie verlangte, denn sie überlegte manchmal nicht lange, sondern kehrte in der nächsten Nacht zurück und zündete das Haus an, in dem man sie nicht freundlich aufgenommen hatte. Die Räubermutter und ihre Nachkommenschaft waren ärger als die Wolfsbrut, und gar mancher hätte ihnen gern seinen guten Speer nachgeworfen, wenn nicht der Mann dort oben im Walde gewesen wäre und sich zu rächen gewußt hätte, wenn den Kindern oder der Alten etwas zuleide getan worden wäre.

Wie nun die Räubermutter bettelnd von Hof zu Hof zog, kam sie eines schönen Tages nach Öved, das zu jener Zeit ein Kloster war. Sie läutete an der Klosterpforte und verlangte etwas zu essen. Der Türhüter ließ ein kleines Schiebfensterchen herab und reichte ihr sechs runde Brote, eines für sie und eines für jedes Kind.

Während die Räubermutter still vor der Klosterpforte stand, liefen ihre Kinder umher. Dann kam eines von ihnen heran und zupfte die Mutter am Rocke, zum Zeichen, daß es etwas gefunden hätte, was sie sich ansehen sollte. Die Räubermutter ging auch gleich mit.

Das ganze Kloster war von einer hohen, starken Mauer umgeben, aber der kleine Junge hatte ein kleines angelehntes Hintertürchen gefunden. Die Räubermutter stieß sogleich das Pförtchen auf und trat, ohne erst viel zu fragen, ein, wie es eben bei ihr der Brauch war.

Das Kloster Öved wurde zu jener Zeit von Abt Johannes regiert, der ein gar pflanzenkundiger Mann war. Er hatte sich hinter der Klostermauer einen kleinen Lustgarten angelegt, und in diesen drang sie nun ein.

Im ersten Augenblick war sie so erstaunt, daß sie regungslos stehenblieb. Es war Hochsommerzeit, und der Garten des Abtes Johannes stand so voll Blumen, daß es blau und rot und gelb vor den Augen flimmerte, wenn man hinsah. Aber bald zeigte sich ein vergnügtes Lächeln auf dem Gesicht der Räubermutter. Sie begann, einen schmalen Gang zwischen vielen kleinen Blumenbeeten hinunterzugehen.

Im Garten stand ein Laienbruder, der Gärtnergehilfe war, und jätete das Unkraut aus. Er hatte die Tür in der Mauer halb offen gelassen, um Queckengras und Melde auf den Kehrichthaufen vor der Mauer werfen zu können. Als er die Räubermutter mit ihren fünf Bälgern in den Lustgarten treten sah, stürzte er ihnen sogleich entgegen und befahl ihnen, sich zu trollen. Die alte Bettlerin ging weiter, als sei nichts geschehen. Sie ließ die Blicke hinauf- und hinabwandern, sah bald die starren weißen Lilien an, die sich auf einem Beet ausbreiteten, und bald den Efeu, der die Klosterwand hoch emporkletterte, und bekümmerte sich nicht im geringsten um den Laienbruder.

Der Laienbruder dachte, sie hätte ihn nicht verstanden, und wollte sie am Arm nehmen, um sie nach dem Ausgang umzudrehen, aber die Räubermutter warf ihm einen Blick zu, vor dem er zurückprallte. Sie war unter ihrem Bettelsack mit gebeugtem Rücken gegangen, aber jetzt richtete sie sich zur vollen Höhe auf.

»Ich bin die Räubermutter aus dem Göinger Wald«, sagte sie. »Rühr mich nur an, wenn du es wagst.« Und es sah aus, als ob sie nach diesen Worten ebenso sicher wäre, in Frieden von dannen ziehen zu können, als hätte sie verkündet, daß sie die Königin von Dänemark sei.

Aber der Laienbruder wagte dennoch, sie zu stören, obgleich er jetzt, wo er wußte, wer sie war, recht sanftmütig zu ihr sprach.

»Du mußt wissen, Räubermutter«, sagte er, »daß dies ein Mönchskloster ist und daß es keiner Frau im Lande verstattet ist, hinter diese Mauer zu treten. Wenn du nun nicht deiner Wege gehst, werden die Mönche mir zürnen, weil ich vergessen habe, das Tor zu schließen; sie werden mich vielleicht von Kloster und Garten verjagen.«

Doch solche Bitten waren an die Räubermutter verschwendet. Sie ging weiter durch die Rosenbeete und sah sich den Ysop an, der mit lilafarbenen Blüten bedeckt war, und das Kaprifolium, das voll rotgelber Blumentrauben hing.

Da wußte sich der Laienbruder keinen anderen Rat, als in das Kloster zu laufen und um Hilfe zu rufen. Er kam mit zwei handfesten Mönchen zurück, und die Räubermutter sah sogleich, daß es nun ernst wurde. Sie stellte sich breitbeinig auf den Weg und begann mit gellender Stimme herauszuschreien, welche furchtbare Rache sie an dem Kloster nehmen würde, wenn sie nicht im Lustgarten bleiben dürfte, so lange sie wollte. Aber die Mönche fürchteten sie nicht und schickten sich an, sie zu vertreiben. Da stieß die Räubermutter schrille Schreie aus, stürzte sich auf die Mönche, kratzte und biß, und alle ihre Sprößlinge machten es ebenso. Den drei Männern blieb nichts anderes übrig, als in das Kloster zu gehen und Verstärkung zu holen.

Als sie über den Pfad liefen, der in das Kloster führte, begegneten sie dem Abt Johannes, der herbeigeeilt war, um zu sehen, wer da im Lustgarten so lärmte. Da mußten sie gestehen, daß die Räubermutter aus dem Göinger Walde in das Kloster eingedrungen war. Abt Johannes tadelte sie, daß sie Gewalt angewendet hatten, und verbot ihnen, um Hilfe zu rufen. Er schickte die beiden Mönche zu ihrer Arbeit zurück, und obgleich er ein alter gebrechlicher Mann war, nahm er nur den Laienbruder mit in den Garten.

Als Abt Johannes dort anlangte, ging die Räubermutter wie zuvor zwischen den Beeten umher. Er konnte sich nicht genug über sie wundern. Er war ganz sicher, daß die Räubermutter nie zuvor in ihrem Leben einen Lustgarten erblickt hatte. Aber wie dem auch sein mochte – sie ging zwischen allen den kleinen Beeten mit den fremden und seltsamen Blumen umher und betrachtete sie, als wären es alte Bekannte. Es sah aus, als hätte sie schon öfters Immergrün und Salbei und Rosmarin gesehen. Einigen Blumen lächelte sie zu, und über andere wieder schüttelte sie den Kopf.

Abt Johannes liebte seinen Garten mehr als alle anderen irdischen und vergänglichen Dinge. So wild und grimmig die Räubermutter auch aussah, so konnte er es doch nicht lassen, Gefallen daran zu finden, daß sie mit drei Mönchen gekämpft hatte, um die Blumen in Ruhe betrachten zu können. Er ging auf sie zu und fragte sie freundlich, ob ihr der Garten gefalle.

Die Räubermutter wendete sich heftig gegen Abt Johannes, denn sie war nur auf Hinterhalt und Überfall gefaßt, aber als sie seine weißen Haare und seinen gebeugten Rücken sah, antwortete sie ganz freundlich: »Als ich ihn erblickte, schien es mir, als ob ich nie etwas Schöneres gesehen hätte, aber jetzt merke ich, daß er sich mit einem anderen Garten nicht messen kann, den ich kenne.«

Abt Johannes hatte sicherlich eine andere Antwort erwartet. Als er hörte, daß die Räubermutter einen Lustgarten kenne, der schöner wäre als der seine, bedeckten sich seine runzeligen Wangen mit einer schwachen Röte.

Der Gärtnergehilfe, der danebenstand, begann auch gleich die Räubermutter zurechtzuweisen.

»Dies ist Abt Johannes, Räubermutter«, sagte er, »der selber mit großem Fleiß und viel Mühe von fern und nah die Blumen für seinen Garten gesammelt hat. Wir wissen alle, daß es im ganzen schonischen Land keinen reicheren Lustgarten gibt, und es steht dir, die du das ganze liebe Jahr im wilden Walde hausest, wahrlich übel an, sein Werk zu tadeln.«

»Ich will niemand tadeln, weder ihn noch dich«, sagte die Räubermutter, »ich sage nur, wenn ihr den Lustgarten sehen könntet, an den ich denke, dann würdet ihr jegliche Blume, die hier steht, ausraufen und sie als Unkraut fortwerfen.«

Aber der Gärtnergehilfe war kaum weniger stolz auf die Blumen als Abt Johannes selbst, und als er diese Worte hörte, begann er höhnisch zu lachen.

»Ich kann mir wohl denken, daß du nur so schwätzest, Räubermutter, um uns zu reizen«, sagte er, »das wird mir ein schöner Garten sein, den du dir unter Tannen und Wacholderbüschen im Göinger Wald eingerichtet hast! Ich wollte meine Seele verschwören, daß du überhaupt noch nie hinter einer Gartenmauer gewesen bist.«

Die Räubermutter wurde rot vor Ärger, daß man ihr mißtraute, und rief: »Es mag wohl sein, daß ich niemals zuvor hinter einer Gartenmauer gestanden habe, aber ihr Mönche, die ihr heilige Männer seid, solltet wohl wissen, daß der große Göinger Wald sich in jeder Weihnachtsnacht in einen Lustgarten verwandelt, um die Geburtsstunde unseres Herrn und Heilandes zu feiern. Wir, die wir im Wald leben, sehen dies jedes Jahr. In diesem Lustgarten habe ich so herrliche Blumen geschaut, daß ich es nicht wagte, die Hand zu erheben, um sie zu brechen.«

Da lachte der Laienbruder noch lauter und stärker: »Es ist gar leicht für dich, dazustehen und mit Dingen zu prahlen, die kein Mensch sehen kann. Ich kann nicht glauben, daß der Wald Christi Geburtsstunde feiert, wenn so unheilige Leute darin wohnen wie du und der Räubervater.«

»Und das, was ich sage, ist doch ebenso wahr«, entgegnete die Räubermutter, »wie daß du es nicht wagen würdest, in einer Weihnachtsnacht in den Wald zu kommen, um es zu sehen.«

Der Laienbruder wollte ihr von neuem antworten, aber Abt Johannes bedeutete ihm durch ein Zeichen stillzuschweigen. Abt Johannes hatte schon in seiner Kindheit erzählen hören, daß der Wald sich in der Weihnachtszeit in ein Feierkleid hülle. Er hatte sich oft danach gesehnt, es zu sehen, aber es war ihm niemals gelungen. Nun begann er die Räubermutter gar eifrig zu bitten, sie möge ihn um die Weihnachtszeit in die Räuberhöhle kommen lassen. Wenn sie nur eins ihrer Kinder schickte, ihm den Weg zu zeigen, dann wollte er allein hinaufreiten und sie nie und nimmer verraten, sondern sie reich belohnen, wie es nur in seiner Macht stünde.

Die Räubermutter weigerte sich zuerst. Sie dachte an den Räubervater und an die Gefahr, der sie ihn preisgab, wenn sie Abt Johannes in ihre Höhle kommen ließe, aber dann wurde doch der Wunsch in ihr übermächtig, dem Abt zu zeigen, daß der Lustgarten, den sie kannte, schöner war als der seinige, und sie gab nach.

»Aber mehr als einen Begleiter darfst du nicht mitnehmen«, sagte sie. »Und du darfst uns keinen Hinterhalt legen, so gewiß du ein heiliger Mann bist.«

Dies versprach Abt Johannes, und damit ging die Räubermutter.

Abt Johannes befahl dem Laienbruder, niemandem zu verraten, was vereinbart worden war. Er fürchtete, daß die Mönche, wenn sie von seinem Vorhaben etwas erführen, einem alten Mann, wie er es war, nicht gestatten würden, hinauf in die Räuberhöhle zu ziehen. Auch er selbst wollte den Plan keiner Menschenseele verraten. Aber da begab es sich, daß der Erzbischof Absalon aus Lund gereist kam und eine Nacht in Öved verbrachte. Als nun Abt Johannes ihm seinen Garten zeigte, fiel ihm der Besuch der Räubermutter ein; und der Laienbruder, der dort umherging und arbeitete, hörte, wie der Abt dem Bischof von dem Räubervater erzählte, der nun seit vielen Jahren vogelfrei im Walde hauste, und um einen Freibrief für ihn bat, damit er wieder ein ehrliches Leben unter anderen Menschen beginnen könnte.

»Wie es jetzt geht«, sagte Abt Johannes, »wachsen seine Kinder zu ärgeren Missetätern heran, als er selbst einer ist, und wir werden es bald mit einer ganzen Räuberbande zu tun bekommen.«

Doch Erzbischof Absalon erwiderte, daß er den bösen Räuber nicht auf die ehrlichen Leute im Lande loslassen wolle. Es sei für alle am besten, wenn er dort oben in seinem Walde bliebe. Da wurde Abt Johannes eifrig und begann dem Bischof vom Göinger Wald zu erzählen, der sich jedes Jahr rings um die Räuberhöhle weihnachtlich schmücke. »Wenn diese Räuber nicht zu schlimm sind, Gottes Herrlichkeit zu sehen«, sagte er, »so können sie wohl auch nicht zu schlecht sein, um die Gnade der Menschen zu erfahren.«

Aber der Erzbischof wußte dem Abt zu antworten.

»Soviel kann ich dir versprechen, Abt Johannes«, sagte er und lächelte, »an welchem Tage immer du mir eine Blume aus dem Weihnachtsgarten des Göinger Waldes schickst, will ich dir einen Freibrief für alle Friedlosen geben, für die du bitten magst.«

Der Laienbruder sah, daß Bischof Absalon ebensowenig wie er selbst an die Geschichte der Räubermutter glaubte, aber Abt Johannes merkte nichts davon, sondern dankte Absalon für sein gütiges Versprechen und sagte, die Blume wolle er ihm schon schicken.

Abt Johannes setzte seinen Willen durch, und am nächsten Weihnachtsabend saß er nicht daheim in Öved, sondern war auf dem Wege nach Göing. Einer der wilden Jungen der Räubermutter lief vor ihm her. Der Knecht, der im Lustgarten mit der Räubermutter gesprochen hatte, begleitete ihn. Abt Johannes hatte sich den ganzen Herbst schon sehr nach dieser Reise gesehnt und freute sich nun, daß sie zustande gekommen war. Ganz anders stand es mit dem Laienbruder, der ihm folgte. Er hatte Abt Johannes von Herzen lieb und würde es nicht gern einem anderen überlassen haben, ihn zu begleiten und über ihn zu wachen, aber er glaubte keineswegs, daß sie einen Weihnachtsgarten zu Gesicht bekommen würden. Er dachte, daß die Räubermutter Abt Johannes mit großer Schlauheit hereingelegt hatte, damit er ihrem Mann in die Hände falle.

Während Abt Johannes nordwärts zum Wald ritt, sah er, wie überall Anstalten getroffen wurden, das Weihnachtsfest zu feiern. In jedem Bauernhof machte man Feuer in der Badehütte; aus den Vorratskammern wurden große Mengen von Fleisch und Brot in die Wohnungen getragen, und aus den Tennen kamen die Burschen mit großen Strohgarben, die über den Boden gestreut werden sollten.

Als der Abt an dem kleinen Dorfkirchlein vorüberritt, sah er, wie der Priester und seine Küster damit beschäftigt waren, sie mit den besten Geweben zu schmücken, die sie nur hatten auftreiben können; und als er zu dem Wege kam, der nach dem Kloster Bosjö führte, sah er die Armen mit großen Brotlaiben und langen Kerzen daherwandern, die sie an der Klosterpforte geschenkt bekommen hatten.

Als Abt Johannes alle diese Weihnachtszurüstungen sah, spornte er zur Eile an. Er dachte daran, daß seiner das größte Fest harrte.

Doch der Knecht jammerte und klagte, als er sah, wie sie sich auch in der kleinsten Hütte anschickten, das Weihnachtsfest zu feiern. Er wurde immer ängstlicher und bat und beschwor Abt Johannes, umzukehren und sich nicht freiwillig in die Hände der Räuber zu geben.

Aber Abt Johannes ritt weiter, ohne sich um die Klagen zu kümmern. Er hatte bald das Flachland hinter sich und kam nun hinauf in die einsamen, wilden Wälder. Hier wurde der Weg schlechter. Er war eigentlich nur noch ein steiniger, nadelbestreuter Pfad; nicht Brücke und Steg führten über die Flüsse und Bäche. Je länger sie ritten, desto kälter wurde es, und tief drinnen im Walde war der Boden mit Schnee bedeckt.

Es war ein langer und beschwerlicher Ritt. Sie zogen auf steilen und schlüpfrigen Pfaden über Moor und Sumpf, drangen durch Windbrüche und Dickicht. Gerade als der Tag zur Neige ging, führte der Räuberjunge sie über eine Waldwiese, die von nackten Laubbäumen und grünen Nadelbäumen umgeben war. Hinter der Wiese erhob sich eine Felswand, und in der Felswand war eine Tür aus rohen Planken. Abt Johannes stieg vom Pferde. Das Kind öffnete die schwere Tür, und er sah eine ärmliche

Berggrotte mit nackten Steinwänden. Die Räubermutter saß an einem Blockfeuer, das mitten auf dem Boden brannte; an den Wänden waren Lagerstätten aus Tannenreisig und Moos, und auf einer von ihnen lag der Räubervater und schlief.

»Kommt herein, ihr dort draußen!« rief die Räubermutter, ohne aufzusehen. »Und bringt die Pferde mit, damit sie nicht in der Nachtkälte zugrunde gehen!«

Abt Johannes trat nun kühnlich in die Grotte, und der Laienbruder folgte ihm. Da sah es ganz ärmlich und dürftig und gar nicht weihnachtlich aus. Die Räubermutter hatte weder gebraut noch gebacken; sie hatte weder gefegt noch gescheuert. Ihre Kinder lagen auf der Erde rings um einen Kessel, in dem nur dünne Wassergrütze war.

Doch die Räubermutter war ebenso stolz und selbstbewußt wie nur irgendeine wohlbestallte Bauersfrau.

»Setze dich nur hier ans Feuer, Abt Johannes, und wärme dich«, sagte sie, »und wenn du Wegzehrung mitgebracht hast, so iß, denn was wir hier im Walde kochen, wird dir wohl nicht munden. Und wenn du vom Ritt müde bist, kannst du dich auf einer dieser Lagerstätten ausstrecken. Du brauchst keine Angst zu haben, daß du verschlafen könntest. Ich sitze hier am Feuer und wache; ich werde dich schon wecken, damit du zu sehen bekommst, wonach du geritten bist.«

Abt Johannes gehorchte der Räubermutter in allen Stücken und nahm seinen Schnappsack hervor. Aber er war nach dem Ritt so müde, daß er kaum zu essen vermochte; und sowie er sich auf dem Lager ausgestreckt hatte, schlummerte er ein.

Dem Laienbruder ward auch eine Ruhestatt angewiesen, aber er wagte nicht zu schlafen. Er wollte ein wachsames Auge auf den Räubervater haben, damit dieser nicht aufstünde und Abt Johannes fesselte. Allmählich jedoch erlangte die Müdigkeit auch über ihn solche Gewalt, daß er einschlummerte. Als er erwachte, sah er, daß Abt Johannes sein Lager verlassen hatte, am Feuer saß und mit der Räubermutter Zwiegespräch pflog. Der Räubervater saß daneben. Er war ein hochaufgeschossener magerer Mann und sah schwerfällig und trübsinnig aus. Er kehrte Abt Johannes den Rücken, und es sah aus, als wolle er nicht zeigen, daß er dem Gespräch lauschte. Abt Johannes erzählte der Räubermutter von den Weihnachtsvorbereitungen, die er unterwegs gesehen hatte. Er erinnerte sie an die Weihnachtsfeste und die fröhlichen Weihnachtsspiele, die wohl auch sie in ihrer Jugend mitgemacht hatte, als sie noch in Frieden unter den Menschen lebte.

»Es ist ein Jammer, daß eure Kinder nie auf der Dorfstraße umhertollen oder im Weihnachtsstroh spielen dürfen«, sagte Abt Johannes. Die Räubermutter hatte ihm kurz und barsch geantwortet, aber so allmählich wurde sie kleinlauter und lauschte eifrig. Plötzlich wendete sich der Räubervater gegen den Abt Johannes und hielt ihm die geballte Faust vor das Gesicht.

»Du elender Mönch, bist du hierhergekommen, um Weib und Kinder von mir fortzulocken? Weißt du nicht, daß ich ein friedloser Mann bin und diesen Wald nicht verlassen darf?«

Abt Johannes sah ihm unerschrocken und gerade in die Augen.

»Mein Wille ist es, dir einen Freibrief vom Erzbischof zu verschaffen«, sagte er. Kaum hatte er dies gesagt, als der Räubervater und die Räubermutter ein schallendes Gelächter anschlugen. Sie wußten nur zu wohl, welche Gnade ein Waldräuber vom Bischof Absalon zu erwarten hatte.

»Ja, wenn ich einen Freibrief von Absalon bekomme«, sagte der Räubervater, »dann gelobe ich dir, nie mehr auch nur eine Gans zu stehlen.«

Den Gärtnergehilfen verdroß es sehr, daß das Räuberpack sich vermaß, Abt Johannes auszulachen, aber dieser selbst schien es ganz zufrieden zu sein. Der Knecht hatte ihn kaum je friedvoller und milder unter seinen Mönchen auf Öved sitzen sehen, als er ihn jetzt unter den wilden Räuberleuten sah.

Plötzlich sprang die Räubermutter auf.

»Du sitzest hier und plauderst, Abt Johannes«, sagte sie, »und wir vergessen ganz, nach dem Wald zu sehen. Jetzt höre ich bis in unsere Höhle, wie die Weihnachtsglocken läuten.«

Kaum war dies gesagt, als alle aufsprangen und hinausliefen; aber im Wald war noch dunkle Nacht und grimmiger Winter. Das einzige, was man vernahm, war ferner Glockenklang, der von einem leisen Südwind hergetragen wurde.

Wie soll dieser Glockenklang den toten Wald wecken können? dachte Abt Johannes. Denn jetzt, wo er mitten im Waldesdunkel stand, schien es ihm viel unmöglicher als zuvor, daß hier ein Lustgarten erstehen könnte.

Aber als die Glocke ein paar Augenblicke geläutet hatte, zuckte plötzlich ein Lichtstrahl durch den Wald. Gleich darauf wurde es wieder dunkel, aber dann kam das Licht wieder. Es kämpfte sich wie ein leuchtender Nebel durch die dunklen Bäume. Langsam ging die Dunkelheit in schwache Morgendämmerung über.

Da sah Abt Johannes den Schnee vom Boden verschwinden, als hätte jemand einen Teppich fortgezogen; und die Erde begann zu grünen. Das Farnkraut streckte seine Triebe hervor. Die Erika, die auf der Steinhalde wuchs, und der Porst, der im Moor wurzelte, kleideten sich rasch in frisches Grün. Die Mooshügelchen schwollen und hoben sich; und die Frühlingsblumen schossen mit schwellenden Knospen auf und hatten schon einen Schimmer von Farbe.

Abt Johannes klopfte das Herz heftig, als er die ersten Zeichen sah, daß der Wald erwachen wollte. Soll nun ich alter Mann ein solches Wunder schauen? dachte er. Und die Tränen wollten ihm in die Augen treten.

Nun wurde es wieder so dämmrig, daß er fürchtete, die nächtliche Finsternis könnte aufs neue Macht erlangen. Aber sogleich flutete eine neue Lichtwelle herein. Die brachte Bachgemurmel und das Rauschen eisbefreiter Bergströme mit. Da schlugen die Blätter der Laubbäume so rasch aus, als hätten sich grüne Schmetterlinge auf den Zweigen niedergelassen. Und nicht nur die Bäume und Pflanzen erwachten. Die Kreuzschnäbel begannen über die Zweige zu hüpfen. Die Spechte hämmerten an die Stämme, daß die Holzsplitter nur so flogen. Ein Zug Stare ließ sich in einem Tannenwipfel nieder, um auszuruhen. Es waren prächtige Stare. Die Spitze jedes kleinen Federchens leuchtete glänzend rot. Wenn die Vögel sich bewegten, glitzerten sie wie Edelsteine. Wieder wurde es für ein Weilchen still, aber bald begann es von neuem. Ein starker, warmer Südwind blies und säte über die Waldwiese Samen aus südlichen Ländern, die von Vögeln und Schiffen und Winden in das Land gebracht worden waren. Sie schlugen Wurzeln und schossen Triebe in dem Augenblick, da sie den Boden berührten.

Als die nächste Welle kam, fingen Blaubeeren und Preiselbeeren zu blühen an. Wildgänse und Kraniche riefen hoch oben in der Luft; die Buchfinken bauten ihr Nest; Eichhörnchen spielten in den Baumzweigen.

Alles ging nun so rasch, daß Abt Johannes gar nicht mehr überlegen konnte; er konnte nur Augen und Ohren weit aufmachen. Die nächste Welle, die herangebraust kam, brachte den Duft frisch gepflügter Felder. Aus weiter Ferne hörte man Hirtinnen die Kühe locken und die Glöckchen der Lämmer klingeln. Tannen und Fichten bekleideten sich so dicht mit kleinen roten Zapfen, daß die Bäume wie Seide leuchteten. Der Wacholder trug Beeren, die jeden Augenblick die Farbe wechselten. Und die Waldblumen bedeckten den Boden, daß er ganz weiß und blau und gelb war. Abt Johannes beugte sich zur Erde und brach eine Erdbeerblüte. Und während er sich aufrichtete, reifte die Beere. Die Füchsin kam mit einer großen Schar schwarzbeiniger Jungen aus ihrer Höhle. Sie ging auf die Räubermutter zu und rieb sich an ihrem Rock. Die Räubermutter beugte sich zu ihr hinunter und lobte ihre Jungen. Der Uhu, der eben seine nächtliche Jagd begonnen hatte, kehrte ganz erstaunt über das Licht wieder nach Hause zurück, suchte seine Schlucht auf und legte sich schlafen. Der Kuckuck rief; und das Kuckucksweibchen umkreiste mit einem Ei im Schnabel die Nester der Singvögel.

Die Kinder der Räubermutter stießen zwitschernde Freudenschreie aus. Sie aßen sich an den Waldbeeren satt, die groß wie Tannenzapfen an den Sträuchern hingen. Eines spielte mit einer Schar junger Hasen, ein anderes lief mit den jungen Krähen um die Wette, die aus dem Nest gehüpft waren, das dritte hob die Natter vom Boden und wickelte sie sich um den Hals und Arm. Der Räubervater stand draußen auf dem Moor und aß Brombeeren. Als er aufsah, stand ein großes schwarzes Tier neben ihm. Da brach der Räubervater einen Weidenzweig und schlug dem Bären auf die Schnauze.

»Bleib du, wo du hingehörst«, sagte er. »Das ist mein Platz.« Da machte der Bär kehrt und trabte davon.

Immer wieder kamen neue Wellen von Wärme und Licht. Entengeschnatter klang vom Waldmoor herüber. Gelber Blütenstaub von den Feldern schwebte in der Luft. Schmetterlinge kamen, so groß, daß sie wie fliegende Lilien aussahen. Das Nest der Bienen in einer hohlen Eiche war schon so voll Honig, daß er am Stamm heruntertropfte. Jetzt begannen auch die Blumen sich zu entfalten, deren Samen aus fremden Ländern gekommen waren. Die Rosenbüsche kletterten um die Wette mit den Brombeeren die Felswand hinan, und oben auf der Waldwiese sprossen Blumen, so groß wie ein Menschengesicht. Abt Johannes dachte an die Blume, die er für Bischof Absalon pflücken wollte, aber eine Blume wuchs herrlicher heran als die andere, und er wollte die allerschönste wählen.

Welle um Welle kam, und jetzt war die Luft so von Licht durchtränkt, daß sie glitzerte. Und alle Lust und aller Glanz und alles Glück des Sommers lächelten rings um Abt Johannes. Es war ihm, als könnte die Erde keine größere Freude bringen. Aber das Licht strömte noch immer, und Abt Johannes fühlte, daß überirdische Luft ihn umwehte. Zitternd erwartete er des Himmels Herrlichkeit. Abt Johannes merkte, daß alles still wurde: die Vögel verstummten, die jungen Füchslein spielten nicht mehr, und die Blumen hörten auf zu wachsen. Eine Seligkeit nahte, die das Herz stillstehen ließ; das Auge weinte, ohne daß es darum wußte, die Seele sehnte sich, in die Ewigkeit hinüberzufliegen. Aus weiter, weiter Ferne hörte man leise Harfentöne und überirdischen Gesang. Abt Johannes faltete die Hände und sank in die Knie. Sein Gesicht strahlte von Seligkeit. Nie hatte er erwartet, daß es ihm beschieden sein würde, schon in diesem Leben des Himmels Wonne zu kosten und die Engel Weihnachtslieder singen zu hören.

Aber neben Abt Johannes stand der Gärtnergehilfe, der ihn begleitet hatte. Er sah den Räuberwald voll Grün und Blumen, und er wurde zornig in seinem Herzen, weil er erkannte, daß er einen solchen Lustgarten nie und nimmer schaffen konnte, so sehr er sich auch mit Hacke und Spaten mühen mochte. Er vermochte nicht zu begreifen, warum Gott solche Herrlichkeit an das Räubergesindel verschwendete, das seine Gebote mißachtete.

Finstere Gedanken zogen durch seinen Kopf. Das kann kein rechtes Wunder sein, dachte er, das sich bösen Missetätern zeigt. Das kann nicht von Gott stammen; das ist aus Zauberei entsprungen. Die Macht des bösen Feindes hat uns verhext und zwingt uns, das zu sehen, was nicht vorhanden ist.

In der Ferne hörte man Engelharfen klingen und Engelgesang ertönen, aber der Laienbruder glaubte, daß es die böse Macht des Teufels sei.

»Sie wollen uns locken und verführen«, seufzte er, »nie kommen wir mit heiler Haut davon; wir werden betört und der Hölle verkauft.«

Jetzt waren die Engelscharen so nahe, daß Abt Johannes ihre Lichtgestalten zwischen den Stämmen des Waldes schimmern sah. Und der Laienbruder sah dasselbe wie er, aber er hielt es für Arglist der bösen Geister und war empört, daß sie ihre Künste gerade in der Nacht trieben, in welcher der Heiland geboren war. Dies geschah ja nur, um die Christen um so sicherer ins Verderben zu stürzen.

Vögel umschwärmten das Haupt des Abtes, und er nahm sie in seine Hände. Aber vor dem Laienbruder fürchteten sich die Tiere; kein Vogel setzte sich auf seine Schulter, und auch keine Schlange spielte zu seinen Füßen. Nun war da eine kleine Waldtaube. Als sie merkte, daß die Engel nahe waren, nahm sie ihren ganzen Mut zusammen und flog dem Laienbruder auf die Schulter und schmiegte das Köpfchen an seine Wange. Da vermeinte er, daß ihm der Zauber endgültig auf den Leib rücke. Er wollte sich aber nicht in Versuchung führen und verderben lassen; er schlug mit der Hand nach der Waldtaube und rief mit lauter Stimme, daß es durch den Wald hallte:

»Zeuch zur Hölle, von wannen du kommen bist!« In diesem Augenblick waren die Engel so nahe, daß Abt Johannes den Hauch ihrer mächtigen Fittiche fühlte. Er hatte sich zur Erde geneigt, sie zu grüßen, aber als die Worte des Laienbruders ertönten, verstummte urplötzlich der Gesang, und die heiligen Gäste wandten sich zur Flucht. Ebenso flohen das Licht und die milde Wärme vor Schreck über die Kälte und Finsternis in einem Menschenherzen. Die Dunkelheit sank wieder auf die Erde herab; die Kälte kam, die Pflanzen verwelkten; die Tiere enteilten; das Rauschen der Wasserfälle verstummte; das Laub fiel von den Bäumen.

Abt Johannes fühlte, wie sein Herz, das eben vor Seligkeit gezittert hatte, sich jetzt in unsäglichem Schmerz zusammenkrampfte. Niemals kann ich dies überleben, dachte er, daß die Engel des Himmels mir so nahe waren und vertrieben wurden, daß sie mir Weihnachtslieder singen wollten und in die Flucht gejagt wurden.

In demselben Augenblick erinnerte er sich an die Blume, die er Bischof Absalon versprochen hatte, und er beugte sich zur Erde und tastete unter dem Moos und Laub, um noch etwas zu finden. Aber er fühlte, wie die Erde unter seinen Fingern gefror. Da ward sein Herzeleid noch größer. Er konnte sich nicht erheben, sondern mußte auf dem Boden liegenbleiben.

Als die Räuberleute und der Laienbruder sich in der tiefen Dunkelheit zur Räuberhöhle zurückgetappt hatten, da vermißten sie Abt Johannes. Sie nahmen glühende Scheite aus dem Feuer und zogen aus, ihn zu suchen; und sie fanden ihn tot auf der Schneedecke liegen.

Und der Laienbruder hub an, zu weinen und zu klagen, denn er erkannte, daß er es war, der Abt Johannes getötet hatte, weil er ihm den Freudenbecher entrissen, nach dem er gelechzt hatte.

Als Abt Johannes nach Öved hinuntergebracht worden war, sahen die Totenpfleger, daß er seine rechte Hand hart um etwas geschlossen hielt. Er mußte es in seiner Todesstunde umklammert haben. Und als sie die Hand endlich öffnen konnten, fanden sie ein paar weiße Wurzelknollen. Als der Laienbruder, der Abt Johannes geleitet hatte, diese Wurzeln sah, nahm er sie und pflanzte sie in des Abtes Garten in die Erde.

Er pflegte sie und wartete das ganze Jahr, daß eine Blume daraus erblühe, doch er wartete vergebens den ganzen Frühling und Sommer und Herbst. Als endlich der Winter anbrach und alle Blätter und Blumen tot waren, hörte er auf zu warten. Als aber der Weihnachtsabend kam, wurde die Erinnerung an Abt Johannes so mächtig, daß er in den Lustgarten hinausging, seiner zu gedenken. Und siehe, als er an die Stelle kam, wo er die Wurzelknollen eingepflanzt hatte, da sah er üppige grüne Stengel, die schöne Blumen mit silberweißen Blüten trugen. Da rief er alle Mönche von Öved zusammen; und als sie sahen, daß diese Pflanze am Weihnachtsabend blühte, wo alle anderen Blumen tot waren, wußten sie, daß es wirklich die Pflanze war, die Abt Johannes im Weihnachtslustgarten des Göinger Waldes gepflückt hatte.

Der Laienbruder bat die Mönche, da ein so großes Wunder geschehen sei, einige von den Blumen dem Bischof Absalon zu schicken. Als der Laienbruder vor Bischof Absalon hintrat, reichte er ihm die Blumen und sagte: »Dies schickt dir Abt Johannes. Es sind die Blumen, die er dir aus dem Weihnachtslustgarten im Göinger Walde zu pflücken versprochen hat.«

Als Bischof Absalon die Blumen sah, die in dunkler Winternacht der Erde entsprossen waren, und als er die Worte hörte, wurde er so bleich, als wäre er einem Toten begegnet. Eine Weile saß er schweigend da, dann sagte er: »Abt Johannes hat sein Wort gehalten; so will auch ich das meine halten.« Und er ließ einen Freibrief für den wilden Räuber ausstellen, der von Jugend an friedlos im Walde gelebt hatte.

Er übergab dem Laienbruder den Brief, und dieser zog damit von dannen, hinauf in den Wald und zur Räuberhöhle. Er trat am Weihnachtstage dort ein, doch der Räuber eilte ihm mit erhobener Axt entgegen.

»Ich will euch Mönche niederschlagen, so viel euer auch sind!« rief er. »Sicherlich hat sich um euretwillen der Göinger Wald nicht in sein Weihnachtskleid gehüllt.«

»Es ist einzig und allein meine Schuld«, sagte der Laienbruder, »und ich will gerne dafür sterben. Aber zuerst muß ich dir eine Botschaft von Abt Johannes bringen.« Und er zog den Brief des Bischofs heraus und verkündete dem Räuber, daß er nicht mehr vogelfrei sei, und zeigte ihm das Siegel Absalons, das an dem Pergamente hing.

»Fortab sollst du mit deinen Kindern im Weihnachtsstroh spielen und das Christfest unter den Menschen feiern, wie es der Wunsch Abt Johannes' war«, sagte er. Da blieb der Räubervater stumm und bleich stehen, aber die Räubermutter sagte in seinem Namen: »Abt Johannes hat sein Wort getreulich gehalten, so wird auch der Räubervater das seine halten.«

Doch als der Räubervater und die Räubermutter aus der Räuberhöhle fortzogen, da zog der Laienbruder ein und hauste einsam im Walde und verbrachte seine Zeit in unablässigem Gebet, damit ihm seine Hartherzigkeit verziehen werde.

Und niemand darf ein strenges Wort über einen sagen, der bereut und sich bekehrt hat, wohl aber kann man wünschen, daß die bösen Worte des Laienbruders ungesagt geblieben wären, denn nie mehr hat der Göinger Wald die Geburtsstunde des Heilands gefeiert, und von seiner Herrlichkeit lebt nur noch die Pflanze, die Abt Johannes dereinst gepflückt hat.

Man hat sie Christrose genannt; und jedes Jahr läßt sie ihre weißen Blüten und ihre grünen Stengel um die Weihnachtszeit aus dem Erdreich sprießen, als könnte sie nie und nimmer vergessen, daß sie einmal in dem großen Weihnachtslustgarten gestanden hat.

Gottesfriede

Es war Weihnachten auf einem alten Bauernhof, ein Weihnachtsabend mit grauem Himmel, wie vor einem großen Schneesturm. Am Nachmittag hatten es alle Leute eilig, mit ihrer Arbeit fertig zu werden, damit sie dann baden konnten. In der Badehütte feuerte man so heftig ein, daß die Flammen zum Schornstein hinausschlugen, Funken und Rußflocken flogen mit dem Wind und fielen auf die schneebedeckten Dächer.

Wie die Flamme so aus dem Schornstein der Badehütte aufstieg und sich wie eine Feuersäule über dem Bauernhof erhob, begannen alle zu spüren, daß Weihnachten nahe war. Die Magd, die im Hausflur kniete und scheuerte, fing leise zu singen an, obgleich das Scheuerwasser im Eimer neben ihr gefror. Die Knechte, die im Schuppen das Weihnachtsholz hackten, fingen an, zwei Scheite auf einmal zu spalten, sie schwangen die Äxte so lustig, als sei die Arbeit nur ein Spiel.

Aus der Vorratskammer kam eine alte Frau mit vielen runden Gewürzbroten. Sie ging langsam über den Hof in das große rotgestrichene Haupthaus, trat vorsichtig in die Wohnstube und legte die Brote auf die lange Fensterbank. Es war eine seltsam häßliche alte Frau mit rötlichem Haar, schweren, schlaffen Augenlidern und einem so merkwürdig angespannten Zug um Mund und Kinn, als seien die Halssehnen zu kurz. Aber heute am Weihnachtsabend lag soviel Freude und Friede über der alten Frau, daß man gar nicht sah, wie unschön sie war.

Nur ein Mensch auf dem Hof war nicht vergnügt, nämlich das Mädchen, das die Birkenruten band, die beim Baden benutzt wurden. Sie saß am Herd, ein Haufen feiner Birkenruten lag zum Binden vor ihr auf dem Boden. Doch fehlten ihr junge Birkengerten, die die Zweige halten sollten. Durch die kleinen Scheiben des breiten niedrigen Fensters fiel der Lichtschein der

Badehütte ins Zimmer, huschte über den Fußboden und vergoldete die Birkenreiser. Doch je stärker das Feuer brannte, desto unglücklicher wurde das Mädchen. Sie wußte, daß die Rutenbüschel auseinanderfielen, sobald man sie nur berührte, und daß sie daher Spott und Schmach erdulden mußte, zum mindesten so lange, bis wieder ein Weihnachtsfeuer in diesem Schornstein flammte.

Wie sie so dasaß und sich unglücklich fühlte, trat der Mann in die Stube, vor dem sie die allergrößte Angst hatte, der Hausvater Ingmar Ingmarson. Er war sicher in der Badehütte gewesen, um sich zu vergewissern, daß der Ofen richtig geheizt wurde. Jetzt wollte er nach den Rutenbüscheln schauen. Ingmar Ingmarson war alt und hielt auf alles, was alt war. Und gerade weil die Leute es jetzt aufzugeben begannen, in der Badehütte zu baden und sich mit Birkenreisern peitschen zu lassen, legte er großen Wert darauf, daß es auf seinem Hof geschehe und daß es ordentlich geschehe.

Ingmar Ingmarson trug einen alten Schafspelz, Lederhosen und Pechdrahtstiefel. Er war schmutzig und unrasiert und kam in seiner langsamen Art so leise herein, daß man ihn für einen Bettler hätte halten können. Er besaß die gleichen Züge, die gleiche Häßlichkeit wie seine Frau, denn sie waren miteinander verwandt. Das Mädchen hatte von Kind an gelernt, einen heiligen Respekt vor dem alten Geschlecht der Ingmarsöhne zu haben, das das vornehmste der Gegend war. Das Höchste, was ein Mensch erreichen konnte, war Ingmar Ingmarson selbst. Er war der Reichste, der Klügste und der Mächtigste im ganzen Kirchspiel.

Ingmar Ingmarson trat auf das Mädchen zu, bückte sich, nahm eines der fertigen Rutenbüschel und schwang es durch die Luft. Sogleich flogen die Ruten auseinander. Eine landete auf dem Weihnachtstisch, eine andere im Himmelbett.

»He, min Deern«, sagte der alte Ingmar und lachte. »Glaubst du, daß man solche Ruten brauchen kann, wenn man bei den Ingmarsöhnen badet? Oder hast du Angst um deine Haut?«

Da der Hausvater nicht ärgerlicher war, faßte das Mädchen Mut und sagte, es könne schon Rutenbündel machen, die hielten, wenn es nur Gerten zum Binden hätte.

»Dann muß ich dir wohl Gerten verschaffen, min Deern«, antwortete der alte Ingmar, denn er war in richtiger Weihnachtsstimmung.

Er verließ die Wohnstube, kletterte über die Magd mit dem Scheuereimer und blieb an der Türschwelle stehen. Er sah sich nach jemandem um, den er in den Birkenhain nach Gerten schikken könne. Die Knechte waren noch mit dem Weihnachtsholz beschäftigt, der Sohn kam mit dem Weihnachtsstroh aus der Tenne, die beiden Schwiegersöhne schleppten eben die großen Karren in die Schuppen, damit der Hof feiertägig aussähe. Keiner von ihnen hatte Zeit.

Gelassen beschloß der Alte, sich selbst auf den Weg zu machen. Er überquerte den Hof, als wolle er in den Stall, sah sich um, um sich zu überzeugen, daß niemand ihn beobachte, schlüpfte dann hinter die Stallwand, von wo ein halbwegs gebahnter Weg in den Wald hinaufführte. Der Alte hielt es nicht für nötig, jemandem zu sagen, wohin er ging, sonst hätte es vielleicht dem Sohn oder einem der Schwiegersöhne einfallen können, ihn zurückzuhalten. Und alte Leute wollen nun einmal am liebsten ihren eigenen Willen haben.

Er schlug den Pfad über die Felder durch das kleine Tannenwäldchen ein und erreichte den Birkenhain. Hier bog er vom Weg ab, stapfte auf der Suche nach ein paar einjährigen Birken in den Schnee hinaus.

Um diese Stunde gelang es dem Wind endlich, Schnee aus den Wolken herabzureißen. Jetzt fegte er mit einer langen Schleppe von Schneeflocken in den Wald hinauf.

Ingmar Ingmarson bückte sich gerade, um eine Gerte abzuschneiden, als der Schneewind heranbrauste. In dem Augenblick, als der alte Mann sich aufrichtete, stürzte der Wind auf ihn zu, blies ihm dichte Flocken ins Gesicht, in die Augen. Der Wind stürmte so heftig um ihn, daß er sich ein paarmal drehen mußte.

Das ganze Unglück kam daher, daß Ingmar Ingmarson alt geworden war. In seiner Jugend hätte ein Schneesturm ihn kaum schwindlig gemacht. Doch jetzt wirbelte alles im Kreise um ihn herum, als schwinge er sich in einer Weihnachtspolka. Er wollte sich auf den Heimweg begeben, schlug aber gerade die verkehrte Richtung ein, ging in den großen Tannenwald, der hinter dem Birkenhain begann, statt zu den Feldern hinunter.

Die Dunkelheit brach schnell herein. Unter den jungen Bäumen am Waldrand trieb das Schneegestöber sein Spiel weiter. Der Alte sah wohl, daß er zwischen Tannen ging, merkte aber nicht, daß er sich verirrt hatte. Denn auf der dem Hofe zugekehrten Seite des Birkenhaines wuchsen auch Tannen. Jetzt aber geriet Ingmar Ingmarson so tief in den Wald hinein, daß es ganz ruhig und still um ihn wurde. Vom Sturm war nichts mehr zu spüren. Die Bäume wurden hoch und höher. Da erkannte er, daß er falsch gegangen war, und wollte umkehren.

Daß er sich hatte verirren können, verwirrte und erregte ihn. Und wie er nun so mitten im weglosen Wald stand, war sein Kopf nicht klar genug, um zu wissen, wohin er sich wenden müsse. Er schlug zuerst eine, dann eine andere Richtung ein. Endlich kam er auf den Gedanken, in seinen eigenen Fußstapfen zurückzugehen, dann aber wurde es dunkler und er konnte sie nicht mehr finden. Mit jedem Schritt entfernte er sich weiter vom Waldrand.

Es war wie verhext, daß er den ganzen Abend hier im Wald herumlaufen mußte und sicher zu spät zum Baden kam.

Er drehte seine Mütze herum und knüpfte sein Strumpfband neu, blieb aber ebenso verwirrt wie vorher. Es wurde ganz dunkel, und er fing an zu glauben, daß er die Nacht im Wald zubringen müsse.

Er lehnte sich an eine Tanne, um seine Gedanken zu sammeln. Er war so viel hier gewesen, daß er fast jeden Baum kannte. Schon als Kind war er hier herumgegangen, hatte die Schafe gehütet und den Waldvögeln Schlingen gelegt. In seiner Jugend hatte er mitgeholfen, den Wald zu fällen. Er hatte ihn abgeholzt daliegen und aufs neue wachsen sehen.

Endlich glaubte er zu wissen, wo er sich befinde, und war überzeugt, ginge er so weiter, müsse er auf den rechten Weg kommen. Aber wie er es auch anstellte, er geriet immer tiefer in den Wald.

Plötzlich fühlte er festen, glatten Boden unter den Füßen und meinte, einen Weg entdeckt zu haben. Er versuchte weiterzugehen, denn ein Weg mußte doch irgendwohin führen. Aber der Pfad mündete auf einer Waldwiese. Dort hatte das Schneegestöber freies Spiel. Statt Weg und Pfad gab es hier nur Schneehaufen und -gruben. Da verlor der Alte den Mut. Er kam sich vor wie ein armer Kerl, der draußen in der Wildnis sterben müsse. Durch den Schnee zu gehen machte ihn müde. Immer wieder setzte er sich auf einen Stein, um auszuruhen. Aber sobald er dies tat, wurde er schläfrig und wußte, schliefe er ein, würde er erfrieren. Daher versuchte er wieder zu marschieren. Dies allein konnte ihn retten. Doch schon bald konnte er der Versuchung nicht widerstehen, erneut zu rasten. Durfte er nur ruhen, fragte er jetzt nicht mehr danach, ob ihn dies das Leben koste.

Das Wohlgefühl stille zu sitzen war so groß, daß der Tod ihn nicht schreckte. Er empfand im Gegenteil eine Art Freude im Gedanken, daß dann ein langer Nachruf in der Kirche über ihn verlesen werde. Er entsann sich, wie schön der Propst über seinen Vater gesprochen hatte. Sicher würde man auch über ihn Schönes sagen. Es würde erwähnt werden, daß er den ältesten Bauernhof im Tal besitze und welche Ehre es sei, einem so stolzen Geschlecht anzugehören. Auch von der Verantwortung würde die Rede sein. Ja, man war verantwortlich. Das hatte er immer gewußt. Die Ingmarsöhne mußten bis zum Äußersten ausharren.

Plötzlich durchzuckte es ihn blitzartig, es sei wenig rühmlich, erfroren im wilden Wald gefunden zu werden. So sollte es bei seiner Totenfeier nicht heißen. Wieder erhob er sich, wieder begann er zu wandern. Er hatte so lange ausgeruht, daß ganze Schneemassen aus seinem Pelz fielen, als er aufstand. Aber schon nach einem Weilchen setzte er sich wieder und träumte vor sich hin.

Die Gedanken an den Tod erfüllten ihn wie eine Lockung. Er erlebte in Gedanken sein eigenes Begräbnis, alle Ehren, die seinem toten Leib widerfuhren. Er sah den Festsaal im oberen Stockwerk seines Hauses mit dem großen, gedeckten Tisch. Propst und Pröpstin saßen auf den Ehrenplätzen, der Richter mit der weißen Krause über der schmalen Brust daneben, und die Majorin in schwarzer Seide, die dicke Goldkette viele Male um den Hals geschlungen. Er sah alle Betten in den Gastzimmern weiß bezogen, weiße Laken vor den Fenstern und auf allen Möbeln, sah Tannengrün von der Haustür bis hinunter zur Kirche gestreut. Er stellte sich auch das zwei Wochen dauernde Backen, Schlachten und Bierbrauen vor, bei dem zwanzig Klafter Holz verheizt wurden.

Seine Leiche lag auf einer Bahre im innersten Zimmer. Kohlendunst erfüllte die frisch geheizten Räume. Während der Sargdeckel zugeschraubt wurde, ertönten Choräle, der Sarg war silberbeschlagen. Der Hof war voller Gäste, das ganze Dorf in Bewegung, um das »Mitgebrachte« zu bereiten. Alle Kirchenhüte waren gebürstet, der ganze Herbstbranntwein wurde beim Leichenschmaus ausgetrunken, auf den Wegen ging es zu wie an einem Markttag.

Wieder erhob sich der alte Mann. Er hatte die Gäste beim Leichenschmaus von sich sprechen gehört. »Aber wie konnte es geschehen, daß er erfror?« fragte der Richter. »Was hatte er nur im Hochwald zu tun?« – Daran wären wohl Weihnachtsbier und Branntwein schuld, antwortete der Kapitän.

Diese Antwort schreckte Ingmar auf. Die Ingmarsöhne waren nüchterne Leute. Es sollte nicht von ihm heißen, er sei in seiner letzten Stunde nicht bei Sinnen gewesen. Wieder begann er seine Wanderung. Aber er war jetzt so müde, daß er sich kaum mehr auf den Füßen halten konnte. Er befand sich nun hoch oben im Wald. Denn hier lagen große Felsblöcke auf dem Boden, wie sie weiter unten nicht zu finden waren. Er blieb mit dem Fuß zwischen ein paar Steinen hängen, so daß er nicht mehr loskam, und jammerte laut. Er konnte einfach nicht mehr.

Plötzlich stürzte er in einen großen Reisighaufen, fiel weich in den Schnee, ohne sich weh zu tun. Aber er vermochte nicht mehr aufzustehen, begehrte nichts anderes auf Erden als zu schlafen. Er schob das Reisig ein wenig beiseite, kroch hinein, als sei es ein Fell. Wie er sich unter die Zweige schob, spürte er dort innen etwas Weiches und Warmes. Hier schläft wohl ein Bär, dachte er.

Er fühlte, wie das Tier sich bewegte, wie es witterte. Aber es lag ganz still. Meinethalben kann der Bär mich fressen, dachte Ingmar. Er hätte keinen Schritt gehen können, um zu entkommen.

Doch der Bär schien ihm, der in solcher Sturmnacht Schutz unter seinem Dach suchte, nichts tun zu wollen. Er glitt tiefer in seine Höhle, als wolle er dem Gast Platz machen, dann hörte Ingmar seine gleichmäßigen, lauten Atemzüge.

Auf dem alten Ingmarhof war keine Weihnachtsfreude eingekehrt. Erst durchsuchten sie das Wohnhaus und alle Wirtschaftsgebäude vom Keller bis zum Boden, dann fragten sie überall auf den Nachbarhöfen nach Ingmar.

Als sie ihn nirgends fanden, begaben sich Söhne und Schwiegersöhne auf die Äcker hinaus. Die Fackeln, die den Kirchenleuten auf ihrer Fahrt zur Weihnachtsmette hätten leuchten sollen, trugen sie nun im rasenden Schneesturm auf Wegen und Stegen umher. Aber der Wind hatte jede Spur verweht. Sein Heulen übertönte Rufe und Schreie. Endlich sahen sie ein, daß sie bis zum Tagesanbruch warten mußten, wollten sie den Verschwundenen finden.

Kaum dämmerte das Morgenrot, waren alle Leute vom Ingmarhof auf den Beinen. Die Männer wollten eben in den Wald hinausziehen, da erschien die alte Hausmutter und rief sie in die Wohnstube. Sie hieß sie, auf den langen Bänken Platz zu nehmen. Sie selbst setzte sich mit der Bibel an den Weihnachtstisch und begann zu lesen. Als sie mit ihren schwachen Kräften suchte, was einer solchen Stunde angemessen war, verfiel sie auf die Geschichte von dem Mann, der von Jerusalem nach Jericho ging und unter die Mörder fiel.

Sie las langsam, mit singender Stimme, von dem armen Mann, dem der barmherzige Samariter zu Hilfe kam. Um sie herum saßen Söhne und Schwiegertöchter, Töchter und Enkelinnen. Sie alle glichen ihr. Sie waren groß und schwerfällig mit häßlichen, altklugen Gesichtern, denn sie gehörten zu der alten Familie der Ingmarsöhne. Sie hatten rötliches Haar, sommersprossige Haut, hellblaue Augen mit weißen Wimpern. Trotz großer Verschiedenheit waren ihnen ein strenger Zug um den Mund, schläfrige Augen und schwere Bewegungen gemeinsam. Man sah ihnen an, daß sie zu den Angesehensten der Gegend gehörten und wußten, daß sie vornehmer waren als andere.

Die Ingmarsöhne und -töchter seufzten während des Bibellesens tief. Sie fragten sich, ob wohl ein Samariter den Hausvater gefunden und sich seiner erbarmt habe. Denn für alle Ingmarsöhne war es, als verlören sie etwas von ihrer eigenen Seele, würde einer ihres Stammes von einem Unglück getroffen.

Die alte Frau las Jesu Frage: »Welcher dünkt dich, war unter diesen dreien dem Mann, der unter die Räuber fiel, der Nächste?«

Weiter kam sie nicht. Denn die Tür öffnete sich und Ingmar trat in die Stube.

»Mutter, Vater ist da«, sagte eine der Töchter. Die Hausmutter las nicht mehr vor, daß des Mannes Nächster der gewesen war, der Barmherzigkeit an ihm geübt hatte.

Etwas später saß die alte Frau wieder auf dem gleichen Platz und las wieder in der Bibel.

Sie war allein. Die Frauen waren zur Kirche, die Männer zur Bärenjagd in den Wald gegangen. Gleich nachdem Ingmar Ingmarson gegessen und getrunken hatte, war er mit seinen Söhnen aufgebrochen. Denn es ist nun einmal die Pflicht des Mannes, den Bären zu töten, wo und wann er ihm begegnet. Es geht nicht an, einen Bären zu schonen, denn früher oder später findet er doch Geschmack am Fleisch, dann sind weder Mensch noch Tier vor ihm sicher.

Seit die Männer fort waren, hatte sich eine große Angst der alten Frau bemächtigt. Sie beugte sich über den Text, über den heute in der Kirche gepredigt wurde, kam aber nicht weiter als bis zu dem Wort »Friede auf Erden und den Menschen ein Wohlgefallen«.

Sie starrte mit verlöschenden Augen diese Reihen an, seufzte von Zeit zu Zeit tief auf, las nicht weiter, sondern wiederholte nur ein ums andre Mal mit langsam schleppender Stimme »Friede auf Erden und den Menschen ein Wohlgefallen«.

Als sie sich wieder in dies Wort versenkte, trat der älteste Sohn in die Stube.

»Mutter«, sagte er sehr leise.

Sie hörte ihn, fragte, ohne vom Buch aufzusehen: »Bist du nicht mit im Wald?«

»Doch«, antwortete er noch leiser, »ich war dort.«

»Komm näher«, sagte sie, »damit ich dich sehen kann.«

Er trat näher, aber als sie ihn ansah, merkte sie, daß er zitterte. Er mußte sich auf die Tischkante stützen, um die Hände still halten zu können.

»Habt ihr den Bären erlegt?« fragte sie wieder.

Er vermochte nicht zu antworten, schüttelte nur den Kopf.

Die alte Frau stand auf und tat, was sie nicht mehr getan hatte, seit der Sohn ein Kind gewesen war. Sie legte sanft die Hand auf seinen Arm, streichelte ihm die Wange und zog ihn auf die Bank. Dann setzte sie sich neben ihn, hielt seine Hand in der ihren und bat: »Sag mir jetzt, was geschehen ist, mein Junge.«

Der Sohn spürte wieder die Liebkosung, die ihn in den Jahren der Kindheit getröstet hatte, wenn er unglücklich und hilflos war. Sie rührte ihn so tief, daß er anfing zu weinen.

»Ich weiß, es ist etwas mit Vater«, sagte die alte Frau.

»Ja, etwas sehr Schlimmes«, schluchzte der Sohn.

»Etwas Schlimmes?«

Der Sohn weinte immer heftiger. Er wußte nicht, wie er seine

Stimme beherrschen sollte. Endlich hob er die grobe Hand mit den breiten Fingern und deutete auf die Stelle, die die Mutter eben gelesen hatte: »Friede auf Erden«.

»Hat es etwas damit zu tun?«

»Ja«, erwiderte er –

»Mit dem Weihnachtsfrieden?«

»Ja.«

»Wolltet ihr heute morgen eine böse Tat tun?«

»Ja.«

»Und Gott hat uns gestraft?«

»Gott hat uns gestraft.«

Endlich erfuhr sie, was sich zugetragen hatte. Sie hatten die Bärenhöhle gesucht. Als sie so nahe waren, daß sie den Reisighaufen sahen, waren sie stehengeblieben, um die Gewehre zu entsichern. Da stürzte der Bär aus seiner Höhle, lief geradewegs auf den alten Ingmar Ingmarson zu und versetzte ihm einen solchen Schlag auf den Kopf, daß er, wie vom Blitz getroffen, zu Boden sank. Niemand anderen fiel der Bär an, sondern verschwand im Wald.

Am Nachmittag fuhren Ingmar Ingmarsons Frau und Sohn zum Pfarrhof und meldeten den Todesfall. Der Sohn führte das Wort. Die Mutter hörte reglos, mit steinernem Gesichtsausdruck zu.

Der Propst saß in seinem Lehnstuhl am Schreibtisch. Er hatte seine Bücher geholt, um den Todesfall einzutragen. Er tat dies sehr langsam. Er wollte Zeit gewinnen, um darüber nachzudenken, was er Witwe und Sohn sagen könne. Denn es handelte sich um einen ungewöhnlichen Fall. Der Sohn hatte ganz offen berichtet, wie sich alles zugetragen hatte. Aber dem Propst kam es darauf an zu erfahren, wie sie selbst die Sache aufnahmen. Die Leute vom Ingmarhof waren eigenartige Menschen.

Als der Propst das Buch schloß, sagte der Sohn: »Wir möchten Euch bitten, keinen Nachruf auf Vater zu verlesen.«

Der Propst schob die Brille auf die Stirn und sah forschend die alte Frau an. Sie saß noch immer reglos da, zerknüllte nur das Taschentuch in der Hand.

»Wir möchten ihn an einem Werktag begraben«, fuhr der Sohn fort.

»So, so«, antwortete der Propst. Ihm schwindelte. Der alte Ingmar Ingmarson sollte in die Erde kommen, ohne daß jemand davon wußte? Das Kirchenvolk sollte nicht auf dem Hügel stehen und sehen, mit welchem Staat er zu Grabe getragen wurde?

»Wir werden auch keinen Leichenschmaus abhalten. Wir haben es den Nachbarn schon mitgeteilt, damit sie kein ›Mitgebrachtes‹ bereiten.«

»So, so«, wiederholte der Propst und brachte nichts anderes über die Lippen.

Er wußte, was es für solche Leute bedeutete, kein Totenmahl zu halten. Er wußte, welch großer Trost es für Witwen und Waisen war, einen stattlichen Leichenschmaus abzuhalten. »Es soll auch kein Trauerzug stattfinden, nur ich und meine Brüder gehen mit.«

Der Propst sah Antwort heischend zu der alten Frau hin. War dies auch ihr Wille? Sie saß da und verzichtete auf alles, was für sie kostbarer sein mußte als Silber und Gold.

»Wir, Mutter und ich, wollen weder Glockengeläute, noch einen silberbeschlagenen Sarg. Doch möchten wir den Herrn Propst um seine Meinung in dieser Angelegenheit bitten.«

Jetzt ergriff auch die Witwe das Wort. »Ja, wir möchten wissen, ob wir auch nicht unrecht gegen Vater handeln?«

Der Propst schwieg noch immer. Die alte Frau sprach eifrig weiter: »Hätte mein Mann sich an König oder Vogt vergangen, hätte ich ihn vom Galgen herunterschneiden müssen, er hätte genauso ein ehrliches Begräbnis erhalten wie einst sein Vater. Denn die Ingmarsöhne fürchten niemanden und brauchen keinem aus dem Weg zu gehen.

Aber um die Weihnachtszeit hat Gott Frieden gesetzt zwischen Tier und Mensch. Das arme Tier hielt Gottes Gebot. Aber wir Menschen brachen es. Darum stehen wir jetzt unter Gottes Strafgericht und dürfen nicht an Prunk und Staat denken.«

Der Propst erhob sich und ging zu der alten Frau hin: »Ihr handelt ganz richtig«, sagte er, »und sollt Euren Willen haben.« Unwillkürlich fügte er, vielleicht mehr zu sich selbst, hinzu: »Die Ingmarsöhne sind großartige Menschen.«

Bei diesen Worten richtete sich die Alte ein wenig auf. Einen Augenblick empfand der Propst sie als Sinnbild des ganzen Geschlechts. Er verstand, was Jahrhundert um Jahrhundert diesen schwerblütigen und wortkargen Menschen die Macht verliehen hatte, die Führer eines ganzen Kirchspiels zu sein.

»Es ist die Pflicht der Ingmarsöhne, dem Volk ein Beispiel zu geben«, sagte die alte Frau. »Wir müssen zeigen, daß wir demütig sind vor Gott.«

Das Mädchen vom Moorhof

I

Es ist in einem Thingsaal, weit draußen auf dem Lande. Am Richtertisch, hoch oben im Saal, sitzt der Richter, ein großer, stark gebauter Mann mit breitem, grobgeschnittenem Gesicht. Schon mehrere Stunden lang hat er einen Fall nach dem andern entschieden, und schließlich ist etwas wie Überdruß und Düsterkeit über ihn gekommen. Es ist schwer zu sagen, ob es die Hitze und Schwüle im Gerichtssaal ist, die ihn bedrückt, oder die Schuld an dieser schlechten Laune die Beschäftigung mit allen diesen kleinlichen Zwistigkeiten trägt, die aus keinem andern Grunde entstanden zu sein scheinen, als um die Händelsucht und Unbarmherzigkeit und Geldgier der Menschen an den Tag zu bringen.

Er hat gerade mit einer der letzten Verhandlungen begonnen, die heute durchgeführt werden sollen. Es handelt sich um die Forderung eines Erziehungsbeitrages.

Dieser Fall ist schon am vorigen Gerichtstag verhandelt worden, und das Protokoll des früheren Prozesses wird eben verlesen. Daraus erfährt man fürs erste, daß die Klägerin eine arme Dienstmagd ist und der Beklagte ein verheirateter Mann.

Weiter geht aus dem Protokoll hervor, daß der Beklagte erklärt hat, die Klägerin habe ihn zu Unrecht und nur aus Gewinnsucht hierher laden lassen. Er gibt zu, daß die Klägerin eine Zeitlang auf seinem Hof in Dienst gestanden hat; er aber habe sich während dieser Zeit in keinerlei Liebeshändel mit ihr eingelassen, und sie habe kein Recht, irgendwelche Unterstützung von ihm zu begehren. Die Klägerin jedoch hat an ihrer Behauptung festgehalten; und nachdem einige Zeugen vernommen waren, ist dem Beklagten auferlegt worden, einen Eid zu leisten, wenn er nicht verurteilt werden wolle, der Klägerin die verlangte Unterstützung zu zahlen.

Beide Parteien haben sich eingefunden und stehen nebeneinander vor dem Gerichtstisch. Die Klägerin ist sehr jung und sieht ganz verschüchtert aus. Sie weint vor Scham und trocknet mühsam ihre Tränen mit einem zusammengeknüllten Taschentuch; es scheint, als könne sie es nicht auseinanderfalten. Sie trägt schwarze Kleider, die ziemlich neu und ungetragen aussehen, aber sie sitzen so schlecht, daß man versucht ist zu glauben, sie habe sie sich ausgeliehen, um anständig vor Gericht erscheinen zu können. Was den Beklagten anlangt, so sieht man ihm gleich an, daß er ein wohlgestellter Mann ist. Er mag etwa vierzig Jahre alt sein und hat ein zuversichtliches und frisches Aussehen. Wie er da vor dem Richterstuhl steht, zeigt er eine sehr gute Haltung. Es sieht ja nicht aus, als fände er ein besonderes Vergnügen daran, da zu stehen, aber er macht auch durchaus keinen befangnen Eindruck.

Als das Protokoll verlesen ist, wendet sich der Richter an den Beklagten und fragt ihn, ob er an seinem Leugnen festhalte und ob er bereit sei, den Eid zu schwören.

Auf diese Frage antwortet der Beklagte sogleich mit einem raschen Ja. Er fängt an, in seiner Westentasche zu suchen und holt ein Zeugnis des Pfarrers darüber hervor, daß er die Wichtigkeit und Bedeutung des Eides kenne und kein Hinderungsgrund für ihn vorliege, ihn zu schwören.

Während dieser ganzen Zeit hat die Klägerin nicht aufgehört zu weinen. Sie scheint unüberwindlich scheu zu sein und hält die Augen hartnäckig zu Boden geschlagen. Sie hat den Blick noch nicht so weit erhoben, daß sie dem Beklagten ins Gesicht sehen könnte. Als er nun sein Ja gesagt hat, zuckt sie zusammen. Sie tritt ein paar Schritte näher an den Richterstuhl heran, als hätte sie etwas einzuwenden; aber dann bleibt sie stehen. Es sei wohl nicht möglich, scheint sie zu sich selbst zu sagen, er könne nicht Ja gesagt haben. – Ich habe nicht recht gehört …

Indessen nimmt der Richter das Zeugnis in die Hand und gibt zugleich dem Gerichtsdiener einen Wink. Der Gerichtsdiener tritt an den Tisch heran, um die Bibel zu nehmen und sie vor den Beklagten hinzulegen.

Die Klägerin hört, daß jemand an ihr vorbeigeht, und wird unruhig. Sie zwingt sich, den Blick so weit zu heben, daß sie über den Tisch hinsehen kann, und da bemerkt sie, daß der Gerichtsdiener die Bibel zurechtlegt.

Noch einmal sieht es aus, als wollte sie Einspruch erheben. Aber sie hält sich wieder zurück. – Es ist ja nicht möglich, daß er den Eid ablegt. Der Richter muß ihn doch daran hindern.

Der Richter war ein so kluger Mann, und er wußte gar wohl, was die Leute in seiner Heimat dachten und fühlten. Er müßte doch wissen, wie streng alle diese Menschen sind, sobald es sich um etwas handelt, was die Ehe betrifft. Sie kannten keine ärgere Sünde als die, die sie begangen hatte. Würde sie je so etwas aus sich selbst eingestanden haben, wenn es nicht wahr gewesen wäre? Der Richter könnte wohl wissen, welche furchtbare Verachtung sie sich zugezogen hatte. Und nicht nur Verachtung allein, sondern auch alles mögliche Elend. Niemand wollte sie in Dienst nehmen. Niemand wollte ihre Arbeit haben. Ihre eignen Eltern duldeten sie kaum in ihrer Hütte, sondern sprachen jeden Tag davon, sie hinauszuwerfen. Nein, der Richter müßte wohl begreifen, daß sie keine Unterstützung von einem verheirateten Mann verlangt hätte, wenn ihr kein Recht darauf zustünde.

Der Richter könnte doch nicht glauben, daß sie in einer solchen Sache lüge, daß sie so furchtbares Unglück auf sich heraufbeschworen hätte, wenn sie einen andern hätte anklagen können als einen verheirateten Mann. Und wenn er dies wüßte, müßte er den Eid doch verhindern.

Sie sieht, daß der Richter dasitzt und das Zeugnis des Pfarrers ein paarmal durchliest. Darum fängt sie zu glauben an, daß er eingreifen werde.

Es ist auch richtig, daß der Richter nachdenklich aussieht. Er heftet seine Blicke ein paarmal auf die Klägerin, aber dabei wird der Ausdruck des Ekels und des Überdrusses, der auf seinem Gesicht ruht, immer deutlicher. Es sieht aus, als wäre er ungünstig gegen sie gestimmt. Selbst wenn die Klägerin die Wahrheit spricht – sie ist ja doch eine schlechte Person, und der Richter kann keine Teilnahme für sie empfinden. Es kommt manchmal vor, daß der Richter in einen Prozeß eingreift als ein guter und kluger Ratgeber, der die Parteien davor behütet, sich ganz und gar zugrunde zu richten. Aber diesmal ist er müde und unlustig, und er denkt an nichts andres, als dem gesetzlichen Verfahren seinen Lauf zu lassen.

Er legt das Zeugnis hin und sagt dem Beklagten mit ein paar Worten, er hoffe, daß dieser die verhängnisvollen Folgen eines falschen Schwurs genau bedacht habe. Der Beklagte hört ihn mit derselben Ruhe an, die er die ganze Zeit über an den Tag gelegt hat, und antwortet ehrerbietig und nicht ohne Würde.

Die Klägerin hört dies mit dem äußersten Schrecken. Sie macht ein paar heftige Bewegungen und preßt die Hände zusammen. Nun will sie vor dem Richterstuhl sprechen. Sie kämpft einen furchtbaren Kampf mit ihrer Scheu und mit dem Schluchzen, das ihr die Kehle zusammenschnürt. Das Ende ist doch, daß sie kein hörbares Wort hervorbringen kann.

Der Eid soll also geleistet werden. Er wird ihn ablegen. Niemand wird ihn hindern, seine Seele zu verschwören.

Bis dahin hat sie nicht glauben können, daß es geschehen würde. Aber jetzt packt sie die Gewißheit, daß es unmittelbar bevorsteht, daß es im nächsten Augenblick geschehen wird. Ein Schrecken, der viel überwältigender ist als alles, was sie bisher gekannt hat, bemächtigt sich ihrer. Sie steht wie versteinert, sie weint nicht einmal mehr. Die Augen erstarren ihr im Kopfe.

Es ist also seine Absicht, sich um seines Weibes willen freizuschwören. Aber wenn er auch einen schweren Stand mit ihr haben sollte – deshalb darf er doch nicht seiner Seele Seligkeit preisgeben.

Es gibt nichts Furchtbareres als einen Meineid. Es ist etwas Geheimnisvolles und Gräßliches um diese Sünde. Es gibt keine Gnade, keine Vergebung für sie. Die Tore des Abgrundes öffnen sich von selbst, wenn der Name des Meineidigen genannt wird.

Wenn sie jetzt die Blicke zu seinem Gesicht erhoben hätte – sie hätte gefürchtet, es schon mit irgendeinem Zeichen der Verdammnis gebrandmarkt zu sehen, ihm aufgeprägt von Gottes Zorn.

Während sie so dasteht und immer größere Angst sich ihrer bemächtigt, hat der Richter dem Beklagten gezeigt, wie er die Finger auf die Bibel zu legen hat. Dann schlägt der Richter im Gesetzbuch nach, um die Eidesformel zu finden.

Als sie ihn die Finger auf das Buch legen sieht, macht sie noch einen Schritt zum Richterstuhl hin; und es sieht aus, als wollte sie sich über den Tisch beugen und seine Hand fortziehen.

Aber noch wird sie von einer letzten Hoffnung zurückgehalten. Sie glaubt, daß er jetzt im letzten Augenblick noch vom Schwur abstehen werde.

Der Richter hat die Seite im Gesetzbuch gefunden, nach der er gesucht hat; und jetzt beginnt er, den Eid laut und deutlich vorzusagen. Dann macht er eine Pause, damit der Beklagte seine Worte nachsprechen könne. Und der Beklagte fängt wirklich an, sie nachzusprechen; aber er macht einen kleinen Fehler, so daß der Richter von vorn anfangen muß.

Jetzt kann sie keinen Schimmer von Hoffnung mehr haben. Jetzt weiß sie, daß er falsch schwören, daß er Gottes Zorn für das zukünftige Leben auf sich herabschwören will.

Sie steht da und ringt in ihrer Hilflosigkeit die Hände. Und es ist alles ihre Schuld, weil sie ihn verklagt hat.

Aber sie war ja ohne Arbeit, sie hatte gehungert und gefroren. Das Kind lag im Sterben. An wen sonst hätte sie sich um Hilfe wenden sollen?

Nie hätte sie auch geglaubt, daß er eine so schreckliche Sünde begehen könnte.

Jetzt hat der Richter den Eid noch einmal vorgesprochen. In wenigen Augenblicken wird die Tat vollbracht sein. Jene Tat, von der es keine Umkehr gibt, die niemals gutgemacht, niemals ausgelöscht werden kann.

Gerade als der Beklagte anfängt, den Eid nachzusprechen,

stürzt sie vor, schleudert seine ausgestreckte Hand beiseite und reißt die Bibel an sich.

Ein furchtbares Entsetzen hat ihr endlich Mut gegeben. Er darf seine Seele nicht verschwören. Er darf nicht.

Der Gerichtsdiener eilt sogleich herbei, sie zur Ordnung zu rufen und ihr die Bibel abzunehmen. Sie hat ungeheure Angst vor allem, was mit dem Gericht zusammenhängt, und sie glaubt, daß, was sie jetzt getan hat, sie auf die Festung bringen werde. Aber sie gibt die Bibel nicht her. Was es auch kosten möge, er darf den Eid nicht ablegen. Auch er, der schwören will, läuft herbei, um das Buch zu ergreifen; aber sie leistet auch ihm Widerstand.

»Du darfst den Eid nicht schwören!« ruft sie. »Du darfst nicht!«

Was jetzt vorgeht, erweckt natürlich das größte Staunen. Die Versammelten drängen zum Richtertisch, die Geschworenen erheben sich, der Protokollführer springt auf, das Tintenfaß in der Hand, damit es nicht umgestürzt werde.

Da ruft der Richter mit lauter, zorniger Stimme:

»Ruhe!« und alle die Menschen bleiben regungslos stehen.

»Was fällt dir ein? Was hast du mit der Bibel zu schaffen?« fragt der Richter die Klägerin mit harter und strenger Stimme.

Nachdem sie ihrer Angst in einer Tat der Verzweiflung Luft gemacht hat, ist ihre Beklommenheit gewichen, so daß sie antworten kann: »Er darf den Eid nicht ablegen!«

»Sei still und gib das Buch zurück!« ruft der Richter. Aber sie gehorcht nicht, sondern umklammert das Buch mit beiden Händen.

»Er darf den Eid nicht ablegen!« ruft sie mit ungezügelter Heftigkeit.

»Ist es dir so sehr darum zu tun, den Prozeß zu gewinnen?« fragt der Richter in immer schärferem Ton. »Ich will die Klage zurückziehen!« ruft sie mit lauter, schneidender Stimme. »Ich will ihn nicht zwingen zu schwören!«

»Was schreist du da?« fragt der Richter. »Hast du den Verstand verloren?«

Sie ringt heftig nach Atem und versucht sich zu beruhigen. Sie hört selbst, wie sie schreit. Der Richter muß wohl glauben, daß sie toll geworden sei, weil sie, was sie will, nicht in ruhigen Worten sagen kann. Noch einmal kämpft sie mit sich selbst, um Macht über ihre Stimme zu erlangen, und diesmal gelingt es ihr. Sie sagt langsam, ernst, laut, während sie dem Richter gerade ins Gesicht sieht:

»Ich will die Klage zurückziehen. Er ist der Vater des Kindes. Aber ich hab' ihn noch lieb. Ich will nicht, daß er falsch schwört!«

Sie steht aufrecht und entschlossen vor dem Richtertisch und sieht dem Richter gerade in sein strenges Gesicht. Er sitzt da, beide Hände auf den Tisch gestützt; und lange, lange wendet er den Blick nicht von ihr. Während der Richter sie betrachtet, geht eine große Veränderung mit ihm vor. Alle Schlaffheit und Mißvergnügtheit, die in seinen Zügen gelegen hat, schwindet, und das große, grobe Gesicht wird durch die Rührung geradezu schön. Sieh da, denkt der Richter, sieh da, so ist mein Volk. Ich will mich nicht darüber beklagen, wo doch bei einer der Geringsten so viel Liebe und Gottesfurcht zu finden ist.

Plötzlich aber spürt der Richter, daß seine Augen sich mit Tränen füllen, und da zuckt er beinahe beschämt zusammen und wirft einen raschen Blick um sich. Da sieht er, daß die Schreiber und die Gerichtsdiener und die ganze lange Reihe der Beisitzer sich vorgebeugt haben, um das Mädchen anzusehen, das vor dem Richtertisch steht, die Bibel an die Brust gepreßt. Und er sieht einen Schimmer auf ihren Gesichtern, als hätten sie etwas richtig Schönes gesehen, das sie bis in das tiefste Herz erfreut hat.

Hierauf sieht der Richter auch über das versammelte Volk hin, und ihm ist, als säßen alle diese Menschen stumm und atemlos da, als hätten sie gerade jetzt das gehört, wonach sie sich am meisten sehnten.

Zuallerletzt sieht der Richter den Beklagten an. Jetzt ist er es, der mit gesenktem Kopf dasteht und zu Boden blickt.

Der Richter wendet sich abermals an das arme Mädchen. »Es

soll so sein, wie du es willst«, sagt er. »Die Klage wird zurückgezogen«, diktiert er dem Protokollführer.

Der Beklagte macht eine Bewegung, als wolle er einen Einwand vorbringen. »Was denn? Was denn?« schreit ihn der Richter an. »Hast du vielleicht etwas dagegen?«

Der Beklagte läßt den Kopf noch tiefer sinken und sagt dann kaum hörbar: »Ach nein, es ist wohl am besten so.«

Der Richter sitzt noch einen Augenblick still, dann schiebt er den schweren Stuhl zurück, erhebt sich und geht um den Tisch herum zur Klägerin hin.

»Ich danke dir«, sagt er und reicht ihr die Hand.

Sie hat die Bibel jetzt fortgelegt und steht da und weint und trocknet die Tränen mit dem zusammengerollten Taschentuch.

»Ich danke dir«, sagt der Richter noch einmal und ergreift ihre Hand so leicht und behutsam, als wäre sie etwas gar Feines und Kostbares.

II

Niemand darf glauben, daß das Mädchen, das eine so schwere Stunde vor dem Gerichtstisch durchgemacht hatte, selbst meinte, sie habe etwas Rühmenswertes getan. Sie meinte im Gegenteil, daß sie vor der ganzen Gemeinde beschämt sei. Sie begriff nicht die Ehre, die darin lag, daß der Richter auf sie zugekommen war und ihr die Hand geschüttelt hatte. Sie glaubte, dies bedeutete nur, daß die Verhandlung zu Ende sei und sie ihrer Wege gehen könne. Sie sah auch nicht, daß die Leute ihr freundliche Blicke zuwarfen und daß ihr mehrere die Hand drücken wollten. Sie schlich sich nur davon und wollte fort. Aber unten an der Tür herrschte ein großes Gedränge.

Das Thing war zu Ende, und viele wollten wieder ins Freie. Sie drückte sich an die Wand und war wohl die letzte, die den Thingsaal verließ. Sie meinte, daß alle andern vor ihr hinausgehen müßten.

Als sie endlich ins Freie kam, stand Gudmund Erlandssons Wägelchen angespannt vor der Freitreppe. Gudmund saß darin, die Zügel in der Hand, und schien auf jemand zu warten. Sowie er ihrer unter allem Volk, das aus dem Thingsaal strömte, ansichtig wurde, rief er ihr zu: »Komm her, Helga! Du kannst mit mir fahren, wir haben denselben Weg.« Aber obgleich sie ihren Namen hörte – sie konnte nicht glauben, daß er sie rief. Es war nicht möglich, daß Gudmund Erlandsson sie kutschieren wollte. Er war der schmuckste Bursche im ganzen Kirchspiel, jung und schön und aus gutem Hause und in Gunst bei allen Leuten. Sie konnte nicht glauben, daß er etwas mit ihr zu tun haben wolle. Sie ging, das Kopftuch tief in die Stirn geschoben, und eilte an ihm vorbei, ohne aufzusehen oder zu antworten.

»Hörst du nicht, Helga, daß du mit mir fahren kannst?« fragte Gudmund, und es lag ein so recht freundlicher Ton in der Stimme. Aber sie konnte es nicht in ihren Kopf hineinbringen, daß Gudmund es gut mit ihr meine. Sie glaubte, er wolle sie in der einen oder andern Weise verspotten und wartete nur darauf, die Umstehenden in Kichern und Lachen ausbrechen zu hören. Sie warf ihm einen erschrocknen und zornigen Blick zu und lief vom Thingplatz fort, um außer Hörweite zu sein, wenn das Lachen begänne. Gudmund war damals noch unverheiratet und wohnte bei seinen Eltern. Der Vater war ein kleiner Bauer.

Er hatte keinen großen Hof und war nicht vermögend, aber er konnte sorgenfrei leben. Der Sohn war zum Thing gefahren, um einige Urkunden für seinen Vater zu holen, aber da er noch eine andre Absicht mit seiner Fahrt verfolgte, hatte er sich sehr fein hergerichtet. Er hatte das neue Wägelchen genommen, dessen Lackierung keine Schramme aufwies; das Pferd hatte er gestriegelt, bis es wie Seide glänzte, und das Sattelzeug fein geputzt. Er hatte eine schmucke, rote Decke neben sich auf den Sitz gelegt, und sich selbst hatte er mit einem kurzen Jagdrock, einem kleinen grauen Filzhut und hohen Stiefeln geputzt, in die die Hosen hineingesteckt waren. Es war wohl kein Feiertagsgewand, aber er wußte, daß er männlich und stattlich darin aussah.

Als Gudmund am Morgen von daheim fortfuhr, hatte er allein im Wagen gesessen, aber er war in angenehme Gedanken versunken, und die Zeit war ihm nicht lang erschienen. Als er ungefähr auf halbem Wege war, fuhr er an einem armen Mädchen vorbei, das sehr langsam ging und aussah, als könnte es vor Müdigkeit kaum einen Fuß vor den andern setzen. Es war Herbst, der Weg war vom Regen aufgeweicht, und Gudmund sah, wie sie bei jedem Schritt tief in den Schmutz einsank. Er hielt an und fragte, wohin sie gehe, und als er erfuhr, daß sie zum Thing wolle, bot er ihr an mitzufahren. Sie dankte und stieg rückwärts auf den Wagen, auf das schmale Brett, an dem der Heusack festgebunden war, ganz so, als wagte sie es nicht, die rote Decke neben Gudmund zu berühren. Es war auch nicht seine Absicht gewesen, daß sie sich neben ihn setze. Er wußte nicht, wer sie war, aber er vermutete, daß sie die Tochter irgendeines armen Kleinhäuslers wäre und fand, es sei wohl genug Ehre für sie, wenn sie rückwärts aufsitzen dürfte.

Als sie an einen Hügel kamen und das Pferd den Schritt verlangsamte, begann Gudmund zu plaudern.

Er wollte wissen, wie sie heiße und wo sie daheim sei. Als er hörte, daß sie Helga hieß und von einem Waldgütchen stammte, das man den Moorhof nannte, begann er unruhig zu werden. »Bist du immer daheim gewesen oder warst du im Dienst?« fragte er. Das letzte Jahr wäre sie daheim gewesen, früher hätte sie einen Dienstplatz gehabt. »Bei wem denn?« fragte Gudmund sehr hastig. Und es schien ihm, als daure es lange, bis die Antwort kam. »Im Sternhof, bei Per Martensson«, sagte sie endlich und senkte die Stimme, als wollte sie am liebsten nicht gehört werden. Aber Gudmund verstand sie doch. »Ja so, du bist also die«, sagte er, sprach aber den Satz nicht zu Ende. Er wendete sich ab, richtete sich gerade auf und sprach kein Wort mehr zu ihr.

Gudmund versetzte dem Pferde einen Hieb nach dem andern, fluchte laut über den schlechten Weg und schien recht schlechter Laune zu sein. Ein Weilchen verhielt sich das Mädchen still, aber bald fühlte Gudmund eine Hand auf seinem Arm. »Was willst du?« fragte er, ohne den Kopf zu wenden. Ja, er solle halten, damit sie abspringen könne. »Ach, warum denn?« sagte Gudmund in verächtlichem Tone. »Fährst du nicht gut?« – »Ja, danke, aber ich gehe doch lieber.« Gudmund kämpfte ein wenig mit sich selbst. Es war ärgerlich, daß er gerade an diesem Tage eine solche wie Helga aufgefordert hatte mitzufahren. Aber er fand doch, daß er sie, nun er sie einmal in den Wagen genommen hatte, nicht wieder vertreiben könnte.

»Halte, Gudmund«, sagte das Mädchen noch einmal. Sie sprach sehr bestimmt, und Gudmund zog die Zügel an. – »Wenn sie durchaus aussteigen will«, dachte er, »brauche ich sie doch nicht zu zwingen, gegen ihren Willen zu fahren.« Sie war schon unten auf der Straße, bevor noch das Pferd ganz stehengeblieben war. – »Ich glaubte, du wußtest, wer ich bin, als du mir sagtest, ich kann mitfahren«, sprach sie, »sonst wäre ich gar nicht eingestiegen.« Gudmund sagte kurz: »Behüt Gott!« und fuhr weiter. Sie hatte wohl Grund gehabt zu glauben, daß er sie kenne. Er hatte ja das Dirnlein vom Moorhof oftmals als Kind gesehen; aber sie hatte sich verändert, seit sie herangewachsen war. Zuerst war er sehr froh, die Reisekameradin los zu sein, aber allmählich begann er mit sich selbst unzufrieden zu werden. Er hätte kaum anders handeln können, aber er war nicht gern grausam gegen irgend jemand.

Ein kleines Weilchen, nachdem Gudmund sich von Helga getrennt hatte, bog er von der Straße ab, fuhr ein enges Gäßchen hinauf und kam zu einem prächtigen großen Bauernhof. Als Gudmund vor dem Hause anhielt, öffnete sich die Eingangstür, und eine der Töchter zeigte sich auf der Schwelle. Gudmund zog den Hut und grüßte, und dabei huschte eine leichte Röte über sein Gesicht. »Ich möchte wohl wissen, ob der Herr Amtmann daheim ist«, sagte er. – »Nein, Vater ist zum Thing gefahren«, antwortete die Tochter. – »So, so, ist er schon fort?« sagte Gudmund.

»Ich bin hergekommen, um zu fragen, ob der Herr Amtmann nicht mit mir fahren möchte. Ich will auch zum Thing.« – »Ach, Vater ist immer so überpünktlich«, klagte die Tochter. – »Es ist ja weiter kein Schade geschehen«, sagte Gudmund. – »Vater wäre gewiß gern mit einem so prächtigen Pferd und in einem so schmucken Wagen gefahren«, sagte das Mädchen freundlich. Gudmund lächelte ein wenig, als er das Lob hörte. – »Ja, da muß ich also wieder abziehen«, sagte er. – »Du willst nicht hereinkommen, Gudmund?« – »Danke schön, Hildur, aber ich muß ja zum Thing. Ich darf nicht zu spät kommen.« Gudmund fuhr nun geradewegs zum Thinghause. Er war sehr vergnügt und dachte nicht mehr an seine Begegnung mit Helga. Es war doch schön, daß gerade Hildur herausgekommen war und daß sie den Wagen und die Decke und das Pferd und das Sattelzeug gesehen hatte. Sie hatte wohl alles bemerkt.

Es war das erste Mal, daß Gudmund auf einem Thing war. Er fand, daß es da sehr viel zu hören und zu erfahren gäbe, und blieb den ganzen Tag dort. Er saß im Thingsaal, als Helgas Sache geführt wurde, und sah, wie sie die Bibel an sich riß und Gerichtsdienern und Richter standhielt. Als alles zu Ende war und der Richter Helga die Hand gedrückt hatte, stand Gudmund hastig auf und verließ den Saal. Rasch spannte er das Pferd vor den Wagen und fuhr zur Treppe hin. Er fand, daß Helga sehr tapfer gewesen war, und nun wollte er sie ehren. Aber sie war so verschüchtert, daß sie seine Absicht nicht verstand, sondern sich vor der Ehre, die ihr zugedacht war, flüchtete.

An demselben Tag kam Gudmund spätabends zum Moorhof. Das war ein kleines Gehöft auf dem Abhang des bewaldeten Hügels, der das Kirchspiel abschloß. Der Weg, der hinführte, war nur im Winter bei Schlittenbahn fahrbar, und Gudmund hatte zu Fuß gehen müssen. Es war ihm recht sauer geworden, vorwärts zu kommen. Fast hätte er sich an Stock und Stein die Beine gebrochen, auch hatte er Bäche durchwaten müssen, die den Pfad an mehreren Stellen durchschnitten. Wäre nicht Vollmond gewesen, so hätte er überhaupt nicht hinfinden können; und er dachte, daß das ein beschwerlicher Weg wäre, den Helga an diesem Tag hatte gehen müssen.

Der Moorhof lag an einer ausgerodeten Stelle, etwa auf halber

Höhe des Hügels. Gudmund war noch nie dort gewesen, aber er hatte den Ort oftmals unten vom Tale aus gesehen und kannte ihn genügend, um zu wissen, daß er richtig gegangen war.

Rings um die ausgerodete Stelle zog sich ein Reisigzaun, der sehr dicht und sehr schwer zu übersteigen war. Er sollte wohl gleichsam eine Wehr und ein Hort gegen die Wildnis sein, die das Gehöft umgab. Die Hütte selbst stand am oberen Rand der Einzäunung. Davor breitete sich ein abschüssiger Hof aus, mit kurzem, grünem Gras bewachsen, und unterhalb des Hofes lagen ein paar graue Schuppen und ein Keller mit grünem Torfdach. Es war ein geringes und ärmliches Anwesen, aber es ließ sich nicht leugnen, daß es dort oben schön war. Das Moor, nach dem das Gütchen seinen Namen hatte, lag irgendwo in der Nähe und sandte Nebel empor, die sich im Mondschein prachtvoll und silberglänzend heranwälzten und einen Kranz um den Hügel bildeten. Der höchste Gipfel ragte noch aus dem Nebel empor. Und der Kamm, der zackig von Tannen war, zeichnete sich scharf gegen den Himmel ab. Unten über dem Tal lag der Mondschein so hell, daß man die Felder und Gehöfte und einen geschlängelten Bach unterscheiden konnte, über dem der Nebel wie der leichteste Duft schwebte. Es war nicht weit dort hinunter, aber das Seltsame war, daß das Tal wie eine fremde Welt dalag, mit der das, was dem Wald angehörte, nichts gemein hatte. Es war, als wenn die Menschen, die hier auf dem Waldgut hausten, immer unter diesen Bäumen gehen müßten. Sie konnten unten im Tale ebensowenig fortkommen wie Auerhähne und Bergeulen und Luchse und Heidelbeerkraut.

Gudmund ging über die Wiese auf die Hütte zu. Durch das Fenster drang Feuerschein, die Scheiben waren nicht verhangen; er warf einen Blick hinein, um zu sehen, ob Helga in der Hütte wäre. Auf einem Tisch am Fenster brannte ein kleines Lämpchen, und davor saß der Hausvater und flickte alte Schuhe. Im Hintergrunde des Zimmers neben dem Herd, auf dem ein schwaches Feuer brannte, saß die Hausmutter. Sie hatte den Spinnrocken vor sich, aber sie hatte zu arbeiten aufgehört, um mit einem kleinen Kinde zu spielen. Sie hatte es aus der Wiege genommen, und man hörte es bis zu Gudmund hinaus, wie sie mit ihm lachte und scherzte. Ihr Gesicht war von vielen Runzeln durchfurcht, und sie sah strenge aus; aber wie sie sich so über das Kind beugte, bekam ihr Gesicht einen sanften Ausdruck, und sie lächelte dem Kleinen ebenso zärtlich zu wie nur seine eigene Mutter.

Gudmund spähte nach Helga aus, konnte sie aber in keinem Winkel der Hütte entdecken. Da schien es ihm am besten, draußen zu bleiben, bis sie käme. Er wunderte sich, daß sie noch nicht zu Hause war. Vielleicht wäre sie auf dem Heimweg bei Bekannten eingekehrt, sich auszuruhen und einen Imbiß zu nehmen? Aber bald müßte sie auf jeden Fall kommen, wenn sie vor Einbruch der Nacht unter Dach sein wollte.

Gudmund blieb eine Weile mitten im Hof stehen und horchte nach Schritten aus. Es war ganz ruhig. Kein Lüftchen regte sich. Es kam ihm vor, als ob ihn nie vorher eine solche Stille umgeben hätte. Es war, als hielte der ganze Wald den Atem an und stünde da und wartete auf etwas Merkwürdiges.

Niemand ging durch den Wald. Kein Zweiglein wurde geknickt, und kein Stein rollte. Helga war wohl noch lange nicht zu erwarten. »Ich möchte wohl wissen, was sie sagen wird, wenn sie sieht, daß ich hier bin«, dachte Gudmund. »Sie wird vielleicht schreien und in den Wald laufen und sich die ganze Nacht nicht heim wagen.«

Dabei fiel ihm ein, es sei doch sonderbar, daß er auf einmal soviel mit der Häuslerdirne zu schaffen hatte. Als er vom Thing heimkam, war er wie gewöhnlich zu seiner Mutter hineingegangen, ihr alles zu erzählen, was er während des Tages erlebt hatte. Gudmunds Mutter war klug und hochsinnig und hatte es immer verstanden, gegen den Sohn so zu sein, daß er noch ebensoviel Vertrauen zu ihr hatte wie einst als Kind. Seit mehreren Jahren war sie krank und konnte nicht gehen, sondern saß den ganzen Tag still in ihrem Lehnstuhl. Es war immer eine gute Stunde für sie, wenn Gudmund von einer Reise heimkam und ihr Neuigkeiten brachte.

Als Gudmund nun von Helga vom Moorhof erzählte, sah er, daß die Mutter gedankenvoll wurde. Lange saß sie stumm da und sah gerade vor sich hin. »Es scheint doch ein guter Kern in diesem Mädchen zu stecken«, sagte sie dann. »Man darf keinen verwerfen, weil er einmal ins Unglück gekommen ist. Es kann wohl sein, daß sie sich dem, der ihr jetzt beistünde, dankbar erweisen würde.«

Gudmund begriff sogleich, woran die Mutter dachte. Sie konnte sich nicht mehr selbst helfen, sondern mußte beständig jemand um sich haben, der ihr zu Diensten stand. Aber es war immer schwer, jemand zu finden, der auf diesem Platz bleiben wollte. Die Mutter war anspruchsvoll und nicht leicht zu befriedigen, und außerdem wollten alle jungen Mägde lieber eine andere Arbeit haben, bei der sie mehr Freiheit genossen. Nun war es sicherlich der Mutter eingefallen, daß sie die Helga vom Moorhof in Dienst nehmen könnte, und Gudmund fand, daß dies ein guter Vorschlag sei. Helga würde der Mutter sicherlich sehr ergeben sein. Es wäre wohl möglich, daß ihr auf diese Weise für lange geholfen wäre.

»Am schwersten wird es mit dem Kinde sein«, sagte die Mutter nach einer Weile, und Gudmund begriff, daß sie ernsthaft an die Sache dachte. – »Das muß wohl bei den Großeltern bleiben«, sagte Gudmund. – »Es ist nicht ausgemacht, daß sie sich von ihm trennen will.« – »Sie wird es sich abgewöhnen müssen, daran zu denken, was sie will und nicht will. Ich finde, daß sie förmlich verhungert aussieht. Dort oben auf dem Moorhofe ist wohl Schmalhans Küchenmeister.«

Darauf antwortete die Mutter nichts, sondern begann von etwas anderm zu sprechen. Man merkte, daß ihr neue Bedenklichkeiten aufstiegen, die sie verhinderten, einen Entschluß zu fassen. Gudmund begann nun zu erzählen, wie er den Amtmann auf Älvåkra aufgesucht und Hildur getroffen hatte. Er berichtete, was sie über das Pferd und den Wagen gesagt hatte, und es war leicht zu merken, daß er sich der Begegnung freute. Auch die Mutter schien sehr vergnügt. Wie sie so unbeweglich in ihrem Lehnstuhl saß, war es ihre stete Beschäftigung, Pläne für die Zukunft des Sohnes auszuspinnen; und sie war zuerst auf den Gedanken verfallen, daß er es versuchen solle, um die schöne Amtmannstochter zu werben. Das war die prächtigste Heirat, die er machen konnte. Der Amtmann war ein richtiger Großbauer. Er hatte den größten Hof im Kirchspiel und viel Macht und viel Geld. Es war eigentlich töricht zu hoffen, daß er sich mit einem Eidam begnügen würde, der kein größeres Vermögen hatte als Gudmund, aber es war immerhin möglich, daß er sich nach dem richtete, was seine Tochter wollte. Und daß Gudmund Hildur gewinnen könnte, wenn er es nur wollte, davon war die Mutter fest überzeugt.

Dies war das erste Mal, daß Gudmund die Mutter merken ließ, wie der Gedanke bei ihm Wurzel geschlagen hatte, und sie sprachen nun ein langes und breites von Hildur und von allen den Reichtümern und Vorteilen, die dem zufallen würden, der sie einmal bekäme. Aber bald stockte das Gespräch wieder, weil die Mutter von neuem in ihre Grübeleien versunken war. »Könntest du diese Helga nicht holen lassen? Ich möchte sie doch sehen, bevor ich sie in meine Dienste nehme«, sagte sie schließlich. – »Das ist schön, daß du dich ihrer annehmen willst, Mutter«, entgegnete Gudmund und dachte bei sich: Wenn die Mutter eine Pflegerin bekäme, mit der sie zufrieden wäre, würde seine Gattin hier daheim ein behaglicheres Leben führen. »Du wirst sehen, daß du mit dem Mädchen zufrieden sein wirst«, fuhr er fort. – »Es ist ja auch ein gutes Werk, sich ihrer anzunehmen«, sagte die Mutter.

Als es zu dämmern begann, begab sich die Kranke zu Bett, und Gudmund ging in den Stall, um die Pferde zu striegeln. Es war schönes Wetter, die Luft war klar, und der ganze Hof lag vom Mondschein übergossen da. Da fiel es ihm ein, daß er schon heute in den Moorhof gehen und die Botschaft der Mutter bestellen könne. Wäre morgen schönes Wetter, dann würde man es so eilig haben, den Hafer einzubringen, daß weder er noch irgendein andrer Zeit hätte hinzugehen.

Als jetzt Gudmund vor dem Moorhof stand und horchte, hörte er zwar keine Schritte; doch andre Laute durchschnitten in kurzen Abständen die Stille. Es war ein stilles Klagen, ein sehr leises und ersticktes Jammern und dann hie und da ein Aufschluchzen. Gudmund glaubte zu merken, daß die Laute von dem Schuppen herkämen, und ging auf diesen zu. Als er sich näherte, hörte das Schluchzen auf; aber es war offenbar, daß sich drinnen jemand in der Holzkammer regte. Mit einem Male begriff Gudmund, wer dort drinnen war. »Bist du es, Helga, die da drinnen sitzt und weint?« rief er und stellte sich in die Türöffnung, damit das Mädchen nicht entwischen könnte, ehe er mit ihm gesprochen hätte.

Wieder wurde es ganz still. Gudmund hatte wohl recht geraten: Es war Helga, die da saß und weinte; aber sie versuchte, das Schluchzen zu unterdrücken, damit Gudmund glaubte, er habe sich verhört, und seiner Wege ginge. Es war stockfinster in dem Schuppen, und sie wußte, daß er sie nicht sehen konnte.

Aber Helga war an diesem Abend in solcher Verzweiflung, daß es ihr nicht leicht fiel, die Tränen zurückzudrängen. Sie war noch nicht in der Hütte gewesen und hatte die Eltern noch nicht begrüßt. Sie hatte nicht den Mut dazu gehabt. Als sie in der Dämmerung den steilen Hügel hinaufstieg und daran dachte, daß sie den Eltern jetzt sagen müßte, sie habe keinen Erziehungsbeitrag von Per Martensson zu erwarten, da hatte sie solche Angst vor den harten und grausamen Worten bekommen, die sie ihr sagen würden, daß sie es nicht wagte hineinzugehen. Sie gedachte draußen zu bleiben, bis sie sich zu Bett gelegt hätten; dann brauchte sie vielleicht nicht vor dem nächsten Tage von der unglückseligen Sache zu sprechen. Und so hatte sie sich in dem Holzschuppen versteckt. Aber während sie so dasaß und fror und hungerte, kam es ihr erst recht zum Bewußtsein, wie unglücklich und ausgestoßen sie war. Alle Schmach und Angst, die sie hatte erleiden müssen, und alle Schmach und Angst, die ihrer noch harrten, standen vor ihr und drückten sie mit Bleischwere zu Boden. Sie weinte über sich selbst, darüber, daß sie so elend war und daß niemand etwas von ihr wissen wollte. Sie erinnerte sich, wie sie einmal als Kind in einen Morast gefallen und gleich untergesunken war. Je mehr sie sich gemüht hatte, in die Höhe zu kommen, desto tiefer war sie gesunken. Alle Büsche und Sträucher, nach denen sie gegriffen, hatten nachgegeben. So war es auch jetzt. Alles, wonach sie zu greifen versuchte, um sich aufrechtzuerhalten, ließ sie im Stich. Niemand wollte ihr helfen. Damals, als sie ins Moor versinken wollte, war schließlich ein Hirtenbub gekommen und hatte sie herausgezogen; jetzt aber kam niemand, sie zu retten. Jetzt war es gewiß ihre Bestimmung, zugrunde zu gehen.

Als Helga das Moor in den Sinn kam, wurde es ihr mit einem Male klar: Das beste, was sie tun konnte, war, dorthin zu gehen, in den Schlamm hinauszuwandern und sich einsinken und begraben zu lassen. Wenn eine so elend wäre, daß kein Mensch etwas mit ihr zu tun haben wollte, dann könnte sie wohl gar nichts Besseres tun als sterben. Es wäre auch für das Kind das beste, wenn sie fortginge; denn Helgas Mutter hatte es gern, obgleich sie es nicht zeigen wollte, wenn Helga daheim war. Aber wenn Helga einmal für immer aus dem Wege wäre, dann würde sich die Großmutter des Kindes wohl so annehmen, als wäre es ihr eigenes.

Sie begriff nicht, daß sie mitten in ihrem größten Elend etwas getan hatte, wodurch den Leuten eine bessere Meinung über sie gegeben würde. Ihr wurde mit jedem Augenblick gewisser, daß das Moor der einzige Zufluchtsort für sie sei. Und je klarer sie dies einsah, desto mehr weinte sie.

Es war darum nicht so leicht für sie, die Tränen zu unterdrücken. Es dauerte nicht lange, so begann sie von neuem zu schluchzen.

Gudmund war nichts verhaßter, als wenn Weibsleute weinten. Er hatte die größte Lust, auf und davon zu laufen; aber er sagte sich, wenn er sich nun einmal die Mühe gemacht hätte, zur Hütte hinaufzuklettern, müßte er seinen Auftrag auch ausführen.

»Was ist dir denn?« sagte er in barschem Ton zu Helga. »Warum gehst du nicht ins Haus?« – »Ach, ich getraue mich nicht«, antwortete Helga, und ihre Zähne schlugen aufeinander. »Ich getraue mich nicht.« – »Wovor hast du denn Angst? Du hast dich doch heute morgen gegen Gerichtsdiener und Richter tapfer gehalten. Da kannst du wohl nicht vor deinen leiblichen Eltern Angst haben.« – »O ja, o ja, die sind viel schlimmer als alle andern.« – »Warum sollten sie denn gerade heute so böse sein?« – »Ich bekomme ja kein Geld.« – »Na, du bist doch ein so tüchtiges Mädel, daß du für dich und dein Kind das Brot verdienen kannst.« – »Ja, aber mich will doch niemand nehmen.«

Plötzlich fiel es Helga ein, daß die Eltern ihre Stimmen hören und herauskommen und fragen könnten, wer da spräche. Und dann wäre sie gezwungen, ihnen alles zu erzählen. Dann könnte sie sich nicht in das Moor retten. Und in ihrem Schrecken sprang sie auf und wollte an Gudmund vorbeieilen. Aber er kam ihr zuvor. Er packte sie am Arm und hielt sie fest. – »Nein! Du kommst nicht davon, bis ich nicht mit dir gesprochen habe.« – »Laß mich gehen«, rief sie und blickte ihn wild an. – »Du siehst aus, als wenn du ins Wasser gehen wolltest«, sagte er; denn jetzt stand sie draußen im Mondschein, und er konnte ihr Gesicht sehen. – »Ja, das würde wohl auch niemand etwas angehen, wenn ich das täte«, sagte Helga und warf dabei den Kopf zurück und sah ihm gerade in die Augen. »Heute morgen wolltest du mich nicht einmal rückwärts auf deinem Wagen mitfahren lassen. Niemand will etwas mit mir zu tun haben. Da mußt du doch selbst einsehen, daß es für solch ein armes Wurm wie mich am besten ist, wenn ich ein Ende mache.«

Gudmund wußte nicht, wie er beginnen sollte. Er wünschte sich weit weg, aber er fühlte auch, daß er einen Menschen in solcher Verzweiflung nicht verlassen konnte. »Hör mich jetzt an! Versprich mir, daß du anhörst, was ich dir zu sagen habe. Dann kannst du gehen, wohin du willst.« – Ja, das versprach sie. – »Kann man hier nirgends sitzen?«

»Drüben steht doch der Hackblock.« – »Also geh hin und setze dich und sei still!« Sie ging ganz gehorsam hin und setzte sich. – »Weine jetzt nicht mehr!« sagte er; denn es war ihm, als finge er an, Macht über sie zu gewinnen. Aber das hätte er nicht sagen sollen, denn sie ließ sogleich den Kopf in die Hände sinken und weinte heftiger denn je.

»Weine nicht!« sagte er und war nahe daran, mit dem Fuß auf die Erde zu stampfen. »Es gibt genug Leute, denen es schlechter geht als dir.« – »Nein, keinem kann es schlechter gehen.« – »Du bist jung und gesund, du solltest nur wissen, wie es meiner Mutter geht. Sie ist von Schmerzen so geplagt, daß sie sich nicht rühren kann, aber sie klagt nie.« – »Sie ist nicht so verlassen von allen wie ich.« – »Du bist auch nicht verlassen. Ich habe mit Mutter über dich gesprochen, und Mutter hat mich zu dir geschickt.«

Das Schluchzen hörte auf. Man vernahm gleichsam das große Schweigen des Waldes, als ob der den Atem anhielte und auf etwas Wunderbares wartete.

»Ich soll dir bestellen, daß du morgen zu Mutter kommst, damit sie dich sieht. Mutter gedenkt dich zu fragen, ob du zu uns in Dienst gehen willst.« – »Das will sie mich fragen?« – »Ja, aber zuerst will sie dich sehen.« – »Weiß sie, daß ...?« – »Sie weiß ebensoviel von dir wie alle andern.« Mit einem Schrei des Staunens und der Freude sprang das Mädchen auf, und im nächsten Augenblick fühlte Gudmund ein paar Arme um seinen Hals. Er erschrak förmlich, und sein erster Gedanke war, sich loszureißen, aber dann faßte er sich und blieb stehen. Er begriff, daß das Mädchen so außer sich vor Freude war, daß sie nicht wußte, was sie tat; in diesem Augenblick hätte sie sich dem ärgsten Schurken an den Hals werfen können, nur um in dem großen Glück, das über sie gekommen war, ein klein wenig Mitgefühl zu finden.

»Wenn sie mich bei sich aufnehmen will, dann kann ich ja am Leben bleiben!« sagte sie und legte den Kopf an Gudmunds Brust und weinte wieder, aber nicht so heftig wie zuvor. »Ich kann dir jetzt sagen, daß es mir damit Ernst war, ins Moor zu gehen«, sagte sie. »Ich danke dir, daß du gekommen bist! Du hast mir das Leben gerettet.« Gudmund hatte bisher unbeweglich dagestanden, jetzt aber fühlte er, wie sich etwas warm und zärtlich in ihm zu regen begann. Er hob die Hand und strich ihr übers Haar. Da zuckte sie zusammen, als hätte er sie aus einem Traum geweckt, und stellte sich kerzengerade vor ihn hin. »Ich danke dir, daß du gekommen bist!« sagte sie noch einmal. Sie war flammend rot im Gesicht geworden, und er errötete auch.

»Ja, so kommst du also morgen zu uns«, sagte er und streckte die Hand aus, um ihr Lebewohl zu sagen. – »Ich werde nie vergessen, daß du heute abend zu mir gekommen bist«, sagte Helga, und die große Dankbarkeit bekam die Oberhand über ihre Befangenheit. – »Ach ja, es ist vielleicht ganz gut, daß ich da war«, sagte er ruhig, fühlte sich aber doch recht zufrieden mit sich selbst. – »Jetzt gehst du doch ins Haus?« sagte er. – »Ja, jetzt werde ich wohl hineingehen.«

Gudmund hatte plötzlich eine solche Freude an Helga, wie man sie an einem hat, dem man hat helfen können. Er stand da und zauderte und wollte nicht gehen. »Ich möchte dich gern unter Dach und Fach sehen, bevor ich gehe.« – »Ich dachte, sie sollten sich lieber erst niederlegen, bevor ich hineingehe.« – »Nein, du mußt gleich gehen, damit du etwas zu essen kriegst und unter Dach kommst«, sagte er und fand es recht vergnüglich, so für sie zu sorgen. Sie ging sogleich auf die Hütte zu, und er kam mit, ganz zufrieden und stolz, daß sie ihm gehorchte. Als sie auf der Schwelle stand, sagten sie sich noch einmal Lebewohl. Aber kaum hatte er ein paar Schritte gemacht, als sie ihm nachkam. »Bleib hier draußen stehen, bis ich drinnen bin! Es geht leichter, wenn ich weiß, daß du draußen bist!« – »Ja«, sagte er, »ich werde hier bleiben, bis du das Ärgste überstanden hast.«

Nun öffnete Helga die Hüttentür, und Gudmund merkte, daß sie sie leicht angelehnt ließ. Gleichsam, damit sie sich nicht allzu abgetrennt von dem Helfer fühle, der dort draußen stand. Er machte sich auch kein Gewissen daraus, alles zu hören und zu sehen, was drinnen in der Hütte geschah.

Die Alten nickten Helga, als sie eintrat, freundlich zu. Die Mutter legte sogleich das Kind in die Wiege, ging dann zum Schrank und holte einen Laib Brot und eine Schale Milch und stellte sie auf den Tisch.

»Bist du da? Setz dich jetzt und iß«, sagte sie. Dann ging sie zum Herd und legte ein Stück Holz nach. »Ich habe das Feuer nicht ausgehen lassen, damit du dir die Kleider trocknen und dich erwärmen kannst, wenn du kommst. Aber iß jetzt zuerst! Das hast du wohl am nötigsten.«

Helga war die ganze Zeit an der Tür stehen geblieben. »Ihr sollt mich nicht so gut aufnehmen, Mutter«, sagte sie mit leiser Stimme. »Ich bekomme kein Geld von Per. Ich habe auf die Unterstützung verzichtet.« »Es ist heute abend schon jemand dagewesen, der bei dem Thing war und gehört hat, wie es dir ergangen ist«, sagte die Mutter. »Wir wissen alles.«

Helga blieb an der Tür stehen und machte, als wüßte sie weder aus noch ein.

Da legte der Vater die Arbeit nieder, schob die Brille auf die Stirn und räusperte sich, um eine Rede zu halten, die er den ganzen Abend überdacht hatte. »Es ist nämlich so, Helga«, sagte er: »Mutter und ich, wir wollten immer anständige und ehrliche Leute sein. Aber dann ist es uns vorgekommen, als ob du Unehre über uns gebracht hättest. Es war so, als hätten wir dich nicht gelehrt, zwischen Gut und Böse zu unterscheiden. Aber als wir nun hörten, was du heute getan hast, da sagten wir uns, Mutter und ich, daß die Leute jetzt doch sehen können, daß du eine ordentliche Erziehung genossen hast, und wir denken, daß wir vielleicht auch noch Freude an dir erleben können. Und Mutter wollte nicht, daß wir uns niederlegen, ehe du da bist, damit du doch eine ordentliche Heimkehr hast.«

III

Helga vom Moorhof kam jetzt nach Närlunda, und da ging alles gut. Sie war willig und anstellig und dankbar für jedes freundliche Wort, das man ihr sagte. Sie fühlte sich immer als die Geringste und wollte sich nie vordrängen. Es dauerte nicht lange, so hatten Herrschaft und Gesinde sie liebgewonnen.

In den ersten Tagen sah es aus, als fürchte sich Gudmund, mit Helga zu sprechen. Er hatte Angst, daß das Mädchen sich etwas einbilde, weil er ihr zu Hilfe gekommen war. Aber dies war eine unnötige Sorge. Helga hielt ihn für viel zu herrlich und hoch, als daß sie gewagt hätte, ihre Blicke zu ihm zu erheben. Und Gudmund merkte auch bald, daß er sie nicht fernzuhalten brauchte. Sie war vor ihm scheuer als vor irgend jemand.

In demselben Herbst, da Helga nach Närlunda kam, machte Gudmund viele Besuche bei der Familie des Amtmanns auf Älvåkra, und es wurde viel darüber gesprochen, daß er alle Aussicht hätte, dort im Hause Schwiegersohn zu werden. Volle Gewißheit, daß seine Werbung Erfolg hatte, erhielten die Leute jedoch erst zu Weihnachten. Da kam der Amtmann mit Frau und Tochter von Närlunda, und es war ganz klar, daß sie nur hierher gefahren waren, um zu sehen, wie es Hildur gehen würde, wenn sie sich mit Gudmund verheiratete.

Das war das erste Mal, daß Helga das Mädchen, welches Gudmund heimführen wollte, aus der Nähe sah. Hildur Erikstochter war noch nicht zwanzig Jahre, aber das Merkwürdigste an ihr war, daß niemand sie ansehen konnte, ohne zu denken, welche stattliche und prächtige Hausmutter einmal aus ihr werden würde. Sie war hochgewachsen, stark gebaut, blond und schön, und sah aus, als wenn sie gerne für viele um sich zu sorgen hätte. Sie war nie scheu oder verschüchtert, sondern sprach viel und schien alles besser zu wissen als der, mit dem sie sprach. Sie war ein paar Jahre in der Stadt zur Schule gegangen und trug die schönsten Kleider, die Helga je gesehen hatte, aber sie machte keinen eitlen oder prunkliebenden Eindruck. Reich und schön wie sie war, hätte sie wohl jeden Tag einen Mann von Stand heiraten können, aber sie sagte immer, sie wolle keine feine Dame werden und mit den Händen im Schoß dasitzen. Sie wollte einen Bauern heiraten und ihr Haus selbst versehen wie eine richtige Bäuerin.

Hildur erschien Helga als ein wahres Wunder. Nie hatte sie jemand gesehen, der so prächtig aufgetreten wäre. Sie hätte nicht geglaubt, daß ein Mensch in allen Stücken so vollkommen sein könnte. Und es deuchte sie ein großes Glück, einer solchen Frau zu dienen.

Bei dem Besuch der Amtmannsfamilie war alles gut abgelaufen; aber wenn Helga an den Tag zurückdachte, empfand sie eine gewisse Unruhe. Als die Fremden gekommen waren, war sie herumgegangen und hatte den Kaffee gereicht. Wie sie nun mit den Kannen hereinkam, hatte die Frau des Amtmanns sich zu ihrer Herrin vorgebeugt und sie gefragt, ob das nicht das Mädchen vom Moorhof sei. Sie hatte die Stimme nicht sehr gesenkt, so daß Helga die Frage deutlich hörte. Mutter Ingeborg hatte ja gesagt, und da hatte die andre etwas geantwortet, was Helga nicht hören konnte. Aber es war so etwas gewesen, als ob sie es wunderlich fände, daß sie eine solche Person im Hause dulde. Dies bereitete Helga sehr viel Kummer, aber sie suchte sich damit zu trösten, daß es die Mutter und nicht Hildur war, die diese Worte gesprochen hatte.

An einem Sonntag im Vorfrühling fügte es sich, daß Helga und Gudmund zusammen aus der Kirche kamen. Als sie über den Kirchenhügel wanderten, waren sie inmitten einer großen Schar von andern Kirchenbesuchern gegangen; aber bald bog einer nach dem andern ab, und schließlich waren Helga und Gudmund allein.

Da fiel es Gudmund ein, daß er seit jenem Abend auf dem Moorhof nicht mehr mit Helga allein gewesen war, und die Erinnerung daran kam nun in voller Stärke wieder. Recht oft während des Winters hatte er an ihre erste Begegnung gedacht und dabei immer gefühlt, wie etwas Süßes und Wohliges seinen Sinn durchbebte. Wenn er allein bei der Arbeit war, pflegte er sich die ganze schöne Nacht wieder zurückzurufen: den weißen Nebel, den starken Mondschein, die schwarze Waldeshöhe, das lichte Tal und dann das Mädchen, das die Arme um seinen Hals geschlungen und vor Freude geweint hatte. Je öfter er sich den Vorfall zurückrief, desto schöner wurde er. Aber wenn Gudmund Helga daheim unter den andern in Arbeit und Plage umhergehen sah, dann konnte er sich nur schwer vorstellen, daß sie mit dabei gewesen war. Jetzt aber, wo er allein mit ihr den Kirchenweg entlangging, konnte er es nicht lassen, sich zu wünschen, daß sie für ein Weilchen dieselbe wäre wie an jenem Abend.

Helga begann sogleich von Hildur zu sprechen. Sie rühmte sie sehr, sagte, daß sie das schönste und klügste Mädchen in der ganzen Umgegend sei, und beglückwünschte Gudmund dazu, daß er eine so ausgezeichnete Frau bekäme. »Du mußt ihr sagen, daß sie mich immer auf Närlunda bleiben läßt«, sagte sie. »Es wird so schön sein, unter einer solchen Frau zu dienen.« Gudmund lächelte über ihren Eifer, gab ihr jedoch nur einsilbige Antworten, als wären seine Gedanken nicht recht dabei. Aber es war ja recht, daß ihr Hildur so gut gefiel und daß sie sich über seine Heirat so freute.

»Du bist diesen Winter doch gern bei uns gewesen?« fragte er. – »Ja gewiß. Ich kann gar nicht sagen, wie gut Mutter Ingeborg und ihr alle gegen mich wart.« – »Hast du dich nach dem Walde gesehnt?« – »Ach ja, anfangs wohl, aber jetzt nicht mehr.« – »Ich glaubte, wer im Wald daheim ist, kann es nicht lassen, sich hinzusehnen.«

Helga wendete sich halb um und sah ihn an, der auf der andern Seite des Weges ging. Gudmund war ihr in letzter Zeit ganz fremd geworden, aber jetzt lag etwas in seinem Tonfall und seinem Lächeln, das sie wiedererkannte. Ja, er war doch derselbe, der in ihrer höchsten Not gekommen war und sie gerettet hatte. Obgleich er sich mit einer andern verheiraten wollte, war sie dessen gewiß, daß er ihr ein guter Freund und getreuer Helfer bleiben würde.

Es wurde ihr so leicht ums Herz; sie fühlte, daß sie Vertrauen zu ihm haben könnte wie zu keinem andern, und es war ihr, als müßte sie ihm alles erzählen, was ihr geschehen war, seit sie zuletzt miteinander gesprochen hatten. »Ich will dir sagen, daß ich in den ersten Wochen auf Närlunda eine recht schwere Zeit hatte«, begann sie. »Aber du darfst es Mutter Ingeborg nicht wiedererzählen.« – »Wenn du willst, daß ich schweigen soll, so schweige ich.« – »Denk dir nur, daß ich anfangs so furchtbares Heimweh hatte! Ich war drauf und dran, wieder in den Wald hinaufzulaufen.« – »Du hattest Heimweh? Ich glaubte, du wärst froh, bei uns zu sein.« – »Ich konnte nichts dafür«, sagte sie entschuldigend. »Ich sah wohl ein, welches Glück es für mich war, hier sein zu dürfen. Ihr wart alle so freundlich gegen mich, und die Arbeit war nicht zu schwer; aber ich sehnte mich doch. Irgend etwas zog und lockte und wollte mich in den Wald zurückführen. Es war mir, als verriete ich einen, der ein Recht auf mich hatte, wenn ich unten im Tale blieb.« – »Das war vielleicht …« begann Gudmund, aber er hielt mitten im Satz inne. – »Nein, es war nicht der Kleine, nach dem ich mich sehnte. Ich wußte ja, daß es ihm gut ging und daß Mutter freundlich zu ihm war. Es war nichts Bestimmtes. Ich hatte das Gefühl, als wäre ich ein wilder Vogel, den man in einen Käfig gesperrt hat, und ich glaubte, ich müßte sterben, wenn man mich nicht losließ.«

»Nein, daß es dir so schlecht ging!« sagte Gudmund, und dabei lächelte er; denn jetzt kam es ihm mit einem Male vor, als ob er sie erst wiedererkennte. Jetzt war es, als läge nichts zwischen ihnen, sondern als hätten sie sich erst am vorigen Abend oben auf dem Moorhof voneinander getrennt. Helga lächelte wieder, sie fuhr jedoch fort, von ihrer Qual zu sprechen. »Keine Nacht schlief ich«, sagte sie; »kaum hatte ich mich niedergelegt, so begannen die Tränen zu fließen, und wenn ich am Morgen aufstand, war das Kopfkissen ganz naß. Am Tag, wenn ich unter euch andern herumging, konnte ich das Weinen unterdrücken; aber sowie ich allein war, schossen mir die Tränen in die Augen.«

»Du hast schon viel geweint in deinem Leben«, sagte Gudmund, aber er sah gar nicht mitleidig aus, als er diese Bemerkung machte. Helga war es, als ob er die ganze Zeit mit einem unterdrückten Lachen einherginge. – »Du kannst dir gar nicht denken, wie schlecht es mir ging«, sagte sie und sprach immer lebhafter, in dem Bestreben, sich ihm verständlich zu machen. »Es kam eine Sehnsucht über mich, die mich von mir selbst forttrug. Keinen Augenblick konnte ich mich glücklich fühlen. Nichts war schön, nichts war vergnüglich, keinen Menschen konnte ich liebgewinnen. Ihr wart mir alle ebenso fremd wie an dem Tag, als ich zum ersten Male in die Stube trat.«

»Aber«, verwunderte sich Gudmund, »sagtest du nicht eben, daß du bei uns bleiben willst?« – »Ja, gewiß sagte ich das.« – »Du sehnst dich also jetzt nicht mehr?« – »Nein, es ist vorübergegangen. Ich bin geheilt. Warte nur, du wirst schon hören!«

Als sie dies sagte, kreuzte Gudmund quer über den Weg und ging an ihrer Seite weiter. Die ganze Zeit lächelte er. Es schien ihm Freude zu machen, sie reden zu hören; aber er legte dem, was sie erzählte, wohl nicht viel Gewicht bei. So allmählich kam Helga in dieselbe Stimmung. Es schien ihr, als ob alles leicht und hell würde. Der Weg von der Kirche war lang und beschwerlich zu gehen; aber an diesem Tage wurde sie nicht müde. Irgend etwas schien sie zu tragen. Sie fuhr fort zu erzählen, weil sie einmal begonnen hatte; aber es war nicht mehr so wichtig für sie, sich auszusprechen. Sie hätte ebenso vergnügt sein können, wenn sie stumm neben ihm einhergegangen wäre.

»Als ich am allerunglücklichsten war, bat ich Mutter Ingeborg eines Samstagabends, mir zu erlauben, nach Hause zu gehen und über den Sonntag daheim zu bleiben. Und als ich an diesem Abend die Hügel zum Moor hinaufwanderte, glaubte ich felsenfest, daß ich nie mehr nach Närlunda zurückkommen würde. Aber daheim waren Vater und Mutter so froh, daß ich eine Stelle in einem so angesehenen Hause hatte, daß ich es nicht übers Herz brachte, ihnen zu sagen, ich hielte es nicht aus, bei euch zu bleiben. Sobald ich in den Wald hinaufkam, war auch alle Angst und Qual rein verschwunden. Und es schien mir, als ob das Ganze nur eine Einbildung gewesen wäre. Und dann war es so schwer mit dem Kind. Mutter hatte sich seiner angenommen und es zu dem ihren gemacht. Es gehörte mir nicht mehr. Und es war so gut, daß es so war; aber es fiel mir doch schwer, mich daran zu gewöhnen.« »Vielleicht fingst du nun gar an, dich zu uns hinunter zu sehnen?« warf Gudmund hin. – »Ach, nein. Als ich am Montagmorgen erwachte und daran dachte, daß ich jetzt gehen müßte, kam die Sehnsucht wieder über mich. Ich lag da und weinte und ängstigte mich, denn das einzige Rechte und Richtige war doch, daß ich im Dienste blieb; aber ich hatte das Gefühl, als müßte ich krank werden oder den Verstand verlieren, wenn ich zurückkehrte. Aber da fiel mir plötzlich ein, was ich einmal gehört hatte: Wenn man ein wenig Asche aus dem Herd in seinem Hause nimmt und sie dann auf den Herd im fremden Hause streut, dann wird man von seiner Sehnsucht befreit.« – »Na, das ist ein Heilmittel, das leicht anzuwenden ist«, sagte Gudmund. – »Ja, wenn es damit nur nicht die Bewandtnis hätte, daß man sich nachher nirgendwo anders heimisch fühlen kann. Geht man von dem Hause weg, in das man die Asche getragen hat, dann sehnt man sich ebensosehr dorthin zurück, als man sich früher von dort weggesehnt hat.« – »Kann man die Asche nicht wieder dorthin mitnehmen, wohin man geht?« – »Nein, das kann man nur einmal im Leben tun. Dann gibt es keine Umkehr. Und darum ist es ja sehr gefährlich, so etwas zu versuchen.«

»Ich hätte nie so etwas gewagt«, sagte Gudmund, und sie hörte sehr wohl, daß er sie nur neckte. – »Ich hab' es doch gewagt«, sagte Helga. »Es war besser, als vor Mutter Ingeborg und dir, die mir helfen wollten, als undankbar dazustehen. Ich nahm ein klein wenig Asche von daheim mit, und wie ich nach Närlunda zurückkam, benutzte ich einen Augenblick, wo niemand in der Stube war, und streute sie auf die Herdplatte.«

»Und jetzt glaubst du, daß die Asche dir geholfen hat?« – »Warte, du wirst schon hören, wie es kam! Ich ging gleich an meine Arbeit und dachte den ganzen Tag nicht mehr an die Asche. Ich sehnte mich ebenso heftig wie früher, und alles war mir ebenso zuwider wie immer. Es war an diesem Tage sehr viel drinnen und draußen zu tun; und als ich am Abend im Stalle fertig war und ins Haus ging, war auf dem Herd schon das Feuer angezündet.« »Jetzt bin ich aber wirklich begierig zu hören, wie es kam«, sagte Gudmund. – »Ja, denke nur, schon als ich über den Hof ging, kam es mir vor, als ob im Feuerschein etwas

Wohlbekanntes wäre, und als ich die Tür öffnete, da hatte ich das Gefühl, daß ich in unsre eigene Stube kam und daß Vater und Mutter am Feuer saßen. Ja, dies flog nur an mir vorbei wie ein Traum. Aber als ich wirklich hineinkam, da war ich ganz erstaunt, wie schön und traulich es in der Stube war. Nie hatten Mutter Ingeborg und ihr andern so freundlich ausgesehen wie an diesem Abend, als ihr da im Feuerschein saßet. Es war ein köstliches Gefühl hereinzukommen, und das war sonst nie so gewesen. Ich war so erstaunt, daß ich fast laut aufgeschrien und in die Hände geklatscht hätte. Es schien mir, als ob ihr wie verwandelt wäret. Ihr wart mir nicht mehr fremd, sondern ich konnte mit euch über alles reden.

Du kannst dir denken, daß ich mich freute; aber dabei mußte ich mich doch immer wieder wundern. Ich fragte mich, ob ich denn verhext wäre, und sieh, da fiel mir plötzlich die Asche ein, die ich auf die Herdplatte gestreut hatte.«

»Ja, das ist seltsam«, sagte Gudmund. Er glaubte nicht im geringsten an Zauber und Hexerei; aber es mißfiel ihm nicht, Helga von solchen Dingen sprechen zu hören. »Jetzt ist doch die tolle Walddirne wieder zum Vorschein gekommen«, dachte er. »Kann man begreifen, daß jemand, der so viel durchgemacht hat wie sie, noch so kindisch ist?«

»Ja, gewiß war es seltsam«, sagte Helga. »Und dasselbe hat sich den ganzen Winter hindurch wiederholt. Sowie das Feuer im Herd brannte, war es mir ebenso behaglich, als wenn ich daheim gewesen wäre. Aber es ist auch etwas Seltsames mit dem Feuer. Nicht mit anderm Feuer vielleicht, aber mit Feuer, das auf einem Herde brennt und um das sich alle Hausgenossen Abend für Abend versammeln. Das wird, möcht' man sagen, so vertraut mit einem. Es spielt und tanzt vor einem und prasselt, und manchmal ist es mürrisch und schlechter Laune. Es ist, als läge es in seiner Macht, Traulichkeit oder Unbehagen zu verbreiten. Und nun war es mir, als wäre das Feuer von daheim zu mir gekommen und als gäbe es allem hier denselben traulichen Schein wie daheim.«

»Aber wenn du nun gezwungen wärest, aus Närlunda fortzugehen?« sagte Gudmund. – »Dann muß ich mich all mein Lebtag danach sehnen«, erwiderte sie, und man hörte an ihrer Stimme, daß sie dies im tiefsten Ernst sagte. – »Ja, ich werde gewiß nicht der sein, der dich vertreibt«, sagte Gudmund; und obgleich er lachte, lag etwas Warmes in seinem Ton. – Dann begannen sie kein neues Gespräch, sondern wanderten stumm bis zum Bauernhofe. Gudmund wendete zuweilen den Kopf und sah sie an, die neben ihm ging. Sie schien sich von der schweren Zeit, die sie im vorigen Jahr durchgemacht hatte, erholt zu haben. Jetzt hatte sie etwas Frisches und Rosiges. Die Züge waren klein und rein, das Haar umgab den Kopf wie ein Heiligenschein, und aus den Augen konnte man nicht recht klug werden. Sie ging flink und leicht. Wenn sie sprach, kamen die Worte rasch hervor, aber dennoch scheu. Sie hatte immer Angst, verlacht zu werden, doch mußte sie heraussagen, was sie auf dem Herzen hatte.

Gudmund fragte sich, ob er sich wünsche, daß Hildur so wäre; aber das wollte er doch nicht. Diese Helga war nichts zum Heiraten. –

Ein paar Wochen später erfuhr Helga, daß sie im April von Närlunda fort müsse, weil Hildur Erikstochter nicht mit ihr unter einem Dache hausen wollte. Ihre Herrschaft sagte ihr das nicht geradeheraus. Aber Mutter Ingeborg begann davon zu sprechen, sie würden an ihrer neuen Schwiegertochter so viel Hilfe haben, daß sie sich nicht so viele Dienstleute zu halten brauchten. Ein andermal sagte sie wieder, sie habe von einer guten Stelle gehört, wo es Helga viel besser gehen würde als bei ihnen.

Helga brauchte nicht mehr zu hören: Sie verstand, daß sie fort müsse, und erklärte sogleich, daß sie gehen wolle; aber eine andre Stelle wolle sie nicht annehmen, sondern sie kehre nach Hause zurück.

Man merkte wohl, daß sie auf Närlunda Helga nicht aus freiem Willen kündigten.

Am Abschiedstage war so viel Essen aufgetischt, daß es ein förmlicher Schmaus war, und Mutter Ingeborg steckte ihr eine solche Menge Kleider und Schuhe zu, daß sie, die nur mit einem Bündel unter dem Arm gekommen war, ihre Besitztümer jetzt kaum in einer Kiste unterbringen konnte.

»Ich bekomme nie wieder eine so gute Magd wie dich in mein Haus«, sagte Mutter Ingeborg. »Und denke nun nicht zu schlecht von mir, weil ich dich ziehen lasse! Du weißt wohl, daß es nicht mit meinem Willen geschieht. Ich werde dich nicht vergessen. Solange ich noch Macht habe, wirst du keine Not leiden müssen.«

Sie machte mit Helga ab, daß sie ihr Laken und Handtücher weben solle. Und sie gab ihr Arbeit für mindestens ein halbes Jahr.

Am Abschiedstage stand Gudmund im Schuppen und hackte Holz. Er kam nicht herein, ihr Lebewohl zu sagen, obgleich das Pferd schon vor der Tür stand. Er schien so vertieft zu sein in seine Arbeit, daß er gar nicht merkte, was vorging. Sie mußte hinausgehen, um ihm Lebewohl zu sagen.

Er legte die Axt hin, gab Helga die Hand, sagte etwas hastig: »Ich danke dir für all die Zeit!« und begann dann wieder zu arbeiten. Helga hatte sagen wollen, sie sähe ein, daß es unmöglich für ihn sei, sie zu behalten, und daß alles ihre eigne Schuld sei. Sie selbst hätte es so für sich eingerichtet. Aber Gudmund schlug zu, daß die Späne rings um ihn flogen, und da konnte sie sich nicht entschließen, etwas zu sagen.

Aber das Merkwürdigste an der ganzen Sache war, daß der Bauer selbst, der alte Erland Erlandsson, Helga zum Moorhof hinauffuhr.

Gudmunds Vater war ein kleines, trocknes Männchen mit kahlem Scheitel und schönen, klugen Augen. Er war so verschlossen und schweigsam, daß er zuweilen den ganzen Tag kein Wort sprach. Solange alles ging, wie es gehen sollte, bemerkte man ihn gar nicht. Aber wenn etwas nicht klappte, dann kam er immer und sagte und tat, was gesagt und getan werden mußte, um alles wieder in Ordnung zu bringen. Er war sehr geschickt im Rechnungführen und genoß unter den Männern des Kirchspiels großes Vertrauen. Er bekam auch alle möglichen kommunalen

Aufträge und war angesehener als so mancher, der einen schönen Hof und großen Reichtum besaß.

Erland Erlandsson also fuhr Helga auf dem schlechten Wege heim und ließ nicht zu, daß sie bei irgendeiner steilen Stelle ausstieg. Als sie auf dem Moorhof angelangt waren, saß er lange in der Hütte und sprach mit Helgas Eltern und erzählte ihnen, wie zufrieden er und Mutter Ingeborg mit ihr gewesen waren. Nur weil sie jetzt nicht mehr so viele Dienstleute brauchten, müßten sie sie nach Hause schicken. Sie hätte gehen müssen, weil sie die Jüngste wäre. Sie hätten es unrecht gefunden, jemand fortzuschicken, der schon lange bei ihnen diente.

Erland Erlandssons Rede machte einen guten Eindruck, und die Eltern bereiteten Helga einen freundlichen Empfang. Als sie dazu noch hörten, sie hätte so große Bestellungen erhalten, daß sie sich mit ihrer Weberei das Brot verdienen könne, waren sie es recht zufrieden, daß sie nun daheim blieb.

IV

Gudmund kam es vor, als ob er Hildur Erikstochter bis zu dem Tage geliebt hätte, an dem sie ihm das Versprechen abgezwungen, daß Helga aus Närlunda fort sollte. Wenigstens hatte es bis dahin niemand gegeben, den er mehr bewundert und geachtet hätte. Kein junges Mädchen schien ihm Hildur an die Seite gestellt werden zu können, und er war sehr stolz darauf gewesen, daß er sie gewonnen hatte. Es war ihm auch ein lieber Gedanke, sich die Zukunft mit ihr zusammen vorzustellen. Sie würden reich und angesehen sein, und er hatte das sichere Gefühl, daß es sich in dem Heim, wo Hildur das Regiment führte, gut leben lassen müßte. Er dachte auch gern daran, daß er viel Geld haben würde, wenn er mit ihr verheiratet wäre. Er könnte seine Wirtschaft verbessern, könnte alle verfallnen Hütten wieder aufbauen und den Hof erweitern, so daß er ein richtiger Großbauer würde.

An demselben Sonntag, da er mit Helga von der Kirche heimging, war er abends nach Älvåkra gefahren. Da hatte Hildur angefangen, von Helga zu sprechen und hatte gesagt, daß sie nicht nach Närlunda kommen wolle, ehe die Dirne von dort fort sei. Gudmund versuchte zuerst, das Ganze als einen Scherz fortzulachen. Aber es zeigte sich bald, daß es Hildur ernst war. Gudmund führte Helgas Sache sehr beredt; er sagte, sie sei noch so jung gewesen, als sie in den Dienst geschickt wurde, da sei es nicht zu verwundern, daß sie ins Unglück gekommen wäre, wo sie an einen so schlechten Menschen geraten war wie Per Martensson. Aber seit seine Mutter sich ihrer angenommen, hätte sie sich immer gut betragen. »Es kann nicht recht sein, sie wieder hinauszustoßen«, sagte er. »Da könnte sie ja wieder ins Elend kommen.«

Aber Hildur hatte nicht nachgeben wollen. »Wenn das Mädel auf Närlunda bleibt, so komme ich nie hin«, sagte sie. »Ich kann eine solche Person in meinem Hause nicht dulden.« – »Du weißt nicht, was du tust«, sagte Gudmund. »Niemand hat Mutter noch so gut gepflegt wie Helga. Wir sind alle froh, daß sie zu uns gekommen ist; früher war Mutter oft verdrießlich und schlechter Laune.« – »Ich zwinge dich ja nicht, sie fortzuschicken«, sagte Hildur, aber man merkte: Sie war, wenn Gudmund ihr in dieser Sache nicht den Willen täte, entschlossen, die Heirat aufzugeben. – »Nein, es soll so sein, wie du willst«, sagte Gudmund schließlich. Er fand, daß er Helgas wegen doch nicht seine ganze Zukunft aufs Spiel setzen könnte. Aber er sah sehr blaß aus, als er so nachgab, und war den ganzen Abend schweigsam und verstimmt.

Diese Sache nun ließ Gudmund befürchten, daß Hildur vielleicht nicht ganz so sei, wie er sie sich vorgestellt hatte. Es gefiel ihm nicht, daß sie ihren Willen über den seinen gesetzt hatte; aber das Schlimmste war: Er konnte sich nicht verhehlen, daß sie im Unrecht war. Er sagte sich, daß er ihr gern nachgegeben hätte, wenn sie sich großherzig gezeigt haben würde; aber nun schien es ihm, daß sie nur kleinlich und herzlos gewesen wäre.

Jedesmal von da an, wenn Gudmund Hildur traf, saß er und suchte und spähte, ob das, was er in ihr zu finden geglaubt hatte, sich wieder zeigen würde. Nun, da sein Mißtrauen einmal geweckt war, dauerte es nicht lange, und er fand manches, was nicht so war, wie er es sich gewünscht hätte. »Sie ist wohl so eine, die zuallererst an sich selbst denkt«, murmelte er jedesmal, wenn er sich von ihr trennte, und er fragte sich, wie lange wohl ihre Liebe zu ihm standhalten würde, wenn man sie auf die Probe stellte. Er suchte sich damit zu trösten, daß alle Menschen zuerst an sich selbst dächten; aber sogleich fiel ihm Helga ein. Er sah sie vor sich, wie sie im Thingsaal gestanden und die Bibel an sich gerissen hatte, er hörte, wie sie rief: »Ich will die Klage zurückziehen. Ich hab' ihn noch lieb. Ich will nicht, daß er falsch schwört.« So hätte er sich Hildur gewünscht. Helga war ihm ein Maß geworden, nach dem er die Menschen beurteilte – wahrlich, es gab nicht viele, die ein so liebevolles Herz hatten.

Von Tag zu Tag gefiel ihm Hildur weniger; aber er kam nie auf den Gedanken, daß er von der Heirat abstehen könnte. Er suchte sich einzureden, daß sein Mißmut nichts andres sei als leere Grillen. Vor einigen Wochen erst hatte er sie ja für die Beste gehalten, die es gäbe.

Wäre er noch am Anfang seiner Werbung gewesen, dann hätte er sich vielleicht zurückgezogen. Aber jetzt waren sie schon aufgeboten, der Hochzeitstag war bestimmt, und bei ihm daheim hatten sie bereits große Ausbesserungen in Angriff genommen. Er wollte auch den Reichtum und die gute Stellung, die ihn erwarteten, nicht preisgeben. Und welchen Grund hätte er für einen Bruch anzuführen vermocht? Was er gegen Hildur einzuwenden hatte, war so unbedeutend, daß es sich auf seinen Lippen in Luft verwandeln würde, wenn er versuchen wollte, es auszusprechen.

Aber das Herz war ihm oft schwer, und jedesmal, wenn er im Kirchdorf oder in der Stadt etwas zu besorgen hatte, ließ er sich Bier oder Wein geben, um sich eine gute Laune anzutrinken. Wenn er ein paar Flaschen geleert hatte, war er wieder stolz auf die Heirat und zufrieden mit Hildur. Dann begriff er gar nicht, was ihn eigentlich quälte.

Gudmund dachte oft an Helga und empfand Sehnsucht, sie zu treffen. Aber er glaubte, daß Helga ihn für einen schlechten Kerl halte, weil er dem Versprechen, das er ihr freiwillig gegeben hatte, untreu geworden war und sie hatte ziehen lassen. Er konnte es ihr weder erklären noch sich rechtfertigen, und darum vermied er es, mit ihr zusammenzutreffen.

Doch eines Morgens, als Gudmund gerade über die Straße ging, begegnete er Helga, die im Tal gewesen war, Milch zu kaufen. Gudmund kehrte um und schloß sich ihr an. Sie schien über seine Gesellschaft nicht gerade erfreut zu sein, sondern schritt rasch aus, als wolle sie von ihm fortkommen, und sagte kein Wort. Auch Gudmund schwieg, weil er nicht recht wußte, wie er ein Gespräch einleiten solle.

Da kam vom andern Ende der Straße ein Gefährt heran. Gudmund ging in Gedanken versunken und bemerkte es nicht, aber Helga hatte es gesehen und wendete sich nun plötzlich zu ihm. »Es hat keinen Zweck, daß du mit mir weitergehst, Gudmund; denn wenn ich recht sehe, kommen da Amtmanns aus Älvåkra gefahren.« Gudmund sah rasch auf, erkannte Pferd und Wagen und machte eine Bewegung, als ob er umkehren wolle. Im nächsten Augenblick jedoch richtete er sich auf und ging ruhig an Helgas Seite weiter wie zuvor; und sie trennten sich, ohne daß er ihr ein Wort gesagt hatte. Aber an diesem ganzen Tage war er zufriedener mit sich selbst, als er seit langem gewesen war.

V

Es war bestimmt, daß Gudmunds und Hildurs Hochzeit am zweiten Pfingstfeiertag auf Älvåkra gefeiert werden sollte. Am Freitag vor Pfingsten fuhr Gudmund in die Stadt, einige Einkäufe für einen Begrüßungsschmaus zu machen, der am Tage nach der Hochzeit auf Närlunda stattfinden sollte. In der Stadt traf er mit einigen andern jungen Burschen aus seinem Kirchspiel zusammen. Sie wußten, daß dies Gudmunds letzter Stadtbesuch vor der Hochzeit war, und nahmen dies zum Anlaß, ein großes Trinkgelage zu veranstalten. Alle legten es darauf an, daß Gudmund trinke, und es gelang ihnen schließlich, ihn ganz bewußtlos zu machen.

Am Samstag morgen kam er so spät nach Hause, daß sein Vater und der Knecht schon zu ihrer Arbeit gegangen waren, und er schlief bis tief in den Nachmittag. Als er aufstand und sich anziehen wollte, sah er, daß sein Rock an mehreren Stellen zerrissen war. »Das sieht ja aus, als wenn ich heute nacht eine Schlägerei gehabt hätte«, sagte er und versuchte, sich zu besinnen, was geschehen wäre, erinnerte sich jedoch nur, daß er gegen elf Uhr in Gesellschaft der andern aus dem Wirtshaus gegangen war, aber wohin sie sich dann begeben hätten, das konnte er sich nicht zurückrufen. Es war, als versuchte er, in eine große Dunkelheit hineinzustarren. Er wußte nicht, ob sie sich nur auf den Straßen herumgetrieben hätten oder ob sie noch irgendwo eingekehrt wären. Er konnte sich auch nicht erinnern, ob er selbst oder irgendein andrer sein Pferd eingespannt hätte, und er hatte gar keine Erinnerung an die Heimfahrt.

Als er in die Wohnstube trat, war sie der Feiertage wegen gescheuert und gefegt. Alle Arbeit war beendigt, und das Hausgesinde trank Kaffee. Niemand sagte etwas über Gudmunds Ausbleiben. Es schien ein stillschweigendes Übereinkommen zu sein, daß er in diesen letzten Wochen die Freiheit haben solle, so zu leben, wie es ihm behagte.

Gudmund setzte sich an den Tisch und bekam seinen Kaffee wie die andern. Während er so dasaß und ihn aus der Schale in die Untertasse und dann wieder in die Schale goß, um ihn abkühlen zu lassen, wurde Mutter Ingeborg mit dem ihren fertig; sie nahm die Zeitung zur Hand, die eben gekommen war, und begann zu lesen. Sie las Spalte für Spalte vor, und Gudmund, der Vater und die andern saßen da und hörten zu.

Unter anderm las sie einen Bericht vor über eine Schlägerei, die in der vorhergehenden Nacht auf dem großen Marktplatz zwischen einer Schar betrunkener Bauern und einigen Arbeitern stattgefunden hatte. Sobald die Polizei sich zeigte, waren die Streitenden entflohen; nur einer von ihnen hatte leblos auf dem Marktplatz gelegen. Man trug den Gefallenen auf die Polizeistation, und da man keine äußere Verletzung an ihm entdecken konnte, begann man Belebungsversuche zu machen. Alle Bemühungen waren jedoch vergebens, und schließlich entdeckte man, daß eine Messerklinge in seinem Kopfe stak. Es war die Klinge eines ungewöhnlich großen Taschenmessers, die durch die Hirnschale ins Gehirn eingedrungen und dicht am Kopfe abgebrochen war. Der Mörder war mit dem Messerschaft entflohen, aber da die Polizei die Leute, die an der Schlägerei beteiligt waren, genau kannte, bestand die Hoffnung, man würde ihn bald finden.

Während Mutter Ingeborg dies las, stellte Gudmund die Kaffeetasse hin, fuhr mit der Hand in die Tasche, zog sein Messer hervor und warf einen gleichgültigen Blick darauf. Aber mit einem Male zuckte er zusammen, drehte das Messer um und steckte es dann so hastig in die Tasche, als hätte er sich daran verbrannt. Er rührte den Kaffee nicht mehr an, sondern blieb lange ganz still mit einem nachdenklichen Ausdruck sitzen. Seine Stirn legte sich in tiefe Falten. Es war deutlich zu sehen, daß er mit aller Macht versuchte, sich über etwas klar zu werden.

Endlich stand er auf, streckte sich, gähnte und ging langsam auf die Tür zu. »Ich muß mir ein bißchen Bewegung machen. Ich bin den ganzen Tag nicht aus dem Hause gewesen«, sagte er und verließ das Zimmer. Ungefähr gleichzeitig erhob sich auch Erland Erlandsson. Er hatte seine Pfeife ausgeraucht und ging nun in die Kammer, um sich neuen Tabak zu holen. Als er da drinnen stand und die Pfeife stopfte, sah er Gudmund vorübergehen. Die Fenster der Kammer gingen nicht auf den Hof, wie die der Wohnstube, sondern auf ein kleines Gärtchen, in dem ein paar hohe Apfelbäume standen. Unterhalb des Gärtchens lag ein Sumpfland, wo um die Frühlingszeit große Wasserpfützen waren, die aber im Sommer fast ganz austrockneten. Dahin pflegte selten jemand zu gehen. Erland Erlandsson fragte sich, was

Gudmund da wohl zu suchen habe, und folgte ihm mit den Blikken. Da sah er, wie der Sohn die Hand in die Tasche steckte, einen Gegenstand herauszog und ihn in den Morast warf. Dann ging er durch das kleine Gärtchen, sprang über einen Zaun und entfernte sich in der Richtung nach der Straße.

Sowie der Sohn außer Sehweite war, verließ Erland ebenfalls das Haus und begab sich an den Morast. Hier watete er in den Schlamm hinaus, beugte sich zu Boden und hob etwas auf, woran er mit dem Fuß gestoßen war. Es war ein großes Taschenmesser, dessen größte Klinge abgebrochen war. Er drehte es nach allen Seiten und besah es genau, während er noch immer im Wasser stand. Dann steckte er es in die Tasche, zog es aber noch ein paarmal heraus und betrachtete es prüfend, ehe er wieder ins Haus zurückging.

Gudmund kam erst heim, als sich alle schon niedergelegt hatten. Er ging zu Bett, ohne das Abendbrot zu berühren, das in der Wohnstube aufgetischt stand. Erland Erlandsson und sein Weib schliefen in der Kammer. Um das Morgengrauen glaubte Erland Schritte vor dem Fenster zu hören. Er stand auf, zog die Gardinen zurück und sah, daß Gudmund zum Morast hinunterging. Dort legte er Strümpfe und Schuhe ab, ging ins Wasser hinaus und wanderte hin und her, wie einer, der etwas sucht. Das tat er lange, dann ging er wieder an das Ufer, als wollte er seiner Wege gehen, kehrte aber bald um und suchte weiter. Eine ganze Stunde stand der Vater da und sah ihm zu, dann begab sich Gudmund ins Haus und legte sich wieder schlafen.

Am Pfingsttag sollte Gudmund zur Kirche fahren. Als er das Pferd einzuspannen begann, kam der Vater über den Hof. »Du hast vergessen, das Geschirr zu putzen«, sagte er, als er vorbeiging. Denn Geschirr und Wagen waren schmutzig und ungescheuert. – »Ich hab' an andre Dinge zu denken gehabt«, sagte Gudmund mürrisch und fuhr davon, ohne etwas dergleichen zu tun.

Nach dem Gottesdienst begleitete Gudmund seine Braut nach Älvåkra und blieb den ganzen Tag dort. Es kam eine Menge jungen Volkes zusammen, um Hildurs letzten Jungfernabend zu feiern, und man tanzte bis tief in die Nacht hinein. Es gab auch viel zu trinken, aber Gudmund rührte nichts an. Den ganzen Abend sprach er kaum ein Wort zu irgend jemand, aber er tanzte wild und lachte zuweilen laut und schrill auf, ohne daß jemand wußte, worüber.

Gudmund kam nicht vor zwei Uhr nach Hause, und sobald er das Pferd in den Stall geführt hatte, ging er zu dem Sumpf hinter dem Hause. Er streifte die Schuhe ab, krempelte die Hosen hinauf und watete ins Wasser. Es war eine helle Sommernacht, und der Vater stand in dem Kämmerchen hinter der Gardine und sah dem Sohne zu. Er sah, wie er tief über das Wasser gebeugt einherging und suchte wie in der Nacht zuvor. Von Zeit zu Zeit ging er wieder an das Ufer, so als verzweifelte er, etwas zu finden, aber nach einer Weile watete er wieder in das Wasser hinaus. Einmal ging er in den Stall und holte einen Eimer und begann, Wasser aus den kleinen Pfützen zu schöpfen, als wollte er sie trockenlegen, aber fand es sicherlich zwecklos und stellte den Eimer wieder weg. Er versuchte es auch mit einem Sieb. Er durchsuchte den ganzen Sumpf damit, schien aber nichts andres heraufzubekommen als Schlamm. Erst um die Morgenstunde kam er herein, als die Leute im Hause sich schon zu rühren begannen. Da war er so müde und übernächtigt, daß er im Gehen schwankte, und warf sich aufs Bett, ohne die Kleider abzulegen.

Als die Uhr acht schlug, kam der Vater und weckte ihn. Gudmund lag auf dem Bett, die Kleider voll Schlamm und Lehm; aber der Vater fragte nicht, was er angestellt habe, sondern sagte nur, es sei jetzt Zeit aufzustehen, und schloß die Tür. Nach einer Weile kam Gudmund in die Wohnstube herunter, mit den feinen Hochzeitskleidern angetan. Er war bleich, und die Augen brannten in unruhigem Glanz, aber niemand hatte ihn je so schön gesehen. Die Züge waren wie von einem inneren Schein verklärt. Man glaubte einen Menschen zu sehen, der nicht mehr aus Fleisch und Blut bestünde, sondern nur noch aus Wille und Seele.

Unten in der Wohnstube sah es festlich aus. Die Mutter hatte ihr schwarzes Kleid angelegt und einen schönen Seidenschal über die Schultern gehängt, obgleich sie nicht zur Hochzeit fahren wollte. Auch alle Dienstleute waren in ihren besten Kleidern. Über dem Herde stak frisches Birkenlaub, auf dem Tische lag eine schöne Decke, und viele Schüsseln standen darauf. Als sie gegessen hatten, las Mutter Ingeborg einen Psalm und ein Stück aus der Bibel vor. Dann wendete sie sich an Gudmund, dankte ihm, weil er ihr ein guter Sohn gewesen war, wünschte ihm Glück für sein zukünftiges Leben und gab ihm ihren Segen. Mutter Ingeborg wußte ihre Worte gut zu setzen, und Gudmund war sehr gerührt. Immer wieder traten ihm die Tränen in die Augen, aber es gelang ihm doch, das Weinen zu unterdrücken. Auch der Vater sprach ein paar Worte. »Es wird schwer für deine Eltern sein, dich zu verlieren«, sagte er, und Gudmund war wieder nahe daran, in Schluchzen auszubrechen. Auch alle Dienstleute traten vor, schüttelten ihm die Hand und dankten ihm für die Zeit, die nun zu Ende war. Beständig hingen Gudmund die Tränen in den Wimpern. Er räusperte sich und machte ein paar Versuche zu sprechen, doch brachte er kaum ein Wort über die Lippen.

Der Vater sollte ihn in das Haus der Braut begleiten und der Hochzeit beiwohnen. Er ging in den Hof, spannte das Pferd ein und kam dann wieder, um zu sagen, daß es Zeit sei, sich auf den Weg zu machen. Als Gudmund sich in den Wagen setzte, merkte er, daß alles so spiegelblank war, wie er es selbst immer gern gehabt hatte. Zugleich sah er auch, wie fein der Hof herausgeputzt war; der Zufahrtsweg war frisch beschottert; alte Holzhaufen und andres Gerümpel, das zeit seines Lebens dort gelegen, waren fortgeschafft. Zu beiden Seiten der Eingangstür standen ein paar abgehauene Birken als Triumphpforte, an der Wetterfahne hing ein großer Blumenkranz, und aus allen Fensterluken guckten lichtgrüne Birkenreiser. Wieder war Gudmund nahe daran, in Tränen auszubrechen. Er drückte dem Vater, der eben das Pferd in Gang setzen wollte, heftig die Hand. Es war, als wollte er ihn von der Fahrt abhalten. »Willst du etwas?« sagte der Vater. – »Ach nein«, sagte Gudmund. »Es ist wohl am besten, wenn wir uns auf den Weg machen.«

Bevor sie weit vom Hofe waren, mußte Gudmund noch einmal Abschied nehmen. Es war Helga vom Moorhof, die an der Stelle stand und wartete, wo der Waldpfad von ihrem Heim her auf den Weg mündete. Der Vater, der kutschierte, hielt an, sowie er Helga erblickte. »Ich hab' auf euch gewartet, weil ich Gudmund Glück wünschen möchte«, sagte Helga. Gudmund beugte sich aus dem Wagen und schüttelte Helga die Hand. Er glaubte zu sehen, daß sie abgemagert war, ihre Augen waren rot gerändert. Sie lag wohl nachts und weinte und sehnte sich nach Närlunda. Aber jetzt trachtete sie, fröhlich auszusehen, und lächelte ihm zu. Er war wieder sehr gerührt, konnte aber nichts sagen. Der Vater, der ja in dem Rufe stand, daß er nicht sprach, ehe die Not am höchsten war, fiel ein: »Ich glaube, über diesen Glückwunsch freut sich Gudmund mehr als über irgendeinen andern.« – »Ja, das ist sicher«, sagte Gudmund. Sie schüttelten sich noch einmal die Hand, und dann fuhr der Vater weiter. Gudmund beugte sich aus dem Wagen und sah Helga nach. Als sie von ein paar Bäumen verdeckt wurde, riß er plötzlich den Fußsack fort und erhob sich, als wolle er aus dem Wagen springen. – »Willst du Helga noch etwas sagen?« fragte der Vater. – »Nein, ach nein«, antwortete Gudmund und setzte sich wieder zurecht.

Sie fuhren noch eine kleine Strecke. Der Vater fuhr sehr gemächlich. Es war, als mache es ihm Freude, so mit seinem Sohne neben sich zu fahren. Er machte keinerlei Anstalten, rasch ans Ziel zu kommen.

Plötzlich ließ Gudmund den Kopf auf die Schulter des Vaters sinken und brach in heftiges Schluchzen aus. »Was ist dir?« fragte Erland und zog die Zügel so plötzlich an, daß das Pferd mit einem Ruck stehenblieb. – »Ja, alle sind so gut gegen mich, und ich verdien' es nicht.« – »Du hast doch nichts Böses getan?« – »Doch, Vater, das habe ich.« – »Das wollen wir doch nicht glauben.« – »Ja, ich hab' einen Menschen erschlagen.«

Der Vater holte tief Atem. Es klang beinahe wie ein Seufzer der Erleichterung; Gudmund hob erstaunt den Kopf und sah ihn an. Der Vater ließ das Pferd wieder in Trab fallen, dann sagte er still: »Ich bin froh, daß du es selbst gesagt hast.« – »Wußtet Ihr es denn schon, Vater?« – »Ich sah schon Samstag abend, daß irgend etwas nicht in Ordnung war. Und dann fand ich dein Messer im Morast.« – »Ach so, Ihr habt das Messer gefunden!« – »Ich hab' es gefunden, und ich sah, daß die eine Klinge abgebrochen war.«

»Ja, Vater, ich weiß, daß die Klinge abgebrochen ist. Aber ich kann mir doch nicht denken, daß ich es getan haben soll.« – »Es ist wohl im Rausch geschehen.« – »Ich weiß nichts, ich kann mich an nichts erinnern. Ich sah es an meinen Kleidern, daß ich bei einer Rauferei war, und ich weiß, daß die Messerklinge fort ist.« – »Ich verstehe, daß du es verschweigen wolltest«, sagte der Vater. – »Ich dachte, die andern waren gewiß ebenso sinnlos betrunken wie ich und können sich an nichts erinnern. Es liegt vielleicht sonst kein Beweis gegen mich vor als das Messer, und darum hab' ich es fortgeworfen.« – »Ich kann mir denken, daß du dir die Sache so zurechtgelegt hast.« – »Ihr versteht, Vater: Ich weiß nicht, wer der Tote ist; ich hab' ihn vielleicht nie im Leben gesehen. Ich kann mich nicht erinnern, daß ich es getan habe. Und da sagte ich mir, ich brauchte doch nicht für etwas zu leiden, was ich nicht mit Willen getan habe. Aber bald sah ich ein, daß es eine Tollheit war, das Messer in den Sumpf zu werfen. Er trocknet doch im Sommer aus, und da kann es ein jeder finden. Darum wollte ich es gestern nacht und heute nacht suchen.« – »Hast du gar nicht daran gedacht zu gestehen?« – »Nein, gestern dachte ich nur, wie ich es geheimhalten könnte, und ich versuchte zu tanzen und vergnügt zu sein, damit mir niemand etwas anmerkte.« – »War es deine Absicht, vor den Traualtar zu treten, ohne zu gestehen? Das ist eine große Verantwortung. Sahst du nicht ein, daß du Hildur und ihre Familie mit in dein Elend ziehst, wenn man dich entdeckt?« – »Ich dachte, daß ich sie am besten verschonte, wenn ich nichts sagte.«

Sie fuhren im Galopp den Weg entlang. Der Vater schien es jetzt sehr eilig zu haben, ans Ziel zu kommen. Die ganze Zeit sprach er zu dem Sohne. Er hatte ihm vorher in seinem ganzen Leben nicht so viele Worte gesagt.

»Ich wüßte gerne, wodurch du andrer Meinung geworden bist«, sagte er. – »Weil Helga kam und mir Glück wünschte. Da brach etwas Hartes in mir. Ich war so gerührt über sie. Ich war auch heute morgen über Mutter und über Euch gerührt, und ich wollte sprechen und sagen, daß ich eure Liebe nicht verdiene, aber das Harte war damals noch in mir und leistete Widerstand. Aber als Helga kam, da war es aus und geschehen. Ich meinte, sie müßte mir eigentlich böse sein, weil ich doch schuld daran bin, daß sie von daheim fort mußte.«

»Nun, denke ich, wirst du mit mir einig sein, daß wir dies gleich den Amtmann wissen lassen müssen«, sagte der Vater. – »Ja«, antwortete Gudmund mit leiser Stimme. »Ja, gewiß«, fügte er gleich darauf lauter und fester hinzu, »ich will Hildur nicht in mein Unglück hineinziehen. Sie würde es mir nie verzeihen.« – »Die Älvåkraleute halten ihre Ehre hoch, sie wie andre«, sagte der Vater, »und das magst du wissen, Gudmund: Als ich heute morgen von daheim fortfuhr, da sagte ich mir, ich muß es dem Amtmann erzählen, wie es um dich steht, wenn du dich nicht entschließest, es selbst zu tun. Wie hätte ich schweigend zusehen und Hildur einen heiraten lassen können, dem jede Stunde eine Anklage wegen Mordes droht.« Er klatschte mit der Peitsche und fuhr in immer rasenderem Galopp. »Das wird das Schwerste für dich sein«, sagte er. »Wir müssen es so einrichten, daß es bald überstanden ist. Ich denke, der Amtmann und seine Familie werden es recht von dir finden, daß du dich selbst angibst, und sie werden freundlich gegen dich sein.«

Gudmund antwortete nichts. Er sah immer gequälter aus, je mehr sie sich Älvåkra näherten. Der Vater sprach weiter, um ihm Mut zu machen. »Ich habe einmal eine ähnliche Geschichte gehört«, sagte er. »Ein Bräutigam hatte einen Kameraden auf der Jagd erschossen. Es war nicht seine Absicht gewesen, und man hatte nicht entdeckt, daß er es war, der den tödlichen Schuß abgefeuert hatte. Aber ein paar Tage später sollte er heiraten; und als er in das Hochzeitshaus kam, da ging er zur Braut und sagte: ›Aus der Hochzeit kann nichts werden. Ich will dich nicht in das Elend hineinziehen, das mich erwartet.‹ Aber sie stand schon fertig geschmückt da, in Krone und Schleier, und sie nahm ihn bei der Hand und führte ihn in den Saal, wo die Gäste versammelt waren und alles für die Trauung bereit war. Und sie erzählte allen mit lauter Stimme, was ihr der Bräutigam eben gesagt hatte. ›Dies erzähle ich, damit alle wissen, daß du nicht falsch gegen mich gewesen bist‹, sagte sie dann und wendete sich an den Bräutigam. ›Aber jetzt will ich mich gleich mit dir trauen lassen. Denn du bleibst der, der du bist, wenn du auch ins Unglück gekommen bist; und was dich auch erwartet, das will ich gemeinsam mit dir tragen.‹«

Als der Vater mit seiner Erzählung zu Ende war, waren sie gerade bei der langen Gasse angelangt, die nach Älvåkra führte. Gudmund sagte mit einem wehmütigen Lächeln zu ihm: »So wird es uns nicht ergehen.« – »Wer weiß«, antwortete der Vater und richtete sich im Wagen auf. Er sah den Sohn an und mußte wieder staunen, wie schön der an diesem Tage war. »Es sollte mich nicht wundern, wenn ihm etwas Großes und Unerwartetes widerführe«, dachte er.

Es sollte eine Kirchenhochzeit sein, und eine Menge Leute hatten sich schon bei den Brauteltern versammelt, um im Hochzeitszuge mitzufahren. Auch viele Verwandte des Amtmanns waren von weit und breit gekommen. Sie saßen in ihrem besten Staat auf dem Flur, bereit zur Fahrt in die Kirche. Wagen und Kutschen standen im Hof, und man hörte, wie die Pferde im Stalle stampften, während sie gestriegelt wurden. Der Dorfspielmann saß allein auf der Treppe der Scheuer und stimmte die Fiedel. An einem Fenster im oberen Stockwerk stand die Braut fertig angekleidet und hielt Ausschau, um den Bräutigam zu sehen, bevor der sie erspäht hätte.

Erland und Gudmund stiegen aus dem Wagen und sagten, daß

sie mit Hildur und ihren Eltern allein sprechen müßten. Bald standen sie alle in dem kleinen Zimmer, wo der Amtmann sein Schreibpult hatte. »Ich denke, Herr Amtmann, Sie haben in den Zeitungen von jener Schlägerei in der Stadt gelesen, bei der ein Mensch ermordet wurde, in der Nacht vom Freitag auf Samstag«, sagte Gudmund so rasch, als leiere er eine Lektion herunter. – »Ja freilich habe ich davon gelesen«, sagte der Amtmann. – »Ich war nämlich in jener Nacht in der Stadt«, fuhr Gudmund fort.

Jetzt kam keine Antwort. – Es wurde totenstill. Gudmund war es, als ob alle ihn mit einem solchen Entsetzen anstarrten, daß er nicht weitersprechen konnte. Aber der Vater kam zu Hilfe. – »Gudmund war von ein paar Freunden eingeladen. – Er hat in jener Nacht wohl zuviel getrunken, denn als er heimkam, wußte er gar nicht, was mit ihm geschehen war. Aber man merkte es ihm an, daß er bei einer Rauferei gewesen war, denn seine Kleider waren zerrissen.« Gudmund sah, wie das Entsetzen, das die andern empfanden, mit jedem Worte zunahm, aber er selbst wurde ruhiger. Ein Gefühl des Trotzes erwachte in ihm, und er ergriff wieder das Wort: »Als nun am Samstag abend die Zeitung kam und ich von der Schlägerei las und von der Messerklinge, die in der Hirnschale des Mannes steckengeblieben war, da zog ich mein Messer hervor und sah, daß eine Klinge fehlte.« – »Das sind schlimme Neuigkeiten, die du da bringst, Gudmund«, sagte der Amtmann. »Es wäre richtiger gewesen, wenn du uns das gestern gesagt hättest.« – Gudmund schwieg, und da kam ihm der Vater wieder zu Hilfe. »Es war nicht so leicht für Gudmund. Die Versuchung, das Ganze zu verschweigen, war sehr groß. Er verliert sehr viel durch dieses Geständnis.« – »Ja, wir müssen noch froh sein, daß er jetzt gesprochen hat, so daß wir nicht in das Elend hineingezogen werden«, sagte der Amtmann bitter.

Gudmund hielt seine Augen die ganze Zeit auf Hildur gerichtet. Sie trug Krone und Schleier; nun sah er, wie sie die Hand hob und eine der großen Nadeln herauszog, die die Krone festhielten. Sie schien dies ganz unbewußt getan zu haben. Als sie merkte, daß Gudmunds Blicke auf ihr ruhten, steckte sie die Nadel wieder hinein.

»Es ist ja noch gar nicht bewiesen, daß Gudmund der Schuldige ist«, sagte der Vater, »aber ich begreife: Ihr wollt, daß die Hochzeit aufgeschoben wird, bis wir alles aufgeklärt haben.« – »Es hat wohl wenig Zweck, von Aufschub zu sprechen«, sagte der Amtmann. »Ich denke, Gudmund ist seiner Sache recht sicher, und wir könnten uns wohl darüber einigen, daß es zwischen ihm und Hildur ein für allemal aus ist.« Gudmund antwortete nicht gleich. Er ging zu seiner Braut hinüber und streckte die Hand aus. Sie saß ganz regungslos da und schien ihn nicht zu sehen. »Willst du mir nicht Lebewohl sagen, Hildur?« Jetzt sah sie auf, und ihre großen Augen blitzten ihn kalt an. – »Hast du mit dieser Hand das Messer geführt?« fragte sie. Gudmund antwortete ihr keine Silbe, sondern wendete sich an den Amtmann. – »Ja, jetzt bin ich mir meiner Sache sicher«, sagte er. »Es hat gar keinen Zweck, die Hochzeit aufzuschieben.«

Damit war die Unterredung beendet, und Gudmund und Erland gingen ihrer Wege. Sie hatten durch mehrere Stuben und Kammern zu gehen, ehe sie hinauskamen, und überall sahen sie Vorbereitungen zur Hochzeit. Die Tür nach der Küche stand offen, und sie sahen, wie eine Menge Menschen in eiliger Geschäftigkeit durcheinanderliefen. Der Duft von Braten und Backwerk drang heraus, der ganze Herd war voll kleiner und großer Töpfe, die Kupferkasserollen, die sonst die Wände schmückten, waren heruntergenommen und im Gebrauch. »Ach, daß sie alle diese Zurüstungen für meine Hochzeit machen!« dachte Gudmund, als er vorüberging.

Er bekam Einblick in den ganzen Reichtum dieses alten Bauernhofes, wie er so durch das Haus wanderte. Er sah den Eßsaal, wo große Tische mit langen Reihen von Silberbechern und Kannen gedeckt waren. Er kam durch die Kleiderkammer, wo auf dem Boden große Truhen standen und an den Wänden Kleider in unendlicher Reihe hingen. Als er dann in den Hof hinaustrat, sah er eine Menge alte und neue Wagen, prächtige Pferde wurden aus dem Stall geführt und schöne Wagendecken in die Kutschen gelegt. Er sah über ein paar Höfe, die von Scheunen, Ställen, Schuppen, Vorratskammern und noch vielen andern Gebäuden umgeben waren. »Das alles hätte mein sein können«, dachte er, als er sich in den Wagen setzte.

Mit einem Male kam bittre Reue über ihn. Er wäre am liebsten aus dem Wagen gesprungen und hineingelaufen, um ihnen zu sagen, es sei alles nicht wahr, was er erzählt hätte. Er hätte ja nur mit ihnen spaßen und sie erschrecken wollen. Es war doch unerhört töricht von ihm gewesen zu bekennen. Was nützte es, daß er gestanden hatte? Dadurch wurde die Sache für keinen Menschen besser. Der Tote war ja tot. Nein, dieses Geständnis hatte nichts andres zur Folge, als daß auch er ins Verderben gestürzt wurde.

In den letzten Wochen hatte er diese Heirat nicht mehr so eifrig gewünscht; aber jetzt, da er darauf verzichten mußte, fühlte er erst, was sie wert war. Es bedeutete viel, Hildur Erikstochter und alles, was an ihr hing, zu verlieren. Was hatte es zu sagen, daß sie eigenwillig und selbstherrlich war! Sie war doch die erste von allen in der Umgegend, und durch sie wäre er zu großer Macht und Ehre gekommen.

Er trauerte jetzt nicht nur um Hildur und ihr Hab und Gut, sondern auch um kleinere Dinge. In diesem Augenblick wäre er zur Kirche gefahren, und alle, die ihn gesehen, hätten ihn beneidet. Und heute hätte er zuoberst an der Hochzeitstafel gesessen. Heute wäre er mitten in Tanz und Fröhlichkeit gewesen. Es war sein großer Glückstag, der ihm nun entging.

Erland drehte den Kopf ein ums andere Mal dem Sohne zu und sah ihn an. Er war jetzt nicht so schön und verklärt, wie er am Morgen gewesen war, sondern saß stumpf und schwerfällig da mit erloschenem Blick. Der Vater hätte wohl gerne gewußt, ob der Sohn sein Geständnis bereue, und er wollte ihn danach fragen, hielt es aber doch für richtiger zu schweigen.

»Wohin wollen wir jetzt fahren?« fragte Gudmund nach einer Weile. »Wäre es nicht das beste, gleich zu Gericht zu gehen?« –

»Du mußt zuerst nach Hause, damit du ruhen und dich ausschlafen kannst«, sagte der Vater. »Du hast in den letzten Nächten wohl nicht viel Schlaf gefunden.« – »Mutter wird erschrekken, wenn sie uns sieht.« – »Sie wird nicht so erstaunt sein«, sagte der Vater, »sie weiß ebensoviel wie ich. Sie wird sich freuen, daß du gestanden hast.« – »Ich glaube, Mutter und ihr alle miteinander daheim seid froh, mich ins Gefängnis zu bringen«, sagte Gudmund bitter. – »Wir wissen, daß du viel verlierst, weil du recht gehandelt hast«, sagte der Vater, »wir können nicht anders: Wir müssen uns freuen, daß du dich selbst überwunden hast.«

Gudmund glaubte es nicht ertragen zu können, nach Hause zu fahren und allen den Leuten zuzuhören, die ihn rühmen würden, weil er seine Zukunft vernichtet hatte. Er suchte einen Vorwand, um niemanden treffen zu müssen, bevor er sich mehr Ruhe erkämpft hätte. Nun fuhren sie an der Stelle vorüber, wo der Pfad zum Moorhof abbog.

»Wollt Ihr hier halten, Vater? Ich denke, ich gehe zu Helga hinauf und spreche mit ihr.«

Der Vater hielt bereitwillig das Pferd an. »Komm nur, sobald du kannst, nach Hause, damit du dich ausruhst«, sagte er.

Gudmund schlug den Weg in den Wald ein und war bald zwischen den Bäumen verschwunden. Er dachte nicht daran, Helga aufzusuchen. Er war nur froh, allein zu sein, so daß er sich keinen Zwang aufzuerlegen brauchte. Er fühlte eine unvernünftige Wut gegen alles, er stieß Steine fort, die ihm im Wege lagen, und blieb zuweilen stehen, um einen großen Ast abzubrechen, nur weil ein Blatt sein Gesicht gestreift hatte. Er schlug den Weg zum Moorhof ein, ging aber an der Hütte vorbei und kletterte den Berg hinauf. Hier wurde es ihm bald schwer weiterzukommen. Er hatte den Pfad verlassen; und um den nächsten Gipfel zu erreichen, mußte er über ein breites Flußbett voll kantiger Felsblöcke gehen. Es war eine gefährliche Wanderung über die scharfen Felskanten, und er konnte sich Arme und Beine brechen, wenn er einen Fehltritt machte. Das wußte er sehr wohl, aber er ging doch weiter, als mache es ihm Freude, sich einer Gefahr auszusetzen. »Und wenn ich mich zuschanden falle, so findet mich hier oben niemand«, dachte er. »Aber was tut das? Ich kann ebensogut hier liegen und sterben wie jahrelang hinter Gefängnismauern sitzen.«

Doch alles ging gut ab, und ein paar Minuten später stand er auf der Höhe. Über den Berg war einmal ein Waldbrand hingegangen. Die oberste Spitze war noch kahl, und von dort hatte man eine meilenweite Aussicht. Er sah Täler und Seen, dunkle Wälder und fruchtbare Äcker, Kirchen und Herrenhöfe, kleine Bauernhütten und große Dörfer. Weit in der Ferne lag die Stadt, in einen weißen Schleier von Sonnenrauch gehüllt, aus dem ein paar funkelnde Türme aufragten. Durch die Täler schlängelten sich Wege, und ein Eisenbahnzug rollte am Waldessaume vorbei.

Es war ein ganzes Reich, was er da sah. Er warf sich zu Boden, hielt aber den Blick noch immer auf die weite Fernsicht geheftet. Es war etwas Stolzes und Großes in dieser Landschaft vor ihm, und er empfand sich selbst und seine Sorgen als klein und unbedeutend.

Ihm kam eine Erinnerung aus seiner Kindheit. Wenn er damals gelesen hatte, daß der Versucher Jesus auf einen hohen Berg geführt und ihm alle Herrlichkeit der Welt gezeigt hätte, so war er immer der Meinung gewesen, die beiden müßten hier oben auf dem Gipfel gestanden haben ... Und er sprach die alten Worte vor sich hin: Dies alles will ich dir geben, wenn du niederfällst und mich anbetest.

Da kam es ihm plötzlich vor, als sei ihm selbst in diesen letzten Tagen eine solche Versuchung entgegengetreten. Wahrlich, hatte ihn nicht der Versucher auf einen hohen Berg geführt und ihm alle Herrlichkeit der Macht und des Reichtums gezeigt? »Verschweige nur das Böse, das du getan hast«, sagte er, »und ich will dir dies alles geben.« Wie Gudmund daran dachte, kam ein klein wenig Befriedigung über ihn. »Ich habe ja Nein geantwortet«, sagte er; und plötzlich begriff er, worum es sich für ihn gehandelt hatte. Wenn er geschwiegen hätte, wäre er dann nicht all sein Lebtag verurteilt gewesen, den Versucher anzubeten? Ein scheuer, mutloser Mann wäre er geworden, ein Sklave von Hab und Gut. Die Furcht vor der Entdeckung hätte stets auf ihm gelastet. Nie mehr hätte er sich als ein freier Mann fühlen können.

Eine große Ruhe kam über Gudmund. Er wurde ganz glücklich, weil er einsah, daß er recht gehandelt hatte. Wenn er an die vergangenen Tage zurückdachte, schien es ihm, daß er in einer großen Dunkelheit getappt hätte. Es war wunderbar, daß er sich zuletzt doch zurechtgefunden hatte. Er fragte sich selbst, wie es zugegangen sei, daß er nicht in die Irre gegangen war. »Ich danke es dem, daß sie daheim alle so gut gegen mich waren«, dachte er, »und die beste Hilfe war doch, daß Helga kam und mir Glück wünschte!« Er blieb noch eine Weile oben auf dem Gipfel liegen, aber bald sagte er sich, er müsse zu Vater und Mutter heimgehen und ihnen sagen, daß er den Frieden mit sich selbst gefunden hätte. Als er nun aufstand, um zu gehen, bemerkte er, daß ein Stück weiter unten Helga auf einem Felsenvorsprung saß.

Sie hatte dort nicht die große weite Aussicht – nur ein kleines Stückchen des Tales war für sie sichtbar. Es war die Gegend, wo Närlunda lag, und sie sah vermutlich ein Stück des Hofes. Als Gudmund sie erblickte, fühlte er, wie sein Herz, das den ganzen Tag mühsam und ängstlich gearbeitet hatte, leicht und fröhlich zu klopfen begann, und zu gleicher Zeit durchzuckte ihn ein so starkes Glücksgefühl, daß er stehenblieb und über sich selbst staunte.

»Was ist mir denn? Was ist das? Was ist das?« dachte er, während das Blut durch seinen Körper strömte und das Glück ihn mit solcher Macht packte, daß er es beinahe schmerzhaft empfand. Endlich sagte er mit erstaunter Stimme zu sich selbst: »Aber ich hab' ja sie lieb! Nein, daß ich das bisher gar nicht wußte!« Es packte ihn mit der Stärke eines befreiten Wasserfalls. Er war die ganze Zeit, solange er sie kannte, gebunden gewesen. Alles, was ihn zu ihr hinzog, hatte er zurückgedrängt. Jetzt erst war er frei von dem Gedanken, eine andre zu heiraten, hatte er die Freiheit, sie zu lieben.

»Helga!« rief er und begann zugleich den Abhang zu ihr hinunterzuklettern. Sie wendete sich mit einem erschrockenen Aufschrei um. »Hab keine Angst! Ich bin es nur.« – »Aber bist du denn nicht in der Kirche und wirst getraut?« – »Ach nein, aus der Hochzeit wird nichts. Sie will mich nicht haben, Helga.« Helga richtete sich auf. Sie preßte die Hand aufs Herz und schloß die Augen. Sie dachte in diesem Augenblick wohl, daß es nicht Gudmund sei, der da kam. Ihre Augen und Ohren müßten hier im Walde verhext worden sein. Aber schön und herrlich war es doch, daß er sich zeigte, wenn auch nur als Traumerscheinung; und sie schloß die Augen und blieb regungslos stehen, um das Trugbild noch ein paar Augenblicke festzuhalten.

Aber Gudmund war wild und toll von der großen Liebe, die in ihm aufgelodert war. Sobald er zu Helga heruntergekommen war, schlang er die Arme um sie und küßte sie, und sie ließ es geschehen; denn sie war ganz betäubt und benommen vor Überraschung. Es war ja zu wunderbar, daß er, der gerade jetzt in der Kirche stehen sollte, zur Seite seiner Braut, wirklich hierher in den Wald gekommen war. Dieser Geist oder Doppelgänger von ihm, der zu ihr gekommen war, mochte sie immerhin küssen.

Aber in dem Augenblick, da Gudmund Helga küßte, wachte sie auf und stieß ihn von sich. Und nun begann sie ihn mit Fragen zu überschütten. Ob er es wirklich selbst sei? Was er im Walde zu tun hätte? Ob ein Unglück geschehen? Warum man die Hochzeit aufgeschoben hätte? Ob Hildur krank sei? Ob den Pfarrer in der Kirche der Schlag gerührt hätte?

Gudmund wollte mit ihr von nichts anderm auf der Welt sprechen als von seiner Liebe; aber sie zwang ihn zu erzählen, wie alles zugegangen war. Während er sprach, saß sie still da und hörte mit tiefer Andacht zu.

Sie unterbrach ihn nicht, bis er von der abgebrochenen Klinge erzählte. Da fuhr sie auf und fragte, ob es sein gewöhnliches Messer sei, das er gehabt hätte, als sie noch auf Närlunda diente.

»Ja, gerade das war es«, sagte er. – »Wieviel Klingen waren denn abgebrochen?« fragte sie. – »Nicht mehr als eine.«

In Helgas Kopf begann es zu arbeiten. Sie saß mit gerunzelter Stirn da und suchte sich an etwas zu erinnern. Wie war es doch? Ja gewiß. Sie entsann sich deutlich, daß sie sich dieses Messer an dem Tage, bevor sie fortging, von ihm ausgeliehen hatte, um Holz zu spalten; dabei hatte sie es zerbrochen, aber sie war nicht dazu gekommen, es ihm zu sagen. Er war ihr damals immer ausgewichen und hatte nicht mit ihr sprechen wollen. Und nun hatte er das Messer wohl seitdem in der Tasche gehabt und gar nicht bemerkt, daß es zerbrochen war.

Sie hob den Kopf und wollte ihm dies eben sagen; doch er erzählte weiter von seinem Besuch heute morgen im Hochzeitshaus, und sie wollte ihn zu Ende kommen lassen. Als sie hörte, wie er von Hildur geschieden war, erschien ihr dies als ein so furchtbares Unglück, daß sie ihn mit Vorwürfen überhäufte. »Das ist deine eigne Schuld«, sagte sie. »Da kommt ihr, du und dein Vater, angefahren und erschreckt sie zu Tode mit der furchtbaren Botschaft. So hätte sie nicht geantwortet, wenn sie bei Sinnen gewesen wäre. Ich will dir eines sagen: Ich glaube, sie bereut es schon in diesem Augenblick.« – »Meinethalben mag sie bereuen, soviel sie will«, sagte Gudmund. »Ich weiß jetzt, daß sie eine ist, die immer nur an sich selbst denkt. Ich bin froh, daß ich sie los bin.«

Helga preßte die Lippen aufeinander, damit ihr das große Geheimnis nicht entschlüpfe. Sie hatte viel zu denken. Es handelte sich nicht nur darum, Gudmund von dem Morde reinzuwaschen. Es herrschte ja auch Feindschaft zwischen Gudmund und seiner Braut. Könnte sie nicht versuchen, die beiden mit Hilfe dessen, was sie wußte, zu versöhnen?

Wieder saß sie stumm da und grübelte, bis Gudmund davon zu sprechen begann, daß er seinen Sinn jetzt ihr zugewandt hätte.

Aber das erschien ihr als das größte Unglück, das ihm an diesem Tage widerfahren war. Schlimm war es schon, daß die vorteilhafte Heirat zu scheitern drohte, noch schlimmer aber, daß er um eine wie sie werben wollte. »Nein, so etwas darfst du mir nicht sagen«, rief sie und sprang plötzlich auf. – »Warum soll ich es dir nicht sagen?« fragte Gudmund und erblaßte. »Ist es mit dir vielleicht gerade so wie mit Hildur? Hast du Angst vor mir?« – »Nein, nicht deshalb.« Sie wollte ihm erklären, daß er in sein eignes Verderben renne, aber er hörte ihr gar nicht zu. – »Ich habe gehört, daß es früher einmal Frauen gab, die den Männern zur Seite standen, wenn sie in Not kamen; aber heute trifft man solche Frauen nicht mehr.« Helga erzitterte. Sie hätte die Arme um seinen Hals schlingen wollen, aber sie verhielt sich still. Heute mußte sie vernünftig sein. – »Es ist ja wahr, ich hätte dich nicht an demselben Tage, wo ich ins Gefängnis soll, bitten dürfen, mein Weib zu werden. Aber der Gedanke, daß du auf mich warten würdest, bis ich wieder frei wäre, hätte mich all das Schwere mit leichtem Mut erdulden lassen.« – »Ich bin es nicht, die auf dich warten soll, Gudmund.« – »Alle Menschen werden mich jetzt als einen Missetäter betrachten, als einen, der sich besäuft und mordet. Ach wenn es nur eine gäbe, die mich mit Liebe ansehen könnte! Das würde mich besser aufrecht erhalten als alles andre.« – »Du weißt, daß ich nie etwas andres als Gutes von dir denken werde, Gudmund.«

Helga war sehr still. Gudmunds Bitten wurden fast zu viel für sie. Sie wußte gar nicht, wie sie ihm entkommen sollte. Aber Gudmund verstand nichts, sondern begann zu glauben, daß er sich geirrt habe. Sie könnte nicht dasselbe für ihn empfinden wie er für sie. Er kam ganz dicht an sie heran und sah sie an, als wollte er mitten durch sie hindurchsehen. »Sitzest du nicht gerade auf diesem Felsen hier, um nach Närlunda hinunterzusehen?« – »Ja, das tu' ich.« – »Sehnst du dich nicht Tag und Nacht hin?« – »Ja. Aber ich sehne mich nicht nach einem Menschen.« – »Und mich magst du gar nicht?« – »O ja, aber ich will dich nicht heiraten.« – »Wen hast du denn gern?« – Helga schwieg. – »Per Martensson?« – »Ja, ihm hab' ich gesagt, daß ich ihn gern habe«, sagte sie und war ganz zermartert.

Gudmund blieb ein Weilchen stehen und sah sie mit ergrimmtem Gesicht an. »Dann also lebe wohl! Jetzt gehen wir getrennte Wege, du und ich«, sagte er, und damit machte er einen gewaltigen Sprung von dem Stein zum nächsten Felsabsatz und verschwand unter den Bäumen.

VI

Kaum war Gudmund verschwunden, als Helga auf einem andern Weg den Berg hinuntereilte. Sie lief am Moorhof vorbei, ohne stehenzubleiben, und eilte dann, so rasch sie konnte, über die Waldhügel hinunter auf den Weg. Im ersten Bauernhof, den sie erreichte, bat sie die Bewohner, ihr Pferd und Fuhrwerk zu leihen, damit sie nach Älvåkra fahren könnte. Sie sagte, es gälte das Leben, daß sie hinkäme, und versprach, dafür zu zahlen. Die Dorfleute waren schon heimgekommen und hatten von der unterbliebenen Hochzeit erzählt. Alle waren sehr bewegt und mitleidig, und man wollte Helga die Hilfe nicht verweigern, da sie eine wichtige Botschaft für die Leute auf Älvåkra zu haben schien.

In Älvåkra saß Hildur Erikstochter in einer kleinen Kammer im oberen Stockwerk, wo sie ihr Brautkleid abgelegt hatte. Die Mutter und ein paar andre Bäuerinnen waren um sie. Hildur weinte nicht, aber sie war ungewöhnlich still und blaß; es sah aus, als würde sie jeden Augenblick krank hinsinken. Die Frauen sprachen die ganze Zeit von Gudmund. Alle tadelten ihn und schienen es als ein Glück für Hildur anzusehen, daß sie von ihm befreit war. Einige meinten, Gudmund habe wenig Rücksicht auf die Schwiegereltern gezeigt. Er hätte ihnen schon am Pfingsttage sagen müssen, wie es um ihn stand. Andre sagten, wem ein so großes Glück bevorstünde, der müßte besser auf sich achten. Und einige beglückwünschten Hildur, daß sie dem Schicksal entging, einen zu heiraten, der sich so sinnlos betrinken konnte, daß er nicht mehr wußte, was er tat.

Mitten unter diesen Reden schien Hildur ungeduldig zu werden; sie stand auf, um das Zimmer zu verlassen. Sowie sie zur Tür hinaus war, kam ihre beste Freundin, ein junges Bauernmädchen, und flüsterte ihr zu: »Unten ist jemand, der mit dir sprechen will.« – »Ist es Gudmund?« fragte Hildur, und ein Strahl des Lebens leuchtete in ihren Augen auf. – »Nein, aber ich glaube, eine Botschaft von ihm. Sie will, was sie auszurichten hat, keinem als nur dir selbst sagen.« Nun hatte Hildur den ganzen Tag dagesessen und gedacht, daß jemand kommen müsse, der diesem Elend ein Ende machte. Sie konnte es gar nicht begreifen, daß ein so schreckliches Unglück sie treffen sollte. Sie meinte, es müsse etwas geschehen, das es ihr möglich machte, Krone und Kranz wieder aufzusetzen, mit dem Hochzeitszug zur Kirche zu fahren und getraut zu werden. Als sie nun von einer Botschaft Gudmunds hörte, wurde sie ganz eifrig und lief eilends zu Helga hinaus, die vor der Küchentür stand und auf sie wartete.

Hildur wunderte sich wohl, daß Gudmund Helga zu ihr schickte, aber sie dachte, er hätte vielleicht heute am Feiertag keine andre Botin gefunden, und begrüßte sie freundlich.

Sie winkte Helga, ihr in die Milchkammer zu folgen, die drüben auf der andern Längsseite des Hofes lag. »Ich weiß keinen andern Ort, wo wir allein sprechen können«, sagte sie. »Wir haben noch das ganze Haus voll Leute.«

Sobald sie drinnen waren, trat Helga dicht an Hildur heran und sah ihr ins Gesicht. »Bevor ich etwas sage, muß ich erst wissen, ob du Gudmund liebhast, Hildur.« Hildur zuckte vor Empörung zusammen. Es war ihr eine Qual, mit Helga auch nur ein einziges Wort wechseln zu müssen, und sie hatte wahrlich keine Lust, sie zu ihrer Vertrauten zu machen. Aber nun war die Not am höchsten, und so zwang sie sich, zu antworten: »Warum, glaubst du, hätte ich ihn sonst heiraten wollen?« – »Ich meine, ob du ihn noch liebhast, Hildur?« – Hildur wurde wie zu Stein, aber unter dem forschenden Blick der andern konnte sie nicht lügen. – »Vielleicht habe ich ihn noch nie so liebgehabt wie heute«, sagte sie, jedoch so leise, daß man glauben konnte, es täte ihr weh, die Worte auszusprechen.

»Dann komm gleich mit mir«, sagte Helga. »Ich habe drunten auf der Straße einen Wagen stehen. Du brauchst dich nur fertig zu machen, dann können wir gleich nach Närlunda fahren.« –

»Wozu soll es gut sein, daß ich hinfahre?« fragte Hildur. – »Du mußt hinfahren und sagen, daß du Gudmund angehören willst, Hildur, was er auch getan haben mag, und daß du treu auf ihn warten wirst, während er im Gefängnis sitzt.« – »Warum soll ich das sagen?« – »Damit alles zwischen euch wieder gut wird.« – »Aber das ist ja unmöglich. Ich will doch keinen heiraten, der im Gefängnis gesessen hat.«

Helga prallte ein paar Schritte zurück, so als wäre sie an eine Mauer gestoßen. Aber sie faßte rasch wieder Mut. Sie konnte ja begreifen, daß, wer mächtig und reich war wie Hildur, so denken mußte. »Ich wäre nicht hierhergekommen und ich hätte dich nicht gebeten, nach Närlunda zu fahren, wenn ich nicht wüßte, daß Gudmund unschuldig ist«, sagte sie. Jetzt war es Hildur, die einen Schritt von Helga forttrat. – »Weißt du das, oder ist es nur etwas, was du glaubst?« – »Es wäre besser, wenn wir uns gleich in den Wagen setzten, dann könnte ich es dir unterwegs erzählen, Hildur.« – »Nein, erst mußt du mir alles sagen. Ich muß wissen, was ich tue.« Helga war so voll brennenden Eifers, daß sie kaum stillstehen konnte, aber sie mußte sich doch bequemen, Hildur zu erzählen, woher sie wüßte, daß nicht Gudmund der Täter sei. »Hast du das Gudmund nicht gleich gesagt?« – »Nein, ich sage es jetzt dir, Hildur. Kein andrer weiß es.« – »Und warum kommst du mit dieser Nachricht zu mir?« – »Damit es zwischen euch wieder gut werde. Auch er wird wohl bald erfahren, daß er nichts Böses getan hat, aber ich will, daß du wie von selbst zu ihm kommst, Hildur, und es gutmachst.« – »Ich soll nicht sagen, daß ich von seiner Schuldlosigkeit weiß?« – »Du sollst ganz von selbst kommen, Hildur, und ihm nie verraten, daß ich mit dir gesprochen habe. Sonst verzeiht er dir nie, was du ihm heute morgen gesagt hast.«

Hildur hörte schweigend zu. Es lag etwas in diesen Worten, was ihr noch nie im Leben begegnet war, und sie war bemüht, es sich klarzumachen. »Weißt du, daß ich es war, die verlangte, daß du aus Närlunda fortkommst?« – »Ich weiß wohl, daß es nicht die Leute auf Närlunda waren, die mich forthaben wollten.« –

»Ich kann gar nicht verstehen, daß du heute zu mir kommst und mir helfen willst.« – »Wenn du jetzt nur mitkommst, Hildur, so kann alles gut werden!« Aber Hildur sah Helga an, noch immer in dieselben Grübeleien versunken. – »Vielleicht hat Gudmund dich lieb«, warf sie hin. Aber nun riß Helga die Geduld. – »Was hätte er denn an mir!« sagte sie heftig, »du weißt doch, Hildur, daß ich nichts andres bin als eine arme Häuslerdirne, und das ist noch nicht einmal das Allerschlimmste.«

Die beiden jungen Mädchen schlichen sich unbemerkt aus dem Haus und saßen bald im Wagen. Helga kutschierte, und sie schonte das Pferd nicht, sondern ließ es rasch traben. Sie waren beide stumm. Hildur saß da und sah Helga an. Es war, als könnte sie sich nicht genug über sie wundern, und als dächte sie mehr an sie als an irgend etwas andres. Als sie in die Nähe des Hofes kamen, übergab Helga Hildur die Zügel. »Jetzt sollst du allein hinfahren, Hildur, und mit Gudmund sprechen. Ich komme in einer Weile nach und erzähle die Geschichte mit dem Messer. Aber du darfst Gudmund kein Wort davon sagen, Hildur, daß ich dich geholt habe.«

Gudmund saß in der Wohnstube auf Närlunda neben Mutter Ingeborg und sprach mit ihr. Der Vater saß etwas abseits und rauchte. Er sah zufrieden aus und sagte kein Wort. Man merkte, er war der Meinung, jetzt gehe alles, wie es sollte, so daß er nicht einzugreifen brauchte.

»Ich wüßte wohl gerne, Mutter, was Ihr gesagt haben würdet, wenn Ihr Helga als Schwiegertochter bekommen hättet«, sagte Gudmund. Mutter Ingeborg hob den Kopf und antwortete mit fester Stimme: »Ich werde jede Schwiegertochter mit Freuden aufnehmen, wenn ich nur weiß, daß sie dich so liebhat, wie eine Frau ihren Mann lieb haben soll.«

Kaum war dies gesagt, als sie Hildur Erikstochter in den Hof einfahren sahen. Sie kam gleich darauf ins Haus und war ganz anders als sonst. Sie trat nicht in ihrer gewohnten zuversichtlichen Art in das Zimmer, sondern es sah fast aus, als wolle sie unten an der Tür stehenbleiben wie ein armes Bettelmädchen.

Sie kam jedoch heran und gab Mutter Ingeborg und Erland die Hand. Dann wendete sie sich an Gudmund. »Mit dir will ich ein paar Worte sprechen.« Gudmund stand auf, und sie gingen in die Kammer. Er stellte Hildur einen Stuhl hin, aber sie setzte sich nicht. Sie war ganz rot vor Verlegenheit, und die Worte kamen langsam und scheu über ihre Lippen: »Ich war wohl … ja, es war vielleicht zu hart, was ich heute morgen sagte.« – »Ach, wir haben dich damit so plötzlich überfallen«, sagte Gudmund. Sie wurde noch röter und beschämter. »Ich hätte es mir besser überlegen sollen. Wir könnten – es sollte doch …« – »Es ist schon am besten, wie es ist, Hildur. Darüber ist nichts mehr zu reden; aber es ist schön, daß du gekommen bist.«

Sie schlug die Hände vors Gesicht, holte sehr tief Atem, daß es klang wie ein Schluchzen, hob dann aber den Kopf wieder. »Nein«, sagte sie. »Es geht nicht. Ich will nicht, daß du mich für besser hältst, als ich bin. Jemand kam zu mir und sagte, daß du unschuldig bist, und riet mir, hierherzueilen und alles wiedergutzumachen. Und ich sollte nicht sagen, daß ich schon weiß, daß du unschuldig bist. Denn dann würdest du nicht so viel daran finden, daß ich komme. Jetzt sage ich dir: Ich wünschte, ich wäre selbst auf den Gedanken gekommen. Doch so war es nicht. Aber ich habe mich den ganzen Tag nach dir gesehnt und gewünscht, daß es wieder gut zwischen uns werden könnte. Und wie es auch kommen mag: Eins will ich dir sagen, ich freue mich, daß du unschuldig bist.«

»Wer hat dir denn diesen Rat gegeben, Hildur?« fragte Gudmund. – »Das darf ich nicht sagen.« – »Ich wundere mich, daß es jemand weiß. Vater kommt eben jetzt vom Bürgermeister. Er hat in die Stadt telegraphiert. Und es ist die Antwort gekommen, daß der wahre Täter schon gefunden ist.«

Als Gudmund dies sagte, fühlte Hildur, wie die Beine unter ihr zitterten, und sie setzte sich rasch nieder. Es wurde ihr ganz angst, weil Gudmund so ruhig und freundlich war, und sie begann zu verstehen, daß er ganz außerhalb ihrer Macht war. »Ich sehe schon, du kannst es nicht vergessen, Gudmund, wie ich heute vormittag gewesen bin.« – »O doch, das kann ich dir schon verzeihen, Hildur«, sagte er in demselben ruhigen Ton. »Davon wollen wir nie mehr sprechen.«

Sie erzitterte, schlug die Augen nieder und saß da, als wartete sie auf etwas. »Es ist nur ein großes Glück, Hildur«, sagte er und kam heran und ergriff ihre Hand, »daß es zwischen uns aus ist. Denn heute ist es mir klar geworden, daß ich eine andre liebhabe. Ich glaube, ich hatte sie schon lange lieb, aber ich weiß es erst seit heute.« – »Wer ist die, die du liebhast, Gudmund«, kam es tonlos von Hildurs Lippen. – »Das kommt ja auf eins heraus. Ich werde sie nicht heiraten, denn sie hat mich nicht lieb. Aber eine andre kann ich nicht nehmen.«

Hildur hob den Kopf. Es war nicht leicht zu sagen, was in ihr vorging. Aber sie fühlte in diesem Augenblick, daß sie, die Großbauerntochter, mit all ihrem Reiz und allem ihrem Hab und Gut nichts für Gudmund bedeutete. Und sie war stolz und wollte nicht von ihm scheiden, ohne ihm zu zeigen, daß sie ihren Wert in sich hatte, abgesehen von allem Äußerlichen. »Ich will, Gudmund, daß du mir sagst, ob es Helga vom Moorhof ist, die du gern hast.« Gudmund stand schweigend da.

»Denn wenn es Helga ist, dann weiß ich, daß sie dich liebhat. Sie kam zu mir und lehrte mich, was ich tun sollte, damit es zwischen uns wieder gut würde. Sie wußte, daß du unschuldig bist, aber sie sagte es nicht dir, sondern ließ es mich zuerst wissen.« – Gudmund sah ihr fest in die Augen. »Findest du darin ein Zeichen, daß sie eine große Liebe für mich hat?« – »Dessen kannst du sicher sein, Gudmund. Das kann ich bezeugen. Niemand in der Welt kann dich lieber haben als sie.« Er ging hastig durch das Zimmer. Dann blieb er vor Hildur stehen. »Aber du? Warum sagst du mir das?« – »Ich will Helga an Edelmut nicht nachstehen.« – »Ach, Hildur, Hildur!« sagte er, legte ihr die Hand auf die Schulter und schüttelte sie, um seiner Rührung Luft zu machen. »Du weißt nicht, nein, du weißt nicht, wie gut ich dir in diesem Augenblick bin. Du weißt nicht, wie glücklich du mich gemacht hast ...«

Helga saß am Wegrand und wartete. Sie saß da, das Kinn in die Hand gestützt, und sah zu Boden. Sie sah Gudmund und Hildur vor sich und dachte, wie glücklich sie jetzt sein müßten.

Während sie so dasaß, kam ein Knecht aus Närlunda vorüber. Als er sie sah, blieb er stehen. »Du hast doch von Gudmund gehört, Helga?« – Ja, das hatte sie. – »Die ganze Geschichte ist ja gar nicht wahr. Der richtige Täter ist schon verhaftet.« – »Ich wußte, daß es nicht wahr sein konnte«, sagte Helga. Dann ging der Mann, aber Helga blieb sitzen wie zuvor. Ja so, drüben wußten sie es schon. Sie brauchte gar nicht nach Närlunda zu gehen, um es zu erzählen. Sie fühlte sich so wunderlich ausgeschlossen. Vorhin erst war sie so eifrig gewesen. Sie hatte gar nicht an sich selbst gedacht, nur daran, daß Gudmunds und Hildurs Hochzeit zustande kommen müsse. Aber jetzt erst stand es ihr vor Augen, wie einsam sie war. Und es war schwer, für die, die man liebhatte, nichts sein zu dürfen. Jetzt brauchte Gudmund sie nicht, und ihr eigenes Kind hat ihre Mutter zu dem ihren gemacht. Sie gönnte ihr kaum, daß sie es ansah.

Sie dachte daran, daß sie aufstehen und nach Hause gehen müsse. Aber die Hügel erschienen ihr so steil und schwer zu ersteigen. Sie wußte gar nicht, wie sie hinaufkommen solle.

Da kam ein Wagen aus Närlunda. Hildur und Gudmund saßen darin. Jetzt führen sie wohl nach Älvåkra, um zu sagen, daß sie sich ausgesöhnt hätten. Und morgen fände dann die Hochzeit statt.

Als sie Helga erblickten, hielten sie an. Gudmund gab Hildur die Zügel und sprang heraus. Hildur nickte Helga zu und fuhr weiter.

Gudmund blieb auf dem Wege vor Helga stehen. »Ich bin froh, daß du hier sitzest, Helga«, sagte er. »Ich glaubte, ich müßte nach dem Moorhof hinaufgehen, um dich zu treffen.«

Er sagte dies heftig, beinahe hart, und dabei hielt er ihre Hand fest umklammert, und sie sah es seinen Augen an, daß er jetzt wußte, wie es um sie stand. Jetzt konnte sie ihm nicht mehr entfliehen.

Herrn Arnes Schatz

Im Pfarrhofe von Solberga

1

Zur Zeit, als König Friedrich II. von Dänemark über Bohuslän regierte, wohnte in Marstrand ein armer Fischkrämer, der Torarin hieß. Er war ein schwacher und geringer Mann, sein einer Arm war lahm, so daß er weder zur Fischerei noch zum Rudern taugte. Er konnte seinen Unterhalt nicht auf der See verdienen wie die anderen Inselbewohner, sondern er zog umher und verkaufte eingesalzene und getrocknete Fische an die Leute auf dem Festlande. Er war nicht viele Tage des Jahres daheim, er zog immer von Dorf zu Dorf mit seinem Fischwagen.

An einem Februartage, als die Dämmerung hereinbrach, kam Torarin den Weg gefahren, der von Kunghäll nach dem Kirchspiel Solberga führte. Es war ganz einsam und menschenleer auf dem Wege, aber Torarin brauchte darum nicht zu schweigen. Er hatte neben sich auf der Fuhre einen verläßlichen Freund, mit dem er Zwiesprache pflegen konnte. Das war ein kleiner schwarzer Hund mit buschigem Fell, den Torarin Grim nannte. Er lag meistens still da, den Kopf zwischen die Beine geklemmt, und blinzelte nur zu allem, was sein Herr sagte. Aber wenn er etwas zu hören bekam, was ihm nicht behagte, dann stellte er sich auf, streckte die Schnauze in die Luft und heulte ärger als ein Wolf.

»Nun will ich dir erzählen, Grim, mein Hund«, sagte Torarin, »daß ich heute große Neuigkeiten gehört habe. Sowohl in Kunghäll als in Kareby sagten sie mir, daß das Meer zugefroren sei. Es ist nun eine Zeitlang ruhiges, schönes Wetter gewesen, das weißt du ja am besten, der du alle Tage draußen gewesen bist, und das Meer soll nicht nur in den Buchten und Sunden zugefroren sein, sondern weit hinaus ins Kattegatt. Es gibt jetzt zwischen den Schären keinen Weg für Boote und Schiffe, da ist überall nur starkes hartes Eis, und man kann nun mit Schlitten und Pferd bis hinaus nach Marstrand und zur Paternosterschäre fahren.«

Alles dies hörte der Hund, und es schien ihm nicht zu mißfallen. Er lag still da und blinzelte Torarin an. »Wir haben nicht mehr sonderlich viel Fische hier auf der Fuhre übrig«, sagte jetzt Torarin gleichsam überredend. »Was würdest du nun dazu sagen, wenn wir bei der nächsten Wegscheide einbögen und nach Westen zum Meere führen? Wir fahren an der Solberger Kirche vorbei und hinunter nach Ödmalsskil, und dann glaube ich nicht, daß es viel mehr als fünfviertel Meilen Wegs nach Marstrand sind. Es wäre doch eine schöne Sache, einmal heimkommen zu können, ohne Boot oder Fähre zu benutzen.«

Sie fuhren über die lange Karebyer Heide, und obgleich den ganzen Tag ruhiges Wetter gewesen war, strich jetzt ein kalter Lufthauch über die Heide und machte die Fahrt unbehaglich.

»Es mag weichlich aussehen, daß wir so mitten in der besten Arbeitszeit heimfahren«, sagte Torarin und schlug der Kälte wegen mit den Armen um sich. »Aber wir sind doch viele Wochen unterwegs gewesen, du und ich, und können es gut brauchen, ein paar Tage daheim zu sitzen und die Kälte aus dem Körper zu vertreiben.«

Da der Hund noch immer still dalag, schien Torarin seiner Sache sicherer zu werden, und er fuhr in zuversichtlicherem Tone fort:

»Nun hat Mutter viele, viele Tage einsam daheim in der Hütte gesessen. Sie sehnt sich wohl danach, uns wiederzusehen. Und in Marstrand geht es nun im Winter hoch her. Straßen und Gäßchen, Grim, sind voll von fremden Fischern und Kaufleuten. In den Seeschuppen gibt es jeden Abend Tanz. Und das viele Bier, das in den Schenken fließt! Das kannst du dir gar nicht denken.«

Als Torarin dies sagte, beugte er sich zu dem Hunde hinab, um zu sehen, ob er auf das hörte, was er zu ihm sprach.

Aber da der Hund ganz wach dalag und kein Zeichen des Mißvergnügens gab, bog Torarin in den ersten Weg ein, der nach Westen zum Meere führte. Er knallte mit der Peitsche und ließ das Pferd rasch traben.

»Da wir am Solberger Pfarrhof vorbeikommen«, sagte Torarin, »werde ich wohl dort vorsprechen und fragen, ob es sicher ist, daß das Eis bis nach Marstrand trägt. Dort müssen sie wohl darüber Bescheid wissen.«

Torarin hatte dies mit leiser Stimme gesagt, ohne daran zu denken, ob der Hund ihn hörte oder nicht. Aber kaum waren die Worte gesprochen, als der Hund sich auf der Fuhre aufstellte und ein entsetzliches Geheul ausstieß.

Das Pferd machte einen Sprung zur Seite, und auch Torarin erschrak und drehte sich um, um zu sehen, ob ihm Wölfe nachjagten. Aber als er merkte, daß es Grim war, der so heulte, versuchte er ihn zu beruhigen.

»Lieber«, sagte er zu ihm, »wie viele Male sind wir, du und ich, im Pfarrhof von Solberga eingekehrt. Ich kann ja nicht sagen, ob Herr Arne weiß, wie es mit dem Eise steht, aber das weiß ich sicher, daß er uns ein gutes Abendbrot vorsetzt, ehe wir unsere Seereise antreten.«

Doch seine Worte vermochten den Hund nicht zu beschwichtigen. Er richtete die Schnauze empor und heulte immer furchtbarer.

Da fehlte nicht viel, und es wäre Torarin unheimlich zumute geworden. Es war nun beinahe dunkel, aber Torarin konnte doch die Kirche von Solberga sehen und die weite Ebene ringsherum, die nach der Landseite von breiten bewaldeten Höhen, nach dem Meere zu von runden nackten Felsenklippen geschützt dalag. Wie er da ganz mutterseelenallein über die weite weiße Fläche fuhr, kam er sich wie ein ganz geringes und kleines Gewürm vor, aber von den dunklen Wäldern und den öden Felsenklippen zogen große Ungeheuer und Trolle aller Art heran, die sich nach Anbruch der Dunkelheit hinaus ins Land wagten. Und auf der ganzen Ebene gab es sonst niemand, auf den sie sich stürzen konnten, als den armen Torarin. Aber zu gleicher Zeit versuchte er den Hund zu beruhigen.

»Lieber, was hast du gegen Herrn Arne? Er ist der reichste Mann im Lande. Er ist aus hohem Geschlecht, und wäre er nicht Geistlicher, so würde er ein mächtiger Herrscher geworden sein.«

Aber damit konnte er den Hund nicht zum Schweigen bringen. Da riß Torarin die Geduld, so daß er den Hund beim Nakkenfell packte und ihn vom Wagen hinunterwarf.

Der Hund lief ihm nicht nach, als er weiterfuhr, sondern blieb auf dem Wege stehen und heulte, bis Torarin durch ein dunkles Tor einfuhr und in den Hof des Pfarrhauses kam, der von vier langen niedrigen Holzbauten eingeschlossen wurde.

2

Im Pfarrhof von Solberga saß der Pfarrer, Herr Arne, und aß sein Abendbrot im Kreise aller seiner Hausgenossen. Es war kein Fremder zugegen außer Torarin.

Der Pfarrer war ein alter, weißhaariger Mann, aber er war doch noch groß und kräftig. Er hatte seine Gattin neben sich sitzen. Ihr hatten die Jahre übel mitgespielt. Ihr Kopf und ihre Hände zitterten und sie war beinahe taub. An Herrn Arnes anderer Seite saß der Hilfspfarrer. Er war jung und bleich und hatte ein bekümmertes Aussehen, als könnte er alle die Gelehrsamkeiten nicht tragen, die er während seines Studienjahres in Wittenberg eingesammelt hatte.

Diese drei saßen zu oberst am Tische, gleichsam ein wenig für sich. Nach ihnen kam Torarin, und dann die Diener. Diese waren auch alte Leute. Da waren drei Knechte, sie hatten Kahlköpfe, ihre Rücken waren gebeugt, und die Augen zwinkerten und tränten. Mägde gab es nur zwei. Sie waren etwas jünger und rüstiger als die Knechte, aber sie schienen doch hinfällig und voller Altersleiden.

Am untersten Ende des Tisches saßen zwei Kinder. Das eine

war Herrn Arnes Sohnestochter, sie zählte nicht mehr als vierzehn Jahre. Sie war blondhaarig und zartgliedrig, das Gesicht war noch nicht recht fertig, aber sie sah aus, als würde sie lieblich werden. Sie hatte ein anderes kleines Jüngferchen neben sich. Das war ein armes vater- und mutterloses Kind, die immer im Pfarrhof lebte. Die beiden saßen dicht aneinandergeschmiegt auf der Bank, und es hatte den Anschein, als herrschte große Freundschaft zwischen ihnen.

Alle diese Leute saßen da und aßen im tiefsten Schweigen. Torarin sah vom einen zum andern, aber keiner hatte Lust, während der Mahlzeit zu sprechen. Alle die Alten dachten bei sich: Es ist eine große Sache, sein Essen zu haben und nicht Not leiden oder hungern zu müssen wie so oft in unserem Leben. Während wir essen, dürfen wir an nichts anderes denken als daran, Gott für seine Güte zu danken.

Da Torarin niemand hatte, mit dem er reden konnte, wanderten seine Blicke das Zimmer hinauf und hinab. Er ließ die Augen von dem großen Ofen, der in vielen Geschossen nahe der Eingangstüre hinaufgemauert war, zu dem großen Himmelbette schweifen, das in der entferntesten Ecke des Zimmers stand. Er blickte von den wandfesten Bänken, die rings um die Stube liefen, hinauf zum Windfang an der Decke, durch den der Rauch hinauszog und die Winterkälte hereinströmte.

Als Torarin, der Fischkrämer, der in der kleinsten und ärmlichsten Hütte der Schären hauste, dies alles sah, dachte er: »Wenn ich ein großer Herr wäre wie Herr Arne, dann würde ich mich nicht damit begnügen, in einer uralten Hütte mit einer einzigen Stube zu wohnen. Ich würde mir ein Haus bauen mit Giebeln und vielen Gemächern so wie der Bürgermeister und die Ratsmänner in Marstrand es tun.«

Aber am häufigsten heftete Torarin seine Blicke auf eine große Eichentruhe, die zu Füßen des Himmelbettes stand. Er sah sie so oft an, weil er wußte, daß Herr Arne darin all sein Silbergeld verwahrte, und er hatte gehört, es wäre so viel, daß es die Truhe bis hinauf zum Rande füllte.

Und Torarin, der so arm war, daß er fast nie einen Silberling in der Tasche hatte, sagte zu sich selber: Ich möchte dieses Geld dennoch nicht haben. Man sagt, Herr Arne hätte es aus den großen Klöstern genommen, die früher einmal hier im Lande waren, und die alten Mönche hätten prophezeit, daß dieses Geld ihn ins Unglück stürzen würde.

Als Torarin eben in diese Gedanken versunken dasaß, sah er, wie die alte Hausmutter die Hand an das Ohr hielt, um besser zu hören. Hierauf wandte sie sich an Herrn Arne und fragte ihn: »Warum schleifen sie die Messer auf Branehög?«

Es war eine so tiefe Stille im Zimmer, daß alle zusammenzuckten und erschrocken aufblickten, als die alte Frau dies fragte. Als sie sahen, daß sie dasaß und auf etwas horchte, hielten sie ihre Milchlöffel still und lauschten angestrengt.

Eine Weile war es ganz totenstill in der Stube, aber dabei wurde die alte Frau immer unruhiger und unruhiger. Sie legte die Hand auf Herrn Arnes Arm und fragte ihn: »Ich weiß nicht, warum sie heute abend auf Branehög so lange die Messer schleifen?«

Torarin sah, daß Herr Arne ihr über die Hand strich, um sie zu beruhigen. Aber er dachte nicht daran zu antworten, sondern aß ruhig wie zuvor weiter.

Die alte Frau saß noch immer da und horchte. Vor Angst traten ihr Tränen in die Augen, und ihre Hände und ihr Kopf zitterten immer heftiger.

Da begannen die beiden kleinen Jüngferchen, die am Tischende saßen, vor Angst zu weinen.

»Könnt ihr nicht hören, wie es scharrt und kratzt?« fragte die Alte. »Könnt ihr nicht hören, wie es zischt und knirscht?«

Herr Arne saß still und streichelte seiner Frau die Hand. Solange er schwieg, wagte niemand sonst ein Wort zu äußern.

Aber alle glaubten, daß die alte Hausmutter etwas hörte, was entsetzlich und unheilbringend sei. Alle fühlten, wie das Blut in ihren Adern erstarrte. Es saß niemand am Tische, der noch einen Bissen zum Munde führte, außer dem alten Herrn Arne selbst.

Sie dachten daran, daß die alte Hausmutter viele Jahre hindurch Sorge für das Haus getragen hatte. Sie war immer daheim auf dem Hofe geblieben und hatte mit Klugheit und Fürsorglichkeit über Kinder und Gesinde, über Hab und Gut und Viehstand gewacht, so daß alles gedieh. Nun war sie abgearbeitet und steinalt, aber es war doch gewiß, daß sie es vor allen anderen merken würde, wenn dem Hofe Gefahr drohte.

Die alte Frau wurde immer ängstlicher und ängstlicher. Sie faltete die Hände, und in ihrer Hilflosigkeit begann sie so bitterlich zu weinen, daß große Tränen über die runzligen Wangen rollten.

»Fragst du gar nicht danach, Arne Arneson, warum ich so Angst habe?« klagte sie.

Herr Arne beugte sich nun zu ihr hinab und sagte: »Ich weiß nicht, wovor du dich fürchtest.«

»Ich fürchte mich vor den langen Messern, die sie auf Branehög schleifen«, sagte sie.

»Wie kannst du hören, daß sie auf Branehög Messer schleifen?« sagte Herr Arne und lachte. »Der Hof liegt ja eine Viertelmeile Wegs von hier. Nimm nur wieder den Löffel zur Hand und laß uns unser Abendbrot beenden.«

Die Alte versuchte, ihr Entsetzen zu unterdrücken. Sie nahm den Löffel und steckte ihn in die Milchschale, aber dabei zitterte ihre Hand so, daß alle hörten, wie der Löffel an den Rand schlug. Sie legte ihn gleich zurück. »Wie kann ich essen?« sagte sie. »Höre ich denn nicht, wie es knirscht? Höre ich denn nicht, wie es feilt?«

Im selben Augenblick schob Herr Arne den Milchnapf von sich und faltete die Hände. Alle anderen taten ein Gleiches, und der Hilfsgeistliche begann das Tischgebet zu sprechen.

Als dieses beendet war, sah Herr Arne zu denen hinunter, die unten am Tische saßen, und als er merkte, daß sie bleich und erschrocken aussahen, wurde er zornig.

Er fing mit ihnen von den Zeiten zu sprechen an, als er eben nach Bohuslän gekommen war, um die lutherische Lehre zu predigen. Da hatten er und seine Diener vor den Päpstlichen fliehen müssen wie gehetzte wilde Tiere. »Haben wir nicht unsere Feinde im Hinterhalt auf uns lauern sehen, wenn wir in das Haus Gottes zogen? Waren wir nicht aus dem Pfarrhof vertrieben, und haben wir nicht gleich Friedlosen in den Wald ziehen müssen? Steht es uns an, eines bösen Omens wegen den Mut zu verlieren?«

Wie Herr Arne so sprach, sah er aus wie ein Recke, und die anderen faßten frischen Mut, als sie ihn hörten.

Das ist ja wahr, dachten sie. Gott hat Herrn Arne in den größten Gefahren beschützt. Er hält seine Hand über ihm. Er läßt seinen Diener nicht untergehen.

3

Als Torarin auf die Straße hinausfuhr, kam ihm sein Hund Grim entgegen und sprang auf die Fuhre hinauf. Als Torarin sah, daß der Hund vor dem Pfarrhof gewartet hatte, wurde er aufs neue unruhig. »Lieber, warum stehst du den ganzen Abend hier unterm Tor? Warum gehst du nicht in die Hütte und läßt dir einen Abendimbiß geben?« sagte er zum Hunde. »Kann Herrn Arne etwas Böses bevorstehen? Vielleicht habe ich ihn zum letztenmal gesehen. Aber auch ein solcher Recke wie er muß wohl einmal sterben. Er ist nun wohl an die neunzig Jahre alt.«

Er lenkte das Pferd auf einen Weg, der an dem Hofe Branehög vorbei hinab nach Ödmalsskil führte.

Als er nach Branehög kam, sah er, daß Schlitten auf dem Hofe standen und ein Lichtschein durch die verschlossenen Fensterläden drang.

Da sagte Torarin zu Grim: »Hier sind die Leute noch auf. Ich will hineinfahren und fragen, ob sie heute abend hier im Hause Messer geschliffen haben.«

Er fuhr in den Hof, aber als er die Tür zur Stube öffnete, sah er, daß drinnen ein Gastmahl abgehalten wurde. Auf den Bänken, den Wänden entlang, saßen alte Männer und tranken Bier, und auf der Diele gingen die Jungen umher und spielten und tanzten.

Torarin sah sogleich, daß hier niemand daran dachte, seine Waffen zu blutiger Tat zu bereiten. Er schlug die Türe wieder zu und wollte seiner Wege gehen, aber der Herr des Hauses kam ihm nach. Er bat Torarin zu bleiben, da er nun einmal gekommen wäre, und zog ihn in die Stube.

Torarin saß eine gute Weile in großem Behagen da und plauderte mit den Bauern. Sie waren sehr aufgeräumt, und Torarin war froh, sich alle düsteren Gedanken aus dem Sinne schlagen zu können.

Aber Torarin war nicht der einzige, der an diesem Abend spät zum Gastmahl kam. Lange nachher traten ein Mann und eine Frau zur Türe herein. Sie waren dürftig gekleidet, und sie blieben verzagt in der Ecke zwischen der Tür und dem Herde stehen.

Der Wirt ging sogleich zu den beiden Gästen hin. Er nahm sie beide bei der Hand und führte sie hinauf in die Stube. Dann sagte er zu den übrigen: »Ist es nicht wahr, was man sagt: die, die den kürzesten Weg haben, kommen am spätesten ans Ziel? Dies sind meine nächsten Nachbarn. Es gibt keine anderen Ansiedler hier in Branehög, als sie und mich.«

»Sage lieber gleich, daß es keine gibt außer dir«, sagte der Mann. »Du kannst mich nicht einen Ansiedler nennen. Ich bin nur ein armer Köhler, den du auf deinem Boden bauen ließest.«

Der Mann setzte sich neben Torarin, und sie begannen miteinander zu sprechen. Der neue Ankömmling erzählte Torarin, warum er so spät zum Gastmahl käme. Das wäre, weil sie daheim in ihrer Hütte einen Besuch gehabt hätten, den sie nicht allein zu lassen wagten. Es wären drei Gerbergesellen, die den ganzen Tag bei ihnen verbracht hätten. Am Morgen, als sie gekommen, wären sie ermattet und krank gewesen. Sie hätten gesagt, sie seien eine ganze Woche im Walde umhergeirrt. Aber nachdem sie gegessen und geschlafen hätten, wären sie bald zu Kräften gekommen, und am Abend hatten sie gefragt, welches Gehöft das reichste und größte in der Gegend sei. Dorthin wollten sie gehen, um Arbeit zu suchen. Die Frau hätte ihnen geantwortet, daß der Pfarrhof, wo Herr Arne wohnte, das ansehnlichste Anwesen wäre. Da hätten sie allsogleich aus ihren Ränzeln lange Messer gezogen und angefangen, sie zu schleifen. Dies hätten sie eine gute Weile fortgesetzt, und dabei hätten sie so wild ausgesehen, daß der Köhler und sein Weib nicht gewagt hätten, das Haus zu verlassen. »Ich sehe sie noch vor mir, wie sie dasaßen und mit ihren Messern knirschten«, sagte der Mann. »Sie sahen furchtbar aus, sie hatten große Bärte, die sie so manchen Tag nicht gestutzt oder gepflegt hatten, und sie waren in zottige Fellröcke gekleidet, die zerfetzt und schmutzig waren. Ich glaubte, es seien drei Werwölfe in die Stube gekommen. Ich war froh, als sie sich endlich trollten.« Als Torarin dies hörte, erzählte er dem Köhler, was er selbst im Pfarrhof mitgemacht hatte.

»Also war es doch wahr, daß sie heute abend in Branehög Messer schliffen«, sagte Torarin und lachte. Er hatte viel getrunken, weil er so traurig und bedrückt auf den Hof gekommen war. Und so hatte er denn versuchen müssen, sich zu trösten, so gut er konnte. »Nun bin ich wieder froh«, sagte er, »da ich jetzt weiß, daß die Pfarrersfrau kein anderes Vorzeichen gehört hat als ein paar Gerber, die ihre Werkzeuge in Ordnung brachten.«

4

Lange nach Mitternacht traten ein paar Männer aus der Stube auf Branehög, um ihre Pferde anzuschirren und heimzufahren.

Als sie auf den Hof kamen, sahen sie im Norden eine Feuersbrunst zum Himmel flackern. Sie eilten sogleich in die Stube zurück und riefen: »Stehet auf! Stehet auf! Der Pfarrhof von Solberga steht in Flammen!«

Es waren viele Leute bei dem Gastmahl, und wer ein Pferd hatte, schwang sich darauf und eilte zum Pfarrhof, aber beinahe ebenso rasch kamen die ans Ziel, die auf ihren eigenen flinken Füßen hinlaufen mußten. Als die Leute zum Pfarrhof kamen, schien da kein Mensch auf zu sein, sondern alle schienen zu schlafen, obgleich das Feuer hoch zum Himmel loderte. Aber es war keines der Häuser, das brannte, sondern ein großer Haufen

Reisig und Stroh und Holz, der an der Wand des alten Pfarrhauses aufgeschichtet war. Er konnte noch nicht lange gebrannt haben. Die Flammen hatten gerade nur das gute Zimmerholz der Wand geschwärzt und den Schnee auf dem Strohdache zum Schmelzen gebracht. Jetzt begann jedoch das Stroh des Daches anzubrennen. Alle begriffen sogleich, daß dies ein Mordbrand war. Sie zweifelten, ob Herr Arne und seine Hausgenossen wirklich schliefen oder ob ein Unglück sie getroffen hätte.

Aber bevor die Retter in das Haus drangen, wälzten sie mit langen Stangen den brennenden Scheiterhaufen von der Hauswand fort und kletterten auf das Dach und rissen das Stroh ab.

Dann gingen ein paar Männer auf die Haustüre zu, um einzutreten und Herrn Arne zu wecken, aber als der Vorangehende zur Schwelle kam, wich er zur Seite und ließ einem anderen den Vortritt.

Dieser machte einen Schritt vorwärts, aber als er die Hand nach dem Türgriff ausstrecken wollte, ging er zurück und machte jenen Platz, die hinter ihm standen.

Es deuchte sie eine grausige Tür, die da zu öffnen war; denn es kam ein breiter Blutstrom unter der Schwelle hervorgerieselt, und auch der Türgriff war ganz mit Blut besudelt.

Da ging die Tür vor ihnen auf, und Herrn Arnes Hilfsgeistlicher kam heraus. Er taumelte auf die Männer zu, er hatte eine tiefe Wunde im Kopfe und war blutüberströmt. Er stand einen Augenblick aufrecht und reckte seine Hand empor, um Schweigen zu gebieten. Dann sagte er mit röchelnder Stimme:

»In dieser Nacht ist Herr Arne und sein ganzes Haus von drei Männern ermordet worden, die durch den Windfang des Daches hereingeklettert kamen und in zottige Felle gehüllt waren. Sie stürzten sich über uns her wie wilde Tiere und töteten uns.«

Mehr vermochte er nicht zu sagen. Er fiel vor den Füßen der Männer hin und war tot.

Nun traten die Leute in das Haus und fanden alles so, wie der Hilfspfarrer gesagt hatte.

Die große Eichentruhe, in der Herr Arne sein Geld verwahrte, war verschwunden, und Herrn Arnes Pferd war aus dem Stalle genommen und sein Schlitten aus dem Schuppen.

Es führten Schlittenspuren vom Hofe über die Pfarrhofwiesen hinab zum Meere, und ein Dutzend Männer eilte davon, um die Mörder zu greifen. Aber die Frauen mühten sich um die Toten und trugen sie aus der bluttriefenden Stube hinaus in den reinen Schnee. Da fand man nicht alle von Herrn Arnes Hausgenossen, sondern einer fehlte. Es war die arme Jungfer, die Herr Arne in sein Haus aufgenommen hatte. Da herrschte große Verwunderung, ob es ihr vielleicht geglückt wäre zu entfliehen oder ob die Räuber sie mitgenommen hätten.

Aber als sie das ganze Haus genau durchsuchten, fanden sie sie zwischen dem großen Ofen und der Wand versteckt. Sie hatte sich während des Kampfes dort verborgen gehalten und es war ihr nichts geschehen. Aber sie war vom Schrecken so mitgenommen, daß sie nicht Rede und Antwort stehen konnte.

Auf den Brücken

Torarin hatte das arme Mädchen, das von dem Blutbade verschont geblieben war, mit nach Marstrand genommen. Er hatte ein so großes Mitleid für sie gefaßt, daß er ihr angeboten hatte, in seiner engen Hütte zu wohnen und Speise und Trank mit ihm und seiner Mutter zu teilen.

Dies ist das einzige, was ich für Herrn Arne tun kann, dachte Torarin, zum Lohn für alle die vielen Male, wo er mir meine Fische abkaufte und mich an seinem Tisch essen ließ.

So arm und gering ich auch bin, dachte Torarin, ist es doch besser für das Mädchen, mit mir in die Stadt zu kommen als hier bei den Bauern zu bleiben. In Marstrand gibt es viele reiche Bürger, und das Mädchen wird vielleicht bei einem von ihnen einen Dienst finden und so ihr gutes Auskommen haben.

In den ersten Tagen, nachdem das Mädchen zur Stadt gekommen war, saß sie da und weinte vom Morgen bis zum Abend. Sie jammerte über Herrn Arne und sein Haus, und sie klagte, weil sie alle verloren hatte, die ihr nahestanden. Am meisten jedoch beklagte sie ihre Pflegeschwester und sagte, sie wünschte, sie hätte sich nicht an der Mauer versteckt und ihr in den Tod folgen können.

Torarins Mutter sagte nichts dazu, solange der Sohn daheim war. Aber als er wieder seine Fahrt angetreten hatte, sagte sie eines Morgens zu dem Mädchen: »Ich bin nicht so reich, Elsalill, um dir so viel Nahrung und Kleidung geben zu können, daß du hier mit den Händen im Schoß sitzen und deinen Kummer hüten kannst. Komm du mit mir hinunter auf die Brücken und lerne Fische reinigen!«

Da ging Elsalill mit ihr hinunter auf die Brücken und arbeitete den ganzen Tag unter den anderen Fischerinnen.

Aber die meisten Frauen auf den Brücken waren jung und guter Dinge. Sie begannen mit Elsalill zu sprechen und fragten sie, warum sie so traurig und stumm wäre.

Da begann Elsalill ihnen zu erzählen, was für ein Abenteuer ihr vor nicht mehr als drei Nächten widerfahren war. Sie erzählte von den drei Räubern, die durch den Windfang des Daches in die Stube gedrungen waren und alle ermordet hatten, die ihr im Leben nahestanden.

Als Elsalill dies erzählte, fiel ein schwarzer Schatten auf den Tisch, an dem sie stand und arbeitete. Und als sie aufsah, standen vor ihr drei vornehme Herren, die breite Hüte mit großen Federn trugen und Samtkleider mit großen Puffen, die mit Seide und Gold bestickt waren.

Einer von ihnen schien der Vornehmste zu sein. Er war sehr bleich, sein Bart war geschoren, und die Augen lagen tief in ihren Höhlen. Es hatte den Anschein, als wäre er jüngst krank gewesen. Aber sonst sah er aus wie ein fröhlicher und kühner Kavalier, der auf den besonnten Brücken umherging, um den Leuten seine schönen Kleider und sein schönes Gesicht zu zeigen.

Elsalill hielt mit der Arbeit und mit der Erzählung inne. Sie stand mit offenem Munde und aufgerissenen Augen da und betrachtete ihn. Und er lächelte ihr zu. »Wir sind nicht hergekommen, um dich zu erschrecken, Mädchen«, sagte er, »und wir bitten dich, daß du auch uns gestattest, deiner Erzählung zuzuhören.« Die arme Elsalill, niemals in ihrem ganzen Leben hatte sie einen solchen Mann gesehen. Sie glaubte, vor ihm nicht sprechen zu können. Sie schwieg nur und sah hinunter auf ihre Arbeit.

Da begann der Fremde noch einmal: »Sei doch nicht bange, Mädchen. Wir sind Schotten, die wohl an die zehn Jahre in den Diensten des Königs Johann von Schweden gestanden haben, aber jetzt haben wir Urlaub und wollen heimreisen. Wir sind nach Marstrand gekommen, um eine Fahrgelegenheit nach Schottland hinüber zu finden, aber als wir herkamen, waren alle Sunde und Fjorde gefroren, und hier müssen wir nun bleiben und warten. Wir haben keinerlei Beschäftigung, und darum schlendern wir über die Brücken, um Leute zu treffen. Wir wären froh, wenn du uns deine Geschichte hören ließest.«

Elsalill begriff, daß er so lange sprach, um ihr Zeit zu geben, ihre Fassung wiederzuerlangen. Endlich dachte sie bei sich selber: Du mußt doch wohl zeigen, daß du nicht zu gering bist, um mit einem hohen Herrn zu sprechen, Elsalill! Du bist doch von guter Geburt und keine Fischerdirne!

»Ich sprach nur von dem großen Blutbade im Pfarrhofe von Solberga«, sagte Elsalill. »Es erzählen ja jetzt so viele davon.«

»Ja«, sagte der Fremde, »aber ich wußte bis jetzt nicht, daß jemand von Herrn Arnes Leuten mit dem Leben davongekommen ist.«

Da erzählte Elsalill noch einmal von dem Eindringen der wilden Räuber. Sie erzählte, wie die alten Knechte sich um Herrn Arne geschart hatten, um ihn zu schützen, und wie Herr Arne selbst sein Schwert von der Wand gerissen hatte und auf die Räuber eingedrungen war; die aber hatten sie alle besiegt. Und die alte Pfarrersfrau hatte das Schwert ihres Mannes aufgehoben und war auf die Räuber losgegangen, aber sie hatten sie nur ausgelacht und sie mit einem Holzscheit zu Boden geschlagen. Und alle die anderen Frauen hatten sich auf die Ofenmauer verkrochen, aber als die Männer tot waren, kamen die Mörder und rissen sie herunter und mordeten sie. »Die letzte, die sie töteten«, sagte Elsalill, »war meine liebe Pflegeschwester. Sie bat so flehentlich um ihr Leben, und zwei von ihnen wollten es ihr schenken, aber der dritte sagte, alle müßten sterben, und stach ihr sein Messer ins Herz.«

Solange Elsalill von Mord und Blut sprach, standen die drei Männer vor ihr still. Sie tauschten keinen Blick miteinander, aber ihre Ohren wurden gleichsam lang vom Horchen, und ihre Augen funkelten, und zuweilen öffneten sich ihre Lippen, so daß die Zahnreihen weiß hervorleuchteten.

Elsalill stand da, die Augen voll Tränen, nicht ein einziges Mal sah sie auf, während sie sprach. Sie sah nicht, daß der Mann vor ihr Augen und Zähne hatte wie ein Wolf. Erst als sie zu Ende gesprochen hatte, trocknete sie ihre Tränen und sah zu ihm auf.

Doch als er Elsalills Augen begegnete, veränderte sich sein Gesicht sofort.

»Da du die Mörder so gut gesehen hast, Jungfrau«, sagte er, »hättest du sie wohl sogleich wiedererkannt, wenn du ihnen begegnet wärest?«

»Hab' ich sie doch nicht anders gesehn als beim Schein der Kienspäne, die sie aus dem Herde rissen, um sich beim Morden zu leuchten«, sagte Elsalill, »aber dennoch würde ich sie mit Gottes Hilfe wohl wiedererkennen. Und ich bete alle Tage zu Gott, daß ich ihnen begegnen möchte.«

»Was meinst du damit, Jungfrau?« fragte der Fremde. »Ist es nicht wahr, daß die mörderischen Wanderer tot sind?«

»Ja, das weiß ich wohl«, sagte Elsalill. »Die Bauern, die ihnen nachjagten, verfolgten ihre Spuren vom Pfarrhofe bis zu einer Wake im Eise. Bis dorthin sahen sie auf dem blanken Eisspiegel Spuren von Schlittenkufen, Spuren von Pferdehufen, Fußstapfen von Menschen, die harte, eisenbeschlagene Schuhe getragen hatten. Aber von der Wake führten keine Spuren weiter über das Eis, darum glaubten die Bauern, daß alle tot wären.«

»Glaubst du, Elsalill, denn nicht, daß sie tot sind?« fragte der Fremde.

»Doch, ich glaube wohl, daß sie ertrunken sind«, sagte Elsalill, »und dennoch bete ich jeden Tag zu Gott: Laß es so sein, daß sie nur mit Pferd und Schlitten in die Wake gefahren, daß sie selbst aber davongekommen sein möchten.«

»Warum willst du das, Elsalill?« fragte der Fremde.

Das zarte Mädchen Elsalill warf den Kopf zurück, und ihre Augen leuchteten: »Ich wollte wohl, daß sie lebten, damit ich sie ausfindig machen und greifen könnte. Ich wollte, daß sie lebten, damit ich ihnen das Herz aus der Brust reißen könnte. Ich wollte, daß sie lebten, damit ich ihren Leib in vier Teile zerstükkelt auf das Rad geflochten sähe.«

»Wie wolltest du dies alles bewerkstelligen?« sagte der Fremde. »Du bist ja nur so ein schwaches, kleines Jungfräulein.«

»Wenn sie lebten«, sagte Elsalill, »dann würde ich sie schon der Strafe zuführen. Lieber wollte ich selbst in den Tod gehen, als sie entrinnen lassen. Sie mögen wohl stark und gewaltig sein, das weiß ich, aber mir würden sie nicht entrinnen können.«

Da lächelte der Fremde, aber Elsalill stampfte mit dem Fuße.

»Wenn sie lebten, dann würde ich immer daran denken, daß sie mir mein Heim genommen haben, so daß ich jetzt eine arme Dirne bin, die auf der kalten Brücke stehen und Fische schuppen muß. Ich würde mich daran erinnern, daß sie alle getötet haben, die mir nahestanden. Und besonders würde ich mich an den erinnern, der meine Pflegeschwester von der Mauer herunterzerrte und sie mordete, die mir so gut gesinnt war.«

Aber als das kleine zarte Mädchen so großen Zorn zeigte, da begannen die drei schottischen Kriegsleute zu lachen. Sie waren so lachlustig, daß sie ihrer Wege gingen, damit Elsalill keinen Anstoß daran nähme. Sie gingen über den Hafen ein enges Gäßchen hinauf, das zum Marktplatz führte. Aber noch lange, nachdem sie verschwunden waren, hörte Elsalill, wie sie aus vollem Halse lachten, höhnisch und gellend.

Acht Tage nach seinem Tode wurde Herr Arne in der Kirche von Solberga beigesetzt und an demselben Tage wurde auf dem Thingplatze von Branehög Untersuchung über den Mord gehalten.

Aber Herr Arne war ein wohlbekannter Mann in Bohuslän gewesen, und an seinem Begräbnistage kamen so viele Menschen, vom Festlande wie von den Schären, zusammen, daß es war, als versammle sich ein Kriegsheer um seinen Anführer. Und über die Felder zwischen der Kirche von Solberga und Branehög wanderten so viele Leute, daß es am Abend keinen Zollbreit Schnee gab, der nicht von Menschen niedergetreten war.

Doch spät nachts, als alle diese Leute ihrer Wege gezogen waren, kam Torarin, der Fischkrämer, den Weg von Branehög herauf nach Solberga gefahren.

Torarin hatte im Laufe des Tages mit vielen Menschen gesprochen. Wieder und wieder hatte er von Herrn Arnes Tod erzählt. Er war auch auf dem Thingplatze gut verpflegt worden und hatte so manchen Bierkrug leeren müssen, mit Wanderern, die von weither gekommen waren.

Torarin fühlte sich schwer und träge, er hatte sich auf seiner Fuhre niedergelegt. Er war betrübt, daß Herr Arne dahingegangen war, und als er in die Nähe des Pfarrhofs kam, begannen ihn noch schwerere Gedanken zu quälen. »Grim, mein Hund«, sagte er, »wenn ich an dieses Vorzeichen mit den Messern geglaubt hätte, hätte ich das ganze Unheil abwehren können. Ich denke oft daran, Grim, mein Hund. Mir ist so ängstlich zumute, ganz, als hätte ich selbst mit dazu geholfen, Herrn Arne aus der Welt zu schaffen. Merke nun wohl, was ich sage: wenn ich das nächste Mal so etwas höre, werde ich es glauben und mich danach richten.«

Aber während Torarin auf dem Wagen lag und mit halbgeschlossenen Augen vor sich hindämmerte, ging sein Pferd, wie es ihm gefiel; und als es zum Pfarrhof von Solberga kam, da trabte es aus alter Gewohnheit in den Hof und ging bis zur Stalltüre. Torarin wußte von nichts. Erst als das Pferd stehen blieb, richtete er sich auf und sah sich um. Er schauderte zusammen, als er sah, daß er sich auf dem Hofe vor einem Hause befand, wo erst vor einer Woche so viele Menschen ermordet worden waren.

Er griff sogleich nach den Zügeln. Er wollte das Pferd umdrehen und wieder auf den Weg hinausfahren, aber in demselben Augenblick klopfte ihm jemand auf die Schulter, und er sah sich um. Da stand neben ihm der alte Olof, der Pferdeknecht, der im Pfarrhofe gedient hatte, solange Torarin überhaupt zurückdenken konnte.

»Hast du es so eilig, heute nacht vom Hofe wegzufahren, Torarin?« sagte der Alte. »Komm doch lieber ins Haus hinein! Herr Arne sitzt da und wartet auf dich.«

Torarin gingen tausend Gedanken durch den Kopf. Er wußte nicht, ob er träumte oder wachte. Olof, den Pferdeknecht, den er frisch und lebend vor sich stehen sah, hatte er vor einer Woche tot neben den anderen liegen sehen, mit einer großen Wunde im Halse.

Torarin faßte den Zügel fester. Es schien ihm das beste, rasch fortzukommen. Aber die Hand Olofs, des Pferdeknechts, lag noch auf seiner Schulter, und der Alte fuhr fort, ihn zu bedrängen.

Torarin grübelte hin und her, um eine Ausflucht zu finden. »Es lag mir nicht im Sinn, Herrn Arne zu so später Stunde zu stören«, sagte er. »Das Pferd ist hergetrabt, ohne daß ich davon wußte. Ich will jetzt weiterfahren und mir eine Herberge für die Nacht suchen. Wenn Herr Arne mich sprechen will, kann ich wohl morgen wiederkommen.«

Damit beugte Torarin sich vor und schlug mit der Peitsche nach dem Pferde, damit es sich in Bewegung setze.

Allein im selben Augenblick stand der Pfarrhofknecht vorne beim Kopfe des Pferdes, faßte es am Zaumzeug und zwang es, still zu stehen. »Sei nicht halsstarrig, Torarin«, sagte der Knecht.

»Herr Arne ist noch nicht zu Bett gegangen, er sitzt da und wartet auf dich. Und du mußt doch wissen, daß du hier ein ebenso gutes Nachtquartier finden kannst wie auf irgendeinem anderen Hofe im Kirchspiel.«

Da wollte Torarin antworten, daß er sich nicht damit begnügen könnte, in einem Hause ohne Dach zu wohnen. Aber bevor er etwas sagte, warf er einen Blick auf das Wohngebäude. Da sah er das alte Dach ebenso wohlbehalten und ansehnlich wie vor dem Brande dastehen.

Und doch hatte Torarin noch an demselben Morgen den nackten Dachstuhl in die Luft ragen sehen.

Er schaute und schaute und rieb sich die Augen, aber das Pfarrhaus stand ganz gewiß unversehrt da, mit Stroh und Schnee auf dem Dache. Durch den Windfang sah er Rauch und Funken aufflattern. Und durch die wohlverschlossenen Fensterläden sah er den Lichtschein auf den Schnee fallen.

Wer weit auf der kalten Landstraße umherzieht, kennt keinen traulicheren Anblick als den Lichtschein, der aus einer warmen Stube dringt. Aber Torarin wurde nur noch erschrockener, als er vorher gewesen war. Er peitschte das Pferd, so daß es sich bäumte und ausschlug. Aber nicht um einen Schritt brachte er es von der Stalltüre fort.

»Komm du nur mit herein, Torarin«, sagte der Stallknecht. »Ich dachte, du wolltest doch in dieser Sache nichts mehr zu bereuen haben.«

Nun kam es Torarin wieder in den Sinn, was er sich auf dem Wege gelobt hatte. Und während er eben noch mit hocherhobener Peitsche auf dem Wagen gestanden hatte, wurde er mit einem Male so zahm wie ein Lamm.

»Sieh her, Olof, hier bin ich also!« sagte er und sprang von der Fuhre hinunter. »Es ist wahr, daß ich in dieser Sache nichts zu bereuen haben will. Führe mich jetzt hinein zu Herrn Arne!«

Aber die schwersten Schritte, die Torarin je gegangen war, waren die über den Hof zum Hause hin.

Als die Tür aufging, schloß Torarin die Augen, um nicht in die

Stube sehen zu müssen. Aber er suchte sich Mut zu machen, indem er an Herrn Arne dachte. »Er hat dir so manche gute Mahlzeit gegeben. Er hat deine Fische gekauft, wenn auch seine eigene Vorratskammer voll war. Er ist dir immer im Leben wohlgesinnt gewesen, und sicherlich will er dir auch nach seinem Tod nicht schaden. Vielleicht will er einen Dienst von dir verlangen. Du darfst nicht vergessen, Torarin, daß man Dankbarkeit zeigen muß, auch gegen die Toten.«

Torarin schlug die Augen auf und sah in die Stube. Da sah er den großen Raum, ganz wie er ihn immer gesehen hatte. Er erkannte den hohen gemauerten Ofen wieder und die gewebten Tücher an den Wänden. Aber er schaute viele Male von Wand zu Wand und vom Boden zur Decke, bevor er sich ein Herz faßte und zu dem Tische und der Bank hinsah, wo Herr Arne immer gesessen hatte.

Aber endlich blickte er auch dorthin, und da sah er Herrn Arne selbst leibhaftig am Tische sitzen mit seiner Gattin und dem Hilfspastor zur Rechten und zur Linken, so wie er ihn vor acht Tagen gesehen hatte. Er schien eben seine Mahlzeit beendigt zu haben, er hatte den Teller zurückgeschoben, und der Löffel lag vor ihm auf dem Tische. Alle die alten Diener und Dienerinnen saßen am Tische, aber nur eines von den jungen Mädchen.

Torarin stand lange unten an der Tür und betrachtete die, die am Tische saßen. Sie sahen alle ängstlich und betrübt aus, und auch Herr Arne saß schwermütig da wie die anderen und stützte das Haupt in die Hand.

Endlich sah Torarin, daß Herr Arne den Kopf erhob. »Bringst du jemand Fremdes mit in die Stube, Pferdeknecht Olof?«

»Ja«, antwortete der Knecht, »es ist Torarin, der Fischkrämer, der heute auf dem Thing in Branehög gewesen ist.«

Da schien Herr Arne fröhlicher auszusehen, und Torarin hörte ihn sagen: »Tritt näher, Torarin, und laß uns die Neuigkeiten vom Thing hören! Hier habe ich jetzt die halbe Nacht gesessen und auf dich gewartet!« Das alles klang so wirklich und natürlich, daß Torarin anfing, sich immer beherzter zu fühlen. Er ging ganz mutig durch die Stube, auf Herrn Arne zu. Er fragte sich, ob es nicht ein böser Traum gewesen wäre, daß Herr Arne ermordet sei, und ob er nicht in Wahrheit lebte.

Aber während Torarin durch die Stube ging, warf er aus alter Gewohnheit einen Blick auf das Himmelbett, neben dem die große Geldtruhe zu stehen pflegte. Aber die eisenbeschlagene Truhe stand nicht mehr auf ihrem Platze, und als Torarin dies sah, durchlief ihn wieder ein Gruseln.

»Nun, Torarin, sage uns, wie es heute auf dem Thing abgelaufen ist«, hub Herr Arne an.

Torarin suchte so zu tun, wie ihm geheißen war, und erzählte vom Thing und von der Untersuchung, aber er konnte weder seiner Lippen noch seiner Zunge Herr werden, sondern sprach schlecht und stammelnd. Herr Arne unterbrach ihn auch sogleich: »Sag mir nur das Wichtigste. Sind unsre Mörder gefunden und bestraft worden?«

»Nein, Herr Arne«, wagte da Torarin zu antworten. »Eure Mörder liegen auf dem Grunde des Hakefjords. Wie wollt Ihr, daß jemand Rache an ihnen nehme?«

Als Torarin diese Antwort gab, schien in Herrn Arne wieder seine alte Laune zu fahren, und er schlug mit der Hand hart auf den Tisch. »Was sagst du da, Torarin? Der Amtmann auf Bohus wäre mit seinen Beiständen und Schreibern hier gewesen und hätte Thing gehalten, und da hätte ihm niemand sagen können, wo er meine Mörder finden soll?«

»Nein, Herr Arne«, antwortete Torarin, »das kann ihm niemand unter den Lebenden sagen.«

Herr Arne saß eine Weile mit gerunzelter Stirn und blickte düster vor sich hin. Dann wandte er sich noch einmal an Torarin.

»Ich weiß, daß du mir ergeben bist, Torarin. Kannst du mir sagen, wie ich Rache nehmen soll an meinen Mördern?«

»Ich kann es wohl verstehen, Herr Arne«, sagte Torarin, »daß Ihr wünscht, Euch an jenen zu rächen, die Euch so roh ums Leben gebracht haben. Aber es gibt niemand unter uns, die wir auf Gottes grüner Erde wandeln, der Euch da behilflich sein könnte.«

Als Herr Arne diese Antwort erhalten hatte, versank er in tiefes Grübeln.

Und es entstand ein langes Stillschweigen. Nach einer Weile wagte Torarin sich mit einer Bitte hervor. »Ich habe nun Euren Wunsch erfüllt, Herr Arne, und Euch gesagt, wie es auf dem Thing abgelaufen ist. Habt Ihr mich noch etwas zu fragen, oder wollt Ihr mich jetzt ziehen lassen?«

»Du sollst nicht gehen, Torarin«, sagte Herr Arne, »ehe du mir nicht noch einmal geantwortet hast, ob keiner von den Lebenden uns rächen kann.«

»Selbst wenn alle Männer aus Bohuslän und Norwegen zusammenkämen, um Rache an Euern Mördern zu nehmen, würde es ihnen nicht gelingen, sie zu finden«, sagte Torarin.

Da sprach Herr Arne:

»Wenn die Lebenden uns nicht helfen können, müssen wir uns selber helfen.«

Damit begann Herr Arne mit lauter Stimme ein Vaterunser zu beten, aber nicht auf norwegisch, sondern auf lateinisch, wie es vor seiner Zeit im Lande der Brauch gewesen war. Und bei jedem Worte des Gebetes, das er aussprach, wies er mit dem Finger auf einen von denen, die mit ihm am Tische saßen. Er ging sie auf diese Weise mehrere Male durch, bis er zum Amen kam. Aber als er dieses Wort sagte, streckte er den Finger gegen das junge Mädchen aus, das seine Sohnestochter war.

Sie erhob sich allsogleich von der Bank, und Herr Arne sagte zu ihr: »Du weißt, was du zu tun hast.«

Da klagte das Mädchen sehr und sagte: »Sende mich nicht mit diesem Auftrag aus. Das ist ein zu schweres Beginnen für ein so schwaches Wesen wie mich.«

»Ganz gewiß sollst du gehen«, sagte Herr Arne. »Es ist nur billig, daß du gehst, denn du hast am meisten zu rächen. Niemandem von uns sind so viele Jahre des Lebens geraubt worden wie dir, der Jüngsten unter uns.«

»Ich will keine Rache an irgendeinem Menschen«, sagte das Mädchen.

»Du sollst sogleich gehen«, sagte Herr Arne, »und du wirst nicht allein stehen. Du weißt, daß es unter den Lebenden zwei gibt, die vor acht Tagen hier mit uns an diesem Tische saßen.«

Aber als Torarin Herrn Arne dieses sagen hörte, glaubte er zu verstehen, daß Herr Arne ihn ausersähe, gegen Missetäter und Mörder zu kämpfen, und er rief:

»Um Gottes Barmherzigkeit willen beschwöre ich Euch, Herr Arne.«

Im selben Augenblick schien es Torarin, daß Herr Arne und der Pfarrhof in einem Nebel verschwänden, und er selbst sank tief hinab, als fiele er von einer schwindelnden Höhe, und damit verlor er das Bewußtsein.

Als er wieder zum Leben erwachte, begann der Morgen zu dämmern. Da sah er, daß er im Hofe des Solberger Pfarrhauses auf dem Boden lag. Das Pferd mit dem beladenen Wagen stand neben ihm, und Grim heulte über ihm.

»Es war alles nur ein Traum«, sagte Torarin, »nun sehe ich es ein. Der Hof ist öde und zerstört. Ich habe weder Herrn Arne gesehen noch irgendeinen andern. Aber ich habe mich im Traume so erschreckt, daß ich vom Wagen heruntergestürzt bin.«

Im Mondenschein

Als vierzehn Tage seit Herrn Arnes Tod verstrichen waren, kamen ein paar Nächte mit starkem, klarem Mondschein. Und eines Abends war Torarin unterwegs und fuhr durch den Mondschein. Einmal ums andre hielt er das Pferd an, als fiele es ihm schwer, den Weg zu finden. Und er fuhr doch durch keinen unwegsamen Wald; vielmehr glaubte er, offene Erde um sich zu sehen, auf der sich viele steinige Hügel erhoben.

Die ganze Gegend war von weißem schimmerndem Schnee bedeckt. Er war bei gutem Wetter still und gleichmäßig gefallen, er lag nicht in Haufen oder Wirbeln. So weit das Auge reichte, gab es nichts anderes als die gleiche glatte Ebene und die gleichen steinigen Hügel.

»Grim, mein Hund«, sagte Torarin, »wenn wir dies heute abend zum ersten Male sähen, dann würden wir wohl glauben, daß wir über eine große Heide zögen. Aber wir würden uns wohl darüber verwundern, daß der Boden so eben ist und der Weg ohne Steine oder Gruben. Was ist dies für eine Gegend, würden wir sagen, wo es weder Gräben noch Zäune gibt, und wie kommt es, daß kein Strauch und kein Hälmchen aus dem Schnee hervorguckt? Und warum sehen wir keine Flüsse oder Bächlein, die doch sonst selbst in der strengsten Kälte ihre schwarzen Furchen durch die weißen Felder ziehen?«

Torarin ergötzte sich sehr an diesen Gedanken, und auch Grim fand Gefallen an ihnen. Er regte sich nicht von seinem Platz auf der Wagenladung, sondern lag still und blinzelte.

Aber gerade, als Torarin seine Rede geschlossen hatte, fuhr er an einer hohen Stange vorbei, an der ein Büschel festgebunden war.

»Wenn wir hier fremd wären, Grim, mein Hund«, sagte Torarin, »dann würden wir uns wohl fragen, was dies für eine Heide sei, wo sie dieselben Zeichen aufstellen, wie man sie auf dem Meere benutzt. Dies kann doch wohl nicht das Meer selber sein, würden wir schließlich sagen. Aber das würde uns wohl ganz unmöglich vorkommen. Das so stetig und sicher daliegt, sollte das bloßes Wasser sein? Und alle diese Felsenhügel, die da so fest vereint ruhen, sollten es nur Inseln sein? Nein, wir könnten es nicht glauben, Grim, mein Hund.«

Torarin lachte, und Grim lag noch immer still und regungslos. Torarin fuhr weiter, bis er um einen hohen Felsenhügel bog. Da stieß er einen Ruf aus, als hätte er etwas Merkwürdiges gesehen. Er tat sehr erstaunt, zog die Zügel an und schlug die Hände zusammen.

»Grim, mein Hund, und du wolltest nicht glauben, daß dies das Meer sei! Jetzt siehst du doch, was es ist. Richte dich auf, dann wirst du sehen, daß hier vor uns ein großes Fahrzeug liegt. Du wolltest das Seezeichen nicht kennen, aber hierin kannst du dich nicht täuschen. Jetzt mußt du es einsehen und kannst es gar nicht mehr leugnen, daß es das Meer selbst ist, worüber wir ziehen.«

Torarin blieb noch eine Weile stehen und betrachtete ein großes Fahrzeug, das im Eise eingefroren dalag. Es sah ganz verlassen aus, wie es da mitten in der glatten weißen Schneedecke lag.

Aber als Torarin sah, daß ein schwacher Rauch aus dem hinteren Teil des Fahrzeugs aufstieg, fuhr er hin und rief den Schiffer an, um zu hören, ob er ihm Fische abkaufen wolle. Er hatte nur noch ein paar Dorsche auf dem Grunde seines Wagens, da er im Laufe des Tages zu allen den eingefrorenen Schuten gefahren war und ihnen Fische verkauft hatte.

An Bord saß der Schiffer mit seinen Leuten in trübseligster Laune. Sie kauften dem Handelsmanne Fische ab, nicht weil sie sie gebraucht hätten, sondern um jemanden zu haben, mit dem sie sprechen konnten.

Als sie zu Torarin hinunter aufs Eis kamen, machte dieser ein unschuldiges Gesicht und begann mit ihnen vom Wetter zu sprechen. »Seit Menschengedenken hat es kein so schönes Wetter gegeben wie heuer«, sagte Torarin. »Seit beinahe drei Wochen haben wir jetzt ruhige Luft und strenge Kälte. Das ist anders, als wir es sonst bei den Inseln gewohnt sind.«

Aber der Schiffer, der mit seiner großen Galeasse voll Heringstonnen dalag und in einer Bucht nahe bei Marstrand eingefroren war, gerade als er sich anschicken wollte, ins Meer hinauszusteuern, sah Torarin grimmig an und antwortete:

»Ja so, das nennst du schönes Wetter?«

»Wie sollte ich es sonst nennen?« sagte Torarin. Er sah unschuldig aus wie ein Kind. »Der Himmel ist klar und ruhig und blau, und die Nacht ist ebenso schön wie der Tag. Nie zuvor habe ich es erlebt, daß ich so Woche für Woche auf dem Eise umherfahren konnte. Das Meer friert hier draußen nicht so häufig zu, und wenn es einmal einen Winter vereist war, so kam immer gleich ein Sturm und riß die Eisdecke in wenigen Stunden wieder auf.«

Der Schiffer stand finster und verdüstert da; er antwortete gar nicht auf Torarins Geschwätz. Da begann Torarin zu fragen, warum er sich nicht nach Marstrand hinein begebe. »Es ist ja eine Wanderung von nicht mehr als einer Stunde über das Eis«, sagte Torarin.

Darauf erhielt er auch keine Antwort. Torarin begriff, daß der Mann die Galeasse keinen Augenblick verlassen wollte, aus Furcht, nicht zur Stelle zu sein, wenn das Eis bräche. Selten habe ich jemanden mit so sehnsuchtskranken Augen gesehen, dachte Torarin. Aber der Schiffer, der nun Tag für Tag zwischen den Inseln eingeschlossen dagesessen hatte, ohne sein Segel hissen und ins Meer hinaussteuern zu können, hatte inzwischen mancherlei gedacht, und er sagte zu Torarin:

»Du, der da überall herumzieht und von allem reden hört, was sich zuträgt, weißt du, warum Gott dieses Jahr die Wege ins Meer hinaus so lange verschließt und uns alle in Gefangenschaft hält?«

Als er dies sagte, hörte Torarin zu lächeln auf, aber er stellte sich unwissend und sagte: »Jetzt weiß ich nicht, wie du dies meinst.«

»Je nun«, sagte der Schiffer, »ich lag einmal einen ganzen Monat im Hafen von Bergen, und es blies alle Tage Gegenwind, so daß kein Schiff in See stechen konnte. Aber an Bord von einem der Schiffe, die im Hafen eingeschlossen waren, war ein Mann, der in Kirchen gestohlen hatte, und er wäre entkommen, wenn der Sturm nicht gewütet hätte. Nun gelang es ihnen auszukundschaften, wo er sich befand, und sobald er ans Land gebracht war, kam sogleich schönes Wetter und guter Wind. Verstehst du nun, was ich meine, wenn ich frage, ob du weißt, warum Gott die Pforten des Meeres verschlossen hält?«

Torarin stand nun eine Weile schweigend da. Er sah aus, als hätte er nicht übel Lust, mit ernsten Worten zu entgegnen. Aber er schlug es sich aus dem Sinn und sagte: »Du wirst ganz kopfhängerisch davon, daß du hier zwischen den Inseln eingeschlossen dasitzst. Warum begibst du dich nicht nach Marstrand? Ich will dir sagen, daß dort ein fröhliches Leben geführt wird. Da gehen Hunderte von Fremden herum, die nichts anderes tun, als tanzen und trinken.«

»Warum geht es denn dort so fröhlich zu?« fragte der Schiffer.

»Ach«, sagte Torarin, »dort sind Seeleute, deren Schiffe eingefroren sind wie das deine. Da sind auch eine Menge Fischer, die eben ihren Heringsfang beendet hatten, als sie durch das Eis verhindert wurden heimzufahren. Und da gehen vielleicht hundert schottische Söldlinge herum, die von ihrem Kriegsdienst beurlaubt sind und hier auf die Gelegenheit warten, heimzufahren nach Schottland. Glaubst du, daß sie alle die Köpfe hängen lassen und die Gelegenheit versäumen, sich frohe Tage zu machen?«

»Ja, es mag wohl sein, daß die Leute sich vergnügen können, aber mir ist es nun einmal am liebsten, hier zu warten«, sagte der Schiffer.

Torarin warf einen raschen Blick auf ihn. Der Schiffer war ein großer magerer Mann. Seine Augen waren hell und wasserklar, mit schwermütigem Blick. Diesen Mann kann ich nicht froh machen, und ein andrer auch nicht, dachte Torarin.

Noch einmal begann der Schiffer aus freien Stücken mit ihm zu sprechen. »Diese schottischen Krieger«, sagte er, »sind das ordentliche Leute?«

»Solltest du sie am Ende nach Schottland hinüberführen?« sagte Torarin.

»Ja«, sagte der Schiffer, »ich habe eine Ladung nach Edinburgh, und einer von ihnen ist eben hier bei mir gewesen und hat mich gebeten, sie mitzunehmen. Aber ich liebe es nicht, mit solchen wilden Gesellen an Bord zu segeln, und ich habe ihn um Bedenkzeit gebeten. Hast du etwas über sie gehört? Glaubst du, daß ich es wagen kann, sie aufzunehmen?«

»Ich habe nichts anderes von ihnen gehört, als daß sie tapfere Leute sein sollen. Sicherlich kannst du sie mitnehmen.«

Aber in demselben Augenblick, als Torarin dies sagte, richtete sich sein Hund auf dem Wagen auf, streckte die Schnauze in die Luft und begann zu heulen.

Da brach Torarin sogleich das Lob der Schotten ab. »Was hast du nur, Grim, mein Hund?« sagte er. »Findest du, daß ich gar zu lange auf dem Eise bleibe und die Zeit verschwatze?«

Er machte sich bereit weiterzufahren. »Ja, lebt wohl, hier draußen«, sagte er.

Torarin fuhr durch den schmalen Sund zwischen der Kleeinsel und der Kuhinsel nach Marstrand zu. Als er so weit gekommen war, daß er Marstrand sehen konnte, merkte er, daß er sich nicht allein auf dem Eise befand.

Im klaren Mondenschein sah er einen hohen Mann in stolzer Haltung über den Schnee wandern. Er sah, daß er einen federgeschmückten Hut und reich ausstaffierte Kleider mit weiten Puffen trug.

»Sieh da«, sagte Torarin zu sich selbst, »da geht Sir Archie, der Anführer der Schotten, der heute abend auf der Galeasse gewesen ist, um sich die Überfahrt nach Schottland zu sichern.«

Torarin war dem Manne so nahe, daß er schon seinen langen Schatten eingeholt hatte, der hinter ihm herglitt. Sein Pferd setzte gerade die Hufe auf die Hutfedern des Schattenbildes.

»Grim«, sagte Torarin, »sollen wir ihn fragen, ob er mit uns in die Stadt fahren will?«

Der Hund begann sich sogleich aufzurichten, aber Torarin legte ihm beschwichtigend die Hand auf den Rücken. »Sei nur ruhig, Grim, mein Hund! Ich sehe, daß du die Schottischen nicht liebst!«

Sir Archie hatte nicht bemerkt, daß ihm jemand so nahe war. Er ging weiter, ohne sich umzusehen. Torarin bog ganz sachte zur Seite, um an ihm vorbeizukommen.

Aber im selben Augenblick gewahrte Torarin hinter dem schottischen Herrn etwas, das einem zweiten Schatten glich. Er sah etwas, das lang und dünn und grau war und über den Boden hinschwebte, ohne Fußspuren auf dem Wege zu hinterlassen und ohne den weißen Schnee zum Knirschen zu bringen.

Der Schotte ging mit großen Schritten vorwärts. Er sah sich weder nach rechts noch nach links um. Aber der graue Schatten glitt von rückwärts an ihn heran, so nahe, daß es aussah, als wollte er ihm etwas ins Ohr flüstern.

Torarin fuhr behutsam vorwärts, bis er auf gleiche Höhe mit

den beiden kam. Da sah er das Gesicht des Schotten im klaren Mondschein. Er ging mit zusammengezogenen Augenbrauen und sah unmutig aus, als würde er von einem Gedanken beschäftigt, der ihm Mißbehagen verursachte.

Gerade als Torarin an ihm vorbeifuhr, drehte er sich um und blickte hinter sich, als hätte er dort jemand bemerkt.

Torarin sah deutlich, daß hinter Sir Archie ein junges Mädchen in schleppendem, grauem Gewande einherschlich, aber Sir Archie sah sie nicht. Als er den Kopf wandte, stand sie regungslos still, und Sir Archies eigener Schatten legte sich dunkel und breit über sie und verdeckte sie.

Sir Archie wandte sich sogleich um und setzte seine Wanderung fort, und wieder eilte das Mädchen herbei und ging so, als ob sie ihm etwas ins Ohr flüstere. Aber als Torarin dies sah, packte ihn ein Grauen, das er nicht bemeistern konnte. Er schrie laut auf, und er hieb auf sein Pferd ein, so daß er in vollem Galopp mit der schweißtriefenden Mähre vor der Türe seiner Hütte ankam.

Verfolgung

I

Auf jener Seite der Marstrandinsel, die dem Schärenarchipel zugekehrt und von einem Kranz von Inselchen geschützt war, lag die Stadt mit allen ihren Häusern und Bauwerken. Da bewegten sich die Menschen in Straßen und Gäßchen, da lag der Hafen, der voll von Booten und Schiffen war, da wurden Heringe eingesalzen und Fische gereinigt, da lag die Kirche und der Kirchhof, da waren das Rathaus und der Marktplatz, und da stand mancher hohe Baum, der im Sommer grünes Laub trug.

Aber auf jener Hälfte der Marstrandinsel, die vom offenen Meere umgeben und nicht von Inseln geschützt wurde, gab es nichts anderes als einsame nackte Klippen und zerklüftete Bergvorsprünge, die ins Meer hineinragten. Da war Heidekraut mit braunen Köpfchen und stechendes Gestrüpp von Dornenbüschen, da waren Höhlen für Ottern und Füchse, Nester für Eidergänse und Möwen, doch keine Wege, keine Häuser und keine Menschen.

Torarins Hütte aber lag hoch oben auf dem Kamme der Insel; die eine Seite war der Stadt zugekehrt und die andere der Wildnis. Und wenn Elsalill die Tür öffnete, lagen vor ihr breite nackte Felsenplatten, von denen sie weit nach Westen blicken konnte, wo das offene Meer lag.

Aber alle die Seeleute und Fischer, die in Marstrand eingefroren waren, pflegten an Torarins Hütte vorbeizugehen, um die Klippen zu besteigen und zu sehen, ob Buchten und Sunde noch nicht angefangen hätten, ihre Eisdecke abzuwerfen.

Oft stand Elsalill in der Haustür und sah ihnen nach, wie sie dort hinaufgingen. Nach dem großen Kummer, der sie getroffen hatte, lebte sie ohne jede Freude und sie dachte: Mir scheint, daß alle glücklich sind, die etwas haben, wonach sie sich sehnen können. Aber ich habe auf der weiten Welt nichts zu wünschen.

Eines Abends sah Elsalill, wie ein hochgewachsener Mann, der einen breitrandigen Hut mit einer großen Feder trug, oben auf den Felsplatten stand und nach Westen übers Meer hinausblickte wie alle die andern. Und Elsalill sah sogleich, daß der Mann Sir Archie war, der Anführer der Schotten, der auf der Brücke mit ihr gesprochen hatte.

Als er auf dem Wege zur Stadt an der Hütte vorbeikam, stand Elsalill noch immer in der Tür, und sie weinte.

»Warum weinst du?« fragte er und blieb vor ihr stehen.

»Ich weine, weil ich nichts habe, wonach ich mich sehnen kann«, sagte Elsalill. »Als ich Euch auf der Klippe stehen und über das Meer hinausblicken sah, da dachte ich: Sicherlich hat er dort oben auf der anderen Seite des Meeres ein Heim, wohin er nun fahren will.«

Da wurde es Sir Archie weich ums Herz und er sagte: »Seit langen Jahren hat niemand mit mir von meinem Heim gesprochen. Weiß Gott, wie es auf meines Vaters Hof steht. Als ich siebzehn Jahre alt war, zog ich von dort fort, um in fremden Heeren zu dienen.« Damit trat Sir Archie in die Hütte zu Elsalill, und er begann mit ihr von seinem Elternhause zu reden.

Und Elsalill saß stumm da und hörte Sir Archie lange und wie gebannt zu. Sie fühlte sich glücklich über jedes Wort, das sie Sir Archie sagen hörte.

Aber als die Zeit herankam, wo Sir Archie gehen wollte, bat er Elsalill, sie küssen zu dürfen.

Da sagte Elsalill Nein und sprang zur Türe, aber Sir Archie stellte sich ihr in den Weg und wollte sie zwingen.

In demselben Augenblick ging die Tür der Hütte auf, und die Hausmutter kam sehr hastig herein.

Da wich Sir Archie von Elsalill zurück. Er bot ihr nur die Hand zum Abscheid und eilte davon.

Aber Torarins Mutter sagte zu Elsalill: »Es war recht von dir, daß du mir Botschaft sandtest. Es gehört sich nicht für ein Mädchen, mit einem solchen Manne wie Sir Archie allein in der Hütte zu sein. Das weißt du wohl: ein Söldling hat weder Ehre noch Gewissen.«

»Ich hätte Euch Botschaft gesandt?« sagte Elsalill erstaunt.

»Ja«, antwortete die Alte, »als ich auf der Brücke bei der Arbeit stand, kam ein kleines Mädchen, das ich nie zuvor gesehen habe, und sagte, du schicktest mir Grüße und bätest, ich solle heimkommen.«

»Wie sah das Mädchen aus?« fragte Elsalill.

»Ich sah sie nicht so genau an, daß ich dir das sagen könnte«, antwortete die Alte. »Aber eins merkte ich, sie ging so leicht über den Schnee, daß kein Laut vernehmbar war.«

Als Elsalill dies hörte, wurde sie ganz bleich, und sie sagte: »Dann war es wohl einer von Gottes Engeln, der Euch Kunde brachte und Euch nach Hause führte.«

2

Ein anderes Mal saß Sir Archie in Torarins Hütte und plauderte mit Elsalill. Die beiden waren allein. Sie sprachen fröhlich miteinander und waren ganz vergnügt.

Sir Archie saß da und sprach mit Elsalill davon, daß sie ihn nach Schottland begleiten solle. Dort wolle er ihr ein Schloß bauen und sie zu einer vornehmen Burgfrau machen. Er sagte ihr, sie würde hundert Zofen unter sich haben und am Hofe des Königs tanzen.

Elsalill saß stumm da und lauschte jedem Worte, das Sir Archie zu ihr sagte, und sie glaubte sie alle. Und Sir Archie fand, daß er niemals ein Mädchen getroffen hatte, das so leicht zu betören gewesen wäre wie Elsalill.

Plötzlich ward Sir Archie ganz stumm und sah hinab auf seine linke Hand.

»Was habt Ihr, Sir Archie, warum sprecht Ihr nicht weiter?« fragte Elsalill.

Sir Archie öffnete und schloß die Hand krampfhaft. Er wand sie hin und her.

»Was ist Euch, Sir Archie?« fragte Elsalill. »Ihr habt doch nicht am Ende Schmerzen in Eurer Hand?«

Da wendete sich Sir Archie mit verstörtem Gesicht Elsalill zu und sagte: »Siehst du das Haar, Elsalill, das sich um meine Hand schlingt? Siehst du die lichte Haarlocke?«

Als er zu sprechen begann, sah das junge Mädchen nichts, aber noch ehe er geendet, sah sie, wie eine Schlinge aus hellem, feinem Haar sich ein paarmal um Sir Archies Hand ringelte.

Das Mädchen sprang entsetzt auf und rief: »Sir Archie, von wem ist dieses Haar, das Ihr um Eure Hand geschlungen habt?«

Sir Archie blickte bestürzt und ratlos zu ihr hin. »Ich fühle, Elsalill, daß es wirklich Haar ist. Es legt sich kühl und weich um die Hand. Aber wo ist es hergekommen?«

Die Jungfrau saß da und starrte die Hand mit Augen an, die ihr aus dem Kopfe zu treten schienen.

»So hatte sich das Haar meiner Pflegeschwester um die Hand dessen geschlungen, der sie tötete«, sagte sie.

Aber dann begann Sir Archie zu lachen. Rasch zog er seine Hand zurück.

»Sieh«, sagte er, »du und ich, Elsalill, wir lassen uns erschrekken wie kleine Kinder. Es waren nur ein paar starke Sonnenstrahlen, die durch das Fenster hereinfielen.«

Aber die Jungfrau brach in Tränen aus und sagte: »Mir ist, als läge ich wieder auf der Ofenmauer und sähe die Mörder am Werk. Ach, ich hoffte doch bis zuletzt, daß sie meine geliebte Pflegeschwester nicht finden würden, aber endlich kam doch einer von ihnen und zog sie von der Mauer herunter, und als sie entfliehen wollte, da wickelte er ihr Haar um seine Hand und hielt sie fest. Aber sie lag auf den Knien vor ihm und sagte: ›Sieh, wie jung ich bin. Verschone mich! Laß mich wenigstens solange leben, daß ich begreifen lerne, warum ich zur Welt gekommen bin! Ich habe dir doch nichts zuleide getan, warum willst du mich töten? Warum willst du mir nicht das Leben gönnen?‹ Und er hörte nicht auf sie, sondern tötete sie.«

Als Elsalill dies sagte, stand Sir Archie mit gerunzelter Stirne da und blickte zur Seite.

»Ach, wenn ich dem Manne einmal begegnete!« sagte Elsalill. Sie stand mit geballten Fäusten vor Sir Archie.

»Du kannst dem Manne nicht begegnen«, sagte Sir Archie. »Er ist tot.«

Aber die Jungfrau warf sich auf die Bank und schluchzte. »Sir Archie, Sir Archie, warum habt Ihr mich dazu gebracht, an die Toten zu denken? Den ganzen Abend und die Nacht muß ich nun weinen. Geht, Sir Archie, denn jetzt habe ich nur noch Sinn für die Toten, nun muß ich an meine Pflegeschwester denken, daran, wie freundlich sie zu mir war.«

Und es gelang Sir Archie nicht, sie zu trösten, und er wurde von ihren Tränen und Klagen vertrieben und ging zu seinen Zechgenossen.

3

Sir Archie konnte nicht begreifen, warum sein Sinn stets von so trüben Gedanken erfüllt war. Er vergaß sie nicht, wenn er bei Elsalill saß und mit ihr plauderte, und nicht, wenn er bei seinen Kameraden war und mit ihnen trank. Wenn er auch die Nächte in den Seeschuppen durchtanzte, konnte er sie doch nicht vertreiben, und auch nicht, wenn er lange Strecken über das gefrorene Meer wanderte.

»Warum muß ich stets an etwas denken, woran ich mich nicht erinnern will?« sagte Sir Archie zu sich selbst. »Es ist mir, als schliche jemand mir immer nach und flüstere mir ins Ohr.«

»Es ist mir, als würde ein Netz um mich gesponnen«, sagte Sir Archie, »um alle meine Gedanken einzufangen und mir diesen einzigen übrig zu lassen. Ich kann den Jäger nicht sehen, der das Netz auswirft, aber ich höre seine Schritte, wenn er mir nachschleicht.«

»Es ist mir, als ginge ein Maler vor mir her und bemale alles, was ich betrachte, mit demselben Bilde«, sagte Sir Archie. »Ob ich die Blicke zum Himmel oder zur Erde wende, so sehe ich doch nichts anderes als eine einzige Sache.«

»Es ist mir, als säße ein Steinklopfer auf meinem Herzen und hämmerte einen einzigen Kummer hinein«, sagte Sir Archie. »Ich kann den Steinklopfer nicht sehen, aber Tag und Nacht höre ich, wie sein Hammer klopft und schlägt. Du steinernes Herz, du steinernes Herz, sagt er, jetzt mußt du nachgeben. Jetzt will ich einen Kummer in dich hineinhämmern.« Sir Archie hatte zwei Freunde, Sir Philip und Sir Reginald, die ihm überallhin folgten. Es bekümmerte sie, daß er immer unfroh war und nichts ihm Glück bringen konnte.

»Was fehlt dir?« pflegten sie zu sagen. »Warum sind deine Augen so brennend, und warum sind deine Wangen so bleich?«

Sir Archie wollte ihnen nicht sagen, was ihn quälte. Er dachte: was würden meine Genossen von mir denken, wenn sie erführen, daß ich mich von etwas so Unmännlichem gefangennehmen lasse? Sie würden mir nicht mehr gehorchen, wenn sie wüßten, daß ich von Reue über eine Tat gemartert werde, die notwendig war.

Doch als sie immer mehr in ihn drangen, sagte er zu ihnen, um sie auf eine falsche Fährte zu leiten:

»Es geht mir in diesen Tagen so wunderlich. Da ist ein Mädchen, das ich erobern will, aber ich kann es nicht erringen. Immer stellt sich mir etwas in den Weg.«

»Vielleicht liebt dich das Mädchen nicht?« fragte Sir Reginald.

»Ich glaube sicher, daß sie mich gern hat«, sagte Sir Archie, »aber es gibt etwas, was über ihr wacht, so daß ich sie nicht gewinnen kann.«

Da fingen Sir Reginald und Sir Philip zu lachen an, und sie sagten: »Das Mädchen wollen wir dir schon verschaffen.« –

Am Abend kam Elsalill einsam durch das Gäßchen gegangen. Sie kam müde von der Arbeit, und sie dachte bei sich selbst: »Dies Leben ist hart, und es macht mir keine Freude. Es graut mir davor, den ganzen Tag dazustehen und den Fischgeruch um mich zu haben. Es graut mir, wenn ich die anderen Frauen mit so harten Stimmen lachen und scherzen höre. Es graut mir vor den hungrigen Möwen, die über die Tische fliegen und mir die Fischstücke aus den Händen reißen wollen. Wenn doch jemand kommen und mich von hier fortnehmen wollte! Ich würde ihm bis ans Ende der Welt folgen.«

Als Elsalill an der Stelle ging, wo das Gäßchen am finstersten war, traten Sir Reginald und Sir Philip aus dem Schatten und grüßten sie.

»Jungfrau Elsalill!« sagten sie. »Wir bringen dir Kunde von Sir Archie. Er liegt krank daheim in der Herberge. Er sehnt sich danach, mit dir zu sprechen, und bittet dich, uns zu ihm nach Hause zu folgen.«

Elsalill begann sich zu ängstigen, daß Sir Archie sehr krank sein könnte, und sie kehrte sogleich mit den beiden schottischen Herren um, die sie zu ihm führen wollten.

Sir Philip und Sir Reginald nahmen sie in die Mitte. Sie lächelten einander zu und dachten, daß nichts leichter sein könnte, als Elsalill zu betören.

Elsalill war in großer Hast und Eile. Sie lief beinahe das Gäßchen hinab. Sir Philip und Sir Reginald mußten gewaltig ausschreiten, um ihr folgen zu können. Aber als Elsalill so rasch vorwärtseilte, begann vor ihrem Fuße etwas zu rollen. Sie wäre fast darüber gestolpert.

Was ist das, was vor meinen Füßen rollt? dachte Elsalill. Es muß ein Stein sein, den ich aus der Erde gelöst habe und der nun den Abhang hinunterrollt. Sie hatte es so eilig, zu Sir Archie zu kommen, daß sie sich nicht von dem, was dicht vor ihren Füßen rollte, hindern lassen wollte. Sie stieß es beiseite, aber es kam sofort zurück und rollte vor ihr das Gäßchen hinunter.

Elsalill hörte, daß es wie Silber klang, als sie es fortstieß, und sie sah, daß es blinkte und schimmerte.

Das ist kein gewöhnlicher Stein, dachte Elsalill. Mir scheint, es ist eine Silbermünze. Aber sie hatte es so eilig, zu Sir Archie zu kommen, daß sie sich nicht die Zeit nahm, sie von der Straße aufzulesen.

Aber wieder und wieder rollte das Ding vor ihre Füße, und sie dachte: Du kommst rascher vorwärts, wenn du dich bückst und es aufhebst. Du kannst es weit weg werfen, wenn es etwas Wertloses ist.

Sie beugte sich hinunter und hob es auf. Es war eine große Silbermünze, die weiß in ihrer Hand leuchtete. »Was hast du da auf der Straße gefunden?« sagte Sir Reginald. »Es leuchtet so weiß im Mondenschein.« Sie gingen da gerade an einem der großen Seeschuppen vorbei, wo fremde Fischer wohnten, solange sie in Marstrand arbeiteten. Vor dem Eingang hing eine Hornlaterne, die einen schwachen Schein auf die Straße warf.

»Laß uns sehen, was du gefunden hast«, sagte Sir Philip und blieb unter der Laterne stehen.

Elsalill hielt die Münze in den Schein der Laterne, und kaum hatte sie einen Blick darauf geworfen, als sie ausrief: »Dies ist eines von Herrn Arnes Geldstücken! Ich kenne es wieder!«

»Was sagst du da?« fragte Sir Reginald. »Warum sagst du, daß dies eines von Herrn Arnes Geldstücken sei?«

»Ich kenne es«, sagte Elsalill. »Ich habe oft gesehen, wie Herr Arne es in der Hand hielt. Ja, sicherlich ist dies eines von Herrn Arnes Geldstücken.«

»Rufe nicht so laut!« sagte Sir Philip. »Hier kommen schon Leute, die herbeieilen, um zu hören, warum du so schreist.«

Aber Elsalill achtete nicht auf Sir Philip. Sie sah, daß die Türe zu dem Seeschuppen offen stand. Mitten im Raume brannte ein Feuer, und rings um die Flamme saßen eine Menge Männer in ruhigem, bedächtigem Gespräche.

Elsalill eilte zu ihnen hinein. Sie hielt die Münze hoch erhoben.

»Ihr Männer, hört alle her«, rief sie. »Jetzt weiß ich, daß Herrn Arnes Mörder am Leben sind. Seht her, ich habe eines von Herrn Arnes Geldstücken gefunden!«

Alle Männer wandten sich ihr zu. Da sah sie, daß Torarin, der Fischmakler, auch im Kreise saß.

»Womit kommst du da, Mädchen, und was rufst du?« fragte nun Torarin. »Wie kannst du Herrn Arnes Geldstücke von anderen Münzen unterscheiden?«

»Ich muß wohl diese Münze von allen anderen unterscheiden können«, sagte Elsalill. »Sie ist alt und groß, und sie hat einen Ausschnitt am Rande. Herr Arne sagte, sie sei aus der Zeit der alten norwegischen Könige, und niemals trennte er sich von ihr, um einen Einkauf zu bezahlen.«

»Nun erzähle, wo du sie gefunden hast, Mädchen«, sagte ein anderer Fischer.

»Ich habe sie auf der Straße gefunden, wo sie vor meinen Füßen rollte«, sagte Elsalill. »Da hat sie wohl einer der Mörder fallen lassen.«

»Es mag wahr oder unwahr sein, was du sagst«, versetzte Torarin. »Aber was können wir dabei tun? Wir können die Mörder doch nicht finden, nur weil du weißt, daß sie durch eine unserer Gassen gegangen sind.«

Die Fischer fanden, daß Torarin klug gesprochen hatte. Und sie setzten sich wieder um das Feuer.

»Komm du mit mir heim, Elsalill«, sagte Torarin. »Dies ist keine Stunde, in der ein Mädchen auf Gassen und Märkten herumlaufen soll.«

Als Torarin dies sagte, sah Elsalill sich nach ihren Begleitern um. Aber Sir Reginald und Sir Philip hatten sich fortgeschlichen, ohne daß sie es gemerkt hatte.

Im Rathauskeller

I

Die Wirtin des Rathauskellers zu Marstrand machte eines Morgens die Türen auf, um Treppe und Flur zu kehren. Da sah sie ein junges Mädchen auf einer Treppenstufe sitzen und warten. Sie war in ein langes, graues Gewand gekleidet, das mit einem Gürtel um den Leib zusammengenommen war. Das Haar war licht, und es war weder aufgesteckt noch geflochten, sondern hing an beiden Seiten des Gesichtes glatt hinunter.

Als die Tür geöffnet wurde, stand sie auf und ging die Treppe in den Flur hinunter, aber der Wirtin war es, als ginge sie wie eine, die im Schlafe wandelt. Die ganze Zeit hielt sie die Augenlider gesenkt und die Arme hart an den Körper gepreßt. Je näher sie kam, desto mehr verwunderte sich die Wirtin darüber, wie zart und feingliedrig sie war. Auch ihr Gesicht war lieblich, aber es war dünn und durchsichtig, als wäre es aus sprödem Glas geformt.

Als sie zur Wirtin herankam, fragte sie, ob es hier einen Platz versehen könnte, und bat, sie in Dienst zu nehmen.

Da dachte die Wirtin an alle die wilden Gesellen, die des Abends im Gastzimmer sitzen und Bier und Wein zu trinken pflegten, und konnte sich ein Lächeln nicht verbeißen. »Nein, hier bei uns gibt es keinen Platz für solch ein kleines Jungfräulein wie dich«, sagte sie.

Das Mädchen schlug weder die Augen auf, noch machte sie sonst die geringste Bewegung, aber sie bat abermals, sie in Dienst zu nehmen. Sie verlange weder Kost noch Lohn, sagte sie, nur eine Arbeit.

»Nein«, sagte die Wirtin, »wenn meine eigene Tochter wäre wie du, ich würde es ihr abschlagen. Ich gönne dir etwas Besseres, als bei mir zu dienen.«

Das Mädchen ging sachte die Treppe hinauf, und die Wirtin blieb stehen und blickte ihr nach. Da sah sie so klein und hilflos aus, daß die Wirtin sich ihrer erbarmte.

Sie rief sie zurück und sagte ihr: »Vielleicht läufst du größere Gefahr, wenn du allein in Straßen und Gäßchen umhergehst, als wenn du zu mir kommst. Du darfst einen Tag bei mir bleiben und Tassen und Teller waschen, dann kann ich sehen, wozu du taugst.«

Die Wirtin führte sie in ein kleines Kämmerchen, das sie hinter dem Kellersaal eingerichtet hatte. Es war nicht größer als ein Schrank, und da war weder ein Fenster noch ein Guckloch, sondern es bekam nur Licht durch eine Luke in der Wand zum Schankzimmer.

»Steh heute hier«, sagte die Wirtin zu ihr, »und spüle alle die Tassen und Teller, die ich dir durch diese Luke reiche, dann will ich sehen, ob ich dich behalten kann.«

Das Mädchen ging in das Kämmerchen und bewegte sich so leise, daß es der Wirtin schien, als wäre eine Tote in ihr Grab geglitten.

Sie stand den ganzen Tag dort drinnen, mit niemandem sprach sie, und niemals steckte sie den Kopf durch die Luke, um die Leute anzusehen, die in dem Kellersaal aus und ein gingen. Das Essen, das man ihr gab, berührte sie nicht.

Niemand hörte sie beim Tellerwaschen klappern, aber wann immer die Wirtin die Hand durch die Luke streckte, reichte sie ihr die frischgewaschenen Tassen und Teller, auf denen kein Fleckchen war.

Aber wenn die Wirtin sie nahm, um sie auf die Tische zu stellen, da waren sie so kalt, daß sie glaubte, sie würden ihr die Haut von den Fingern brennen. Und ihr schauderte, und sie sagte: »Es ist, als nähme ich sie dem kalten Tode aus den Händen.«

2

Eines Tages hatte es auf den Brücken keine Fische zu reinigen gegeben, so daß Elsalill daheim bleiben durfte. Sie saß allein in der Hütte und spann. Es war ein tüchtiges Feuer im Herde und ziemlich hell in der Hütte.

Mitten in der Arbeit fühlte sie einen leichten Hauch, als striche ein kalter Wind über ihre Stirn. Sie blickte auf, und da sah sie, daß ihre tote Pflegeschwester vor ihr stand.

Elsalill legte die Hand auf das Spinnrad, so daß es stehen blieb, und saß still da und betrachtete ihre Pflegeschwester. Zuerst erschrak sie, aber sie dachte bei sich: Warum sollte ich mich vor meiner Pflegeschwester fürchten. Ob sie nun tot oder lebendig ist, bin ich doch froh, sie zu sehen.

»Mein Liebchen«, sagte sie zu der Toten, »wünschst du etwas von mir?«

Da sprach die andre mit einer Stimme, die ohne Stärke und Ton war: »Schwesterchen Elsalill, ich habe mich im Gasthause verdingt, und die Wirtin hat mich den ganzen Tag stehen und Tassen und Teller waschen lassen. Nun, am Abend, bin ich so müde, daß ich es nicht mehr ertrage. Ich bin nun hergekommen, um zu fragen, ob du nicht kommen und mir helfen willst?«

Als Elsalill dies vernahm, war es ihr, als legte sich ein Schleier über ihren Verstand. Sie konnte nicht mehr denken oder wollen oder Furcht empfinden. Sie konnte nur Freude darüber fühlen, daß sie ihre Pflegeschwester wiedersah, und sie antwortete: »Ja, mein Liebchen, ich will sogleich kommen und dir helfen.«

Da schritt die Tote auf die Tür zu, und Elsalill folgte ihr. Aber als sie auf der Schwelle standen, blieb ihre Pflegeschwester stehen und sagte zu Elsalill: »Du mußt deinen Mantel umnehmen. Draußen weht ein heftiger Sturm.« Und als sie dies sagte, klang ihre Stimme ein bißchen deutlicher als früher und weniger tonlos.

Da nahm Elsalill ihren Mantel von der Wand und hüllte sich hinein. Sie dachte bei sich: Meine Pflegeschwester liebt mich noch. Sie will mir nichts zuleide tun. Ich bin glücklich, ihr zu folgen, wohin sie mich auch führen mag.

Und sie folgte der Toten durch viele Gassen, von Torarins Hütte, die auf einer steinigen Anhöhe lag, bis zu den ebeneren Straßen am Platze und am Hafen.

Die Tote ging die ganze Zeit zwei Schritte vor Elsalill. Es war ein starker Sturm, der an diesem Abend durch die Gassen heulte, und Elsalill merkte, wenn der Wind sehr heftig kam und sie an die Wand pressen wollte, daß die Tote sich zwischen sie und den Wind stellte und sie, so gut sie konnte, mit ihrem zarten Leibe schützte.

Als sie endlich zum Rathause kamen, ging die Tote die Kellertreppe hinunter und winkte Elsalill, ihr zu folgen. Aber als sie die Treppe hinuntergingen, blies der Wind das Licht der Laterne aus, die im Flure hing, und sie standen im Dunkeln. Da wußte Elsalill nicht, wohin sie ihre Schritte wenden sollte, und die Tote mußte ihre Hand auf die Elsalills legen, um sie zu führen. Aber die Hand der Toten war so kalt, daß Elsalill zusammenzuckte und vor Schrecken zu zittern begann. Da entfernte die Tote ihre Hand und wickelte sie in einen Zipfel von Elsalills Mantel, bevor sie wieder versuchte, sie zu führen. Aber Elsalill fühlte die Eiseskälte durch Futter und Pelzwerk.

Nun führte die Tote Elsalill durch einen langen Gang und öffnete dann eine Tür. Sie kamen in ein kleines, dunkles Kämmerchen, in das durch eine Luke in der Wand ein schwacher Lichtschein fiel. Elsalill sah, daß sie sich in einem Raum befanden, wohin die Wirtin ihr Schankmädchen zu stellen pflegte, um die Tassen und Teller zu waschen, die sie für die Gäste brauchte. Elsalill konnte erkennen, daß ein Wasserschaff auf einem Schemel stand, und in der Luke standen Becher und Gefäße, die gespült werden sollten.

»Willst du mir heut abend bei dieser Arbeit helfen, Elsalill?« sagte die Tote.

»Ja, mein Liebchen«, sagte Elsalill, »du weißt, daß ich dir bei allem helfe, was du willst.«

Damit legte Elsalill den Mantel ab. Sie streifte ihre Ärmel auf und machte sich an die Arbeit.

»Willst du nun sehr ruhig und still hier sein, Elsalill, daß die Wirtin es nicht merkt, daß ich mir eine Hilfe angeschafft habe?«

»Ja, mein Liebchen«, sagte Elsalill.

»Ja, dann lebe wohl, Elsalill«, sagte die Tote. »Nun will ich dich nur um eines bitten. Und das ist, daß du mir hiernach nicht allzusehr zürnen mögest.«

»Soll dies bedeuten, daß du mir Lebewohl sagst?« sagte Elsalill. »Ich will gerne abends kommen und dir helfen.«

»Nein, öfter als heute abend brauchst du wohl nicht zu kommen«, sagte die Tote. »Ich denke, du wirst mir heute nacht so helfen, daß dieses Werk vollbracht ist.«

Während sie so sprachen, hatte Elsalill sich schon über die Arbeit gebeugt. Ein Weilchen war alles still, aber dann spürte sie einen leisen Hauch auf der Stirne, gerade wie damals, als die Tote in Torarins Hütte zu ihr gekommen war. Da sah sie auf und merkte, daß sie allein war. Sie begriff, was es war, das sie wie einen leichten Hauch auf der Stirne gespürt hatte, und sagte zu sich selbst: »Meine tote Pflegeschwester hat mich auf die Stirne geküßt, ehe sie von mir schied.«

Elsalill machte nun zuerst ihre Arbeit fertig. Sie spülte alle Schalen und Kannen ab und trocknete sie. Dann ging sie zur Luke, um zu sehen, ob neue hingestellt worden waren. Sie fand keine dort, und so blieb sie vor der Luke stehen und sah hinaus in den Kellersaal.

Es war zu einer Stunde des Tages, wo keine Gäste in den Keller zu kommen pflegten. Die Wirtin saß nicht hinter ihrem Schanktisch, und keiner ihrer Dienstleute befand sich in der Stube. Die einzigen, die man sah, waren drei Männer, die am Ende eines großen Tisches saßen. Sie waren Gäste, schienen aber hier ganz heimisch zu sein, denn einer von ihnen, der seinen Becher geleert hatte, ging zum Schanktisch, füllte ihn aus einem der großen Fässer, die dort aufgestapelt lagen, und setzte sich wieder hin, um weiterzutrinken.

Elsalill stand da, als wäre sie aus einer fremden Welt gekommen. Ihre Gedanken weilten bei der toten Pflegeschwester, und sie konnte nicht recht unterscheiden, was sie sah. Es dauerte lange, bis sie merkte, daß die drei Männer am Tisch ihr wohlvertraut und lieb waren. Denn die dort saßen, waren keine anderen als Sir Archie und seine beiden Freunde, Sir Reginald und Sir Philip.

In den letzten Tagen war Sir Archie nicht zu Elsalill gekommen, und sie war froh, ihn zu sehen. Sie wollte ihm sogleich zurufen, daß sie da, ganz in der Nähe wäre, aber da dachte sie, wie wunderlich es war, daß er gar nicht mehr zu ihr kam, und sie verhielt sich still. Vielleicht hat er eine andere lieb gewonnen, dachte Elsalill. Vielleicht denkt er jetzt an sie.

Denn Sir Archie saß ein kleines Stück von den anderen entfernt. Er saß stumm und starrte gerade vor sich hin, ohne zu trinken. Er nahm am Gespräch nicht teil, und wenn seine Freunde etwas zu ihm sagten, fand er es meist nicht der Mühe wert, darauf zu antworten.

Elsalill hörte, daß die anderen versuchten, ihn aufzumuntern. Sie fragten ihn, warum er nicht trinke. Sie rieten ihm sogar, zu Elsalill zu gehen und mit ihr zu plaudern, um wieder froh zu werden.

»Ihr sollt euch nicht um mich kümmern«, sagte Sir Archie. »Eine andere liegt mir im Sinn. Stets sehe ich sie vor mir, und stets höre ich ihre Stimme mir im Ohr erklingen.«

Und Elsalill sah, daß Archie dasaß und auf eine der breiten Säulen starrte, die die Kellerdecke trugen. Nun sah sie auch, was sie früher nicht bemerkt hatte, daß ihre Pflegeschwester an dieser Säule stand und Sir Archie ansah. Sie stand ganz regungslos in ihrem grauen Gewande, und es war nicht leicht, sie zu unterscheiden, wie sie sich da eng an die Säule drückte. Elsalill stand mäuschenstill und blickte in das Gemach. Sie merkte, daß ihre

Pflegeschwester die Augen aufgeschlagen hatte, als sie Sir Archie ansah. Die ganze Zeit, die sie mit Elsalill verbracht hatte, war sie mit gesenkten Augen einhergegangen.

Aber ihre Augen waren das einzige, was an ihr furchtbar war. Elsalill sah, daß sie gebrochen und trübe waren. Sie waren ohne Blick, und das Licht spiegelte sich nicht mehr in ihnen wider.

Nach einer Weile begann Sir Archie wieder zu wehklagen. »Ich sehe sie immer. Sie folgt mir auf Schritt und Tritt«, sagte er.

Er saß der Säule zugekehrt, wo die Tote stand, und starrte sie an. Aber Elsalill begriff, daß er die Tote nicht sah. Er sprach nicht von ihr, sondern von jemandem, der stets in seinen Gedanken war.

Elsalill blieb an der Luke stehen und verfolgte alles, was geschah. Sie hätte gar zu gern gewußt, an wen Sir Archie beständig dachte.

Plötzlich merkte sie, daß die Tote sich auf die Bank neben Sir Archie gesetzt hatte und ihm etwas ins Ohr flüsterte.

Aber Sir Archie wußte noch immer nichts davon, daß sie ihm so nahe war und daß sie dasaß und ihm ins Ohr flüsterte. Er merkte ihre Gegenwart nur durch die furchtbare Angst, die über ihn kam.

Elsalill sah, daß Sir Archie, nachdem die Tote ein paar Augenblicke neben ihm gesessen und ihm ins Ohr geflüstert hatte, seinen Kopf in die Hände sinken ließ und weinte: »Ach, hätt' ich doch niemals dieses junge Mädchen gefunden!« sagte er. »Ich bereue nichts anderes, als daß ich sie nicht verschonte, als sie mich anflehte.«

Die beiden anderen Schotten hörten zu trinken auf und sahen Sir Archie erschrocken an, der solchermaßen alle Männlichkeit ablegte und sich der Reue hingab. Ein Weilchen saßen sie ratlos da, aber dann ging einer von ihnen zum Schanktisch hin, nahm die größte Trinkkanne, die dort stand, und füllte sie mit rotem Wein. Dann ging er auf Sir Archie zu, schlug ihm auf die Schulter und sagte: »Trinke, Bruderherz: Noch währt Herrn Arnes Schatz! Solange wir die Mittel haben, uns solchen Wein zu schaffen wie diesen, braucht der Kummer nicht Macht über uns zu gewinnen.«

Aber in demselben Augenblick, in dem dies gesprochen war: »Trinke Bruderherz! Noch währt Herr Arnes Schatz«, sah Elsalill, wie die Tote sich von der Bank erhob und verschwand.

Und zugleich sah Elsalill drei Männer vor sich, die große Bärte und zottige Fellgewänder hatten und mit Herrn Arnes Leuten kämpften. Und nun erkannte sie, daß dies die drei Männer waren, die im Keller saßen: Sir Archie, Sir Philip und Sir Reginald.

3

Elsalill verließ das Kämmerlein, wo sie gestanden und die Becher der Wirtin gespült hatte, und schloß sacht die Türe hinter sich zu. In dem schmalen Gange davor blieb sie stehen. Sie lehnte sich an die Wand und stand da wohl eine Stunde regungslos.

Während sie so stand, dachte sie bei sich selbst: Ich kann ihn nicht verraten. Was er auch Böses getan haben mag, ich bin ihm doch von ganzem Herzen gut. Ich kann ihn nicht auf das Rad und an den Galgen bringen. Ich kann nicht sehen, wie sie ihm Hand und Fuß abbrennen.

Der Sturm, der den ganzen Tag gerast hatte, nahm zu und wurde immer gewaltiger, je mehr der Abend vorschritt, und Elsalill hörte sein starkes Brausen, wie sie da in der Dunkelheit stand.

Nun ist der erste Frühlingssturm gekommen, dachte sie. Nun ist er gekommen in aller seiner Gewalt, um das Meer frei zu machen und das Eis zu brechen. In ein paar Tagen werden wir offenes Wasser haben, und dann wird Sir Archie von dannen ziehen, und niemals kehrt er wieder. Er wird keine ferneren Missetaten in diesem Lande begehen. Wozu soll es dann nützen, daß er gefangen und bestraft wird? Weder die Toten noch die Lebenden haben Freude daran.

Elsalill zog den Mantel um sich. Sie dachte, daß sie heimgehen und sich still an ihre Arbeit setzen wolle, ohne irgendeinem das Geheimnis zu verraten.

Aber bevor sie noch den Fuß erhoben hatte, um zu gehen, hatte sie ihr Vorhaben aufgegeben und blieb stehen.

Sie stand still und hörte den Sturm brausen. Sie dachte wieder daran, daß es nun bald Frühling werden würde. Der Schnee würde schmelzen und die Erde sich in Grün kleiden.

Daß Gott sich erbarme, was wird das für ein Frühling für mich, dachte Elsalill. Nicht Freude noch Glück kann mir nach der Kälte dieses Winters mehr grünen.

Es ist nur ein Jahr her, dachte sie, da war ich so glücklich, daß der Winter zu Ende war und der Frühling kam.

Ich erinnere mich an einen Abend, der war so schön, daß es mich nicht daheim auf dem Hofe litt. Da nahm ich mein Schwesterlein an der Hand, und wir gingen hinaus auf die Flur, grünes Laub zu holen, um die Ofenmauer zu schmücken.

Sie stand da und rief sich ins Gedächtnis, wie sie und ihre Pflegeschwester über einen grünen Pfad gewandert waren. Und da, neben dem Wege, hatten sie eine kleine junge Birke gesehen, die abgehauen worden war. Man sah es am Holze, daß sie vor einigen Tagen gefällt war. Aber nun merkten sie, daß der arme abgehauene Baum zu grünen begonnen hatte und daß sich seine Blätter entfalteten.

Da war ihre Pflegeschwester stehen geblieben und hatte sich über den Baum gebeugt. »Ach, du armes Bäumchen«, sagte sie, »was hast du wohl Böses begangen, daß du nicht sterben kannst, wenn du gleich abgehauen bist? Warum mußt du deine Blätter entfalten, als lebtest du noch?«

Da hatte Elsalill gelacht und ihr geantwortet: »Er grünt wohl so lieblich, damit der, der ihn abgehauen hat, sieht, welchen Schaden er getan hat, und Reue darüber fühlt.«

Aber ihre Pflegeschwester hatte nicht gelacht. Ihr waren Tränen in die Augen gekommen.

»Dies ist eine große Sünde, einen Baum in der Zeit des Knospenspringens zu fällen, wo er so voll Kraft ist, daß er nicht sterben kann. Es ist furchtbar für einen Toten, wenn er nicht Ruhe findet in seinem Grabe. Die tot sind, haben nicht mehr viel Gutes zu erwarten, nicht Liebe noch Glück kann sie erreichen. Das einzige Gute, was sie noch begehren, ist, in stiller Ruhe zu schlummern. Wohl muß ich weinen, wenn du sagst, daß die Birke nicht sterben kann, weil sie an ihren Mörder denkt. Es ist wohl das härteste Schicksal für einen, dem das Leben genommen wurde, nicht in Ruhe schlummern zu können, weil er seinen Mörder verfolgen muß. Die Toten haben nichts anderes zu wollen als einen ruhigen Schlaf.«

Als Elsalill sich daran erinnerte, begann sie zu weinen und die Hände zu ringen.

»Meine Pflegeschwester findet keine Ruhe in ihrem Grabe«, sagte sie, »wenn ich nicht meinen Geliebten verrate. Wenn ich ihr hierin nicht beistehe, muß sie über die Erde irren, ohne Ruhe und Rast. Meine arme Pflegeschwester, sie hat keinen anderen Wunsch mehr, als Ruhe in ihrem Grabe zu finden, und die kann ich ihr nicht geben, ohne daß ich den, den ich lieb habe, auf das Rad und an den Galgen bringe.«

4

Sir Archie trat aus dem Kellersaal und ging durch den schmalen Gang. Jetzt war die Laterne, die an der Decke hing, wieder angezündet, und bei ihrem Scheine sah er, daß ein junges Mädchen an der Wand lehnte.

Sie war bleich, und sie stand so still, daß Sir Archie erschrak und dachte: Jetzt endlich steht die Tote, die mich alle Tage verfolgt, vor meinen Augen.

Als Sir Archie an Elsalill vorbeikam, legte er seine Hand auf ihre, um zu erfahren, ob es wirklich eine Tote wäre, die dastand. Und die Hand war so kalt, daß er nicht sagen konnte, ob sie einer Toten oder einer Lebenden angehörte.

Aber als Sir Archie Elsalills Hand berührte, zog sie sie zurück, und da erkannte Sir Archie Elsalill.

Er glaubte, daß sie um seinetwillen hergekommen wäre, und

er wurde sehr froh, als er sie sah. In demselben Augenblick durchfuhr ihn ein Gedanke. Jetzt weiß ich, was ich tun will, damit ich die Tote versöhne und damit sie davon ablasse, mich zu verfolgen.

Er nahm Elsalills Hände zwischen seine und führte sie an seine Lippen. »Gott segne dich dafür, daß du heute abend zu mir gekommen bist, Elsalill«, sagte er. Aber Elsalills Herz war zu Tode betrübt. Sie konnte vor Tränen Herrn Archie nicht einmal sagen, daß sie nicht hergekommen war, um ihn zu treffen.

Sir Archie stand lange schweigend da, aber die ganze Zeit über hielt er Elsalills Hände in seinen beiden. Und je länger er so stand, desto klarer und schöner wurde sein Gesicht.

»Elsalill«, sagte Sir Archie, und er sprach mit großer Feierlichkeit. »Seit mehreren Tagen bin ich nicht zu dir gekommen, weil ich von schweren Gedanken gequält war. Sie haben mir niemals Ruhe gelassen, und ich glaubte, daß ich auf dem Wege sei, den Verstand zu verlieren. Aber heute abend steht es besser mit mir, und ich sehe vor meinen Augen das Bild nicht mehr, das mich quälte. Und als ich dich hier draußen fand, da sagte mir mein Herz, was ich tun sollte, um meiner Qual für alle Zeit los und ledig zu werden.«

Er beugte sich hinunter, um Elsalill in die Augen sehen zu können, aber als sie mit gesenkten Lidern dastand, fuhr er fort:

»Du zürnst mir, Elsalill, weil ich mehrere Tage nicht zu dir gekommen bin. Aber ich konnte nicht kommen, denn wenn ich dich sah, wurde ich noch mehr an das erinnert, was mich quälte. Wenn ich dich sah, mußte ich noch mehr an ein Mädchen denken, gegen das ich übel gehandelt habe. Ich habe auch sonst gegen viele Menschen übel gehandelt, Elsalill, aber mein Gewissen verfolgt mich einzig und allein um dessentwillen, was ich an diesem jungen Mädchen begangen habe.«

Als Elsalill noch immer schwieg, ergriff er wieder ihre Hände und führte sie an seine Lippen und küßte sie. »Höre nun, Elsalill, was mein Herz mir sagte, als ich sah, daß du dort draußen standst und auf mich wartetest: Du hast an einer Jungfrau unrecht gehandelt, darum sollst du an einer anderen sühnen, was du ihr zuleide getan hast. Du sollst sie zu deinem Weibe nehmen, und du sollst so gut gegen sie sein, daß sie niemals Kummer fühlt. Du sollst ihr solche Treue bewahren, daß du sie an deinem letzten Lebenstage mehr liebst als an deinem Hochzeitstage.«

Elsalill stand noch immer unbeweglich mit niedergeschlagenen Augen da. Da legte Sir Archie die Hand auf ihren Kopf und richtete ihn empor. »Ich muß wissen, Elsalill, ob du hörst, was ich sage«, sagte er. Da sah er, daß Elsalill so heftig weinte, daß große Tränen über ihre Wangen rollten.

»Warum weinst du, Elsalill?« fragte Sir Archie.

»Ich weine, Sir Archie«, sagte Elsalill, »weil ich eine allzu große Liebe zu Euch in meinem Herzen trage.«

Da trat Sir Archie noch näher an Elsalill heran und legte seinen Arm um sie. »Hörst du, wie der Sturm draußen heult?« sagte er. »Das bedeutet, daß das Meer bald frei ist und daß Schiffe und Fahrzeuge wieder in mein Heimatland ziehen können. Sage mir nun, Elsalill, ob du mir dort hinüber folgen willst, so daß ich an dir gutmachen kann, was ich an einer anderen verbrochen habe?«

Sir Archie begann Elsalill flüsternd von dem herrlichen Leben zu erzählen, das ihrer harrte, und Elsalill fing an, bei sich selbst zu denken: Ach, daß ich doch nicht wüßte, was er Böses getan hat. Dann würde ich ihm folgen und glücklich mit ihm leben. Sir Archie kam ihr immer näher, und als Elsalill aufblickte, sah sie, daß sein Gesicht über sie gebeugt war und daß er sie eben auf die Stirne küssen wollte. Da erinnert sie sich an die Tote, die jüngst bei ihr gewesen war und sie geküßt hatte. Sie riß sich von Sir Archie los und sagte: »Nein, Sir Archie, ich werde Euch niemals folgen.«

»Doch«, sagte Sir Archie, »du mußt mir folgen, Elsalill, sonst stürze ich ins Verderben.«

Er begann der Jungfrau immer zärtlichere Worte zuzuflüstern, und wieder dachte sie bei sich selbst: Wäre es nicht Gott und den Menschen wohlgefälliger, wenn er sein böses Leben sühnen und ein rechtschaffener Mann werden könnte? Wem nützt es wohl, wenn er gestraft und getötet wird?

Als Elsalill so zu denken begann, kamen ein paar Männer vorbei, die in den Kellersaal gingen. Wie Sir Archie merkte, daß sie auf ihn und das Mädchen neugierige Blicke warfen, sagte er zu ihr: »Komm, Elsalill, ich will dich heimgeleiten. Ich will nicht, daß jemand sieht, daß du zu mir in den Kellersaal gekommen bist.«

Da blickte Elsalill auf, als käme es ihr plötzlich in den Sinn, daß sie einen anderen Auftrag zu erfüllen hatte, als Sir Archie zu lauschen. Aber ihr Herz tat ihr so weh, als sie daran dachte, sein Verbrechen zu verraten. Wenn du ihn dem Büttel auslieferst, dann muß ich brechen, sagte ihr Herz zu ihr. Aber Sir Archie hüllte die Jungfrau enger in ihren Mantel und führte sie hinaus auf die Straße. Dann ging er mit ihr bis zu Torarins Hütte. Und sie merkte, wie er sich jedesmal, wenn der Sturm sehr ungestüm an sie heranbrauste, vor sie stellte und sie schützte.

Elsalill dachte die ganze Zeit, während sie so gingen: Meine tote Pflegeschwester wußte nichts davon, daß er sein Vergehen sühnen und ein guter Mensch werden will.

Sir Archie flüsterte noch immer Elsalill die zärtlichsten Worte ins Ohr. Und je länger Elsalill ihm lauschte, desto größer wurde ihre Zuversicht.

Nur damit ich Sir Archie solche Worte in mein Ohr flüstern höre, hat mich meine Pflegeschwester herbeschieden, dachte sie. Sie liebt mich so innig. Sie will nicht mein Unglück, sondern mein Glück.

Und als sie vor der Hütte stehen blieben, fragte Sir Archie Elsalill noch einmal, ob sie ihm übers Meer folgen wolle? Und Elsalill antwortete, mit Gottes Hilfe wolle sie ihn geleiten.

Die Friedlose

Am nächsten Tage hatte der Sturm aufgehört. Es war nun mildes Wetter, aber das konnte dem Schnee nicht viel anhaben, das Meer war ebenso verschlossen wie zuvor.

Als Elsalill am Morgen erwachte, dachte sie: Sicherlich ist es besser, wenn ein Missetäter sich bekehrt und nach Gottes Geboten lebt, als wenn er gestraft und getötet wird.

Im Laufe des Tages sandte Sir Archie einen Boten zu Elsalill, der ihr einen breiten Armreif aus Gold brachte.

Und es beglückte Elsalill, daß Sir Archie dran gedacht hatte, ihr eine Freude zu bereiten, und sie dankte dem Boten und empfing die Gabe.

Aber als er gegangen war, mußte sie daran denken, daß Sir Archie diesen Reif mit Münzen aus Herrn Arnes Schatz gekauft hatte. Sie konnte es nicht ertragen, ihn vor Augen zu sehen, als sie daran dachte. Sie riß ihn vom Arm und warf ihn weit von sich.

Was für ein Leben wird das für mich werden, wenn ich stets denken muß, daß ich von Herrn Arnes Schatz lebe, dachte sie. Wenn ich einen Bissen zu den Lippen führe, muß ich da nicht an die geraubten Goldstücke denken? Und wenn ich ein neues Kleid bekomme, dann muß es mir in den Ohren klingen, daß dies von unrechtmäßigem Gut gekauft ist. Jetzt sehe ich doch, daß es mir nicht möglich ist, Sir Archie zu folgen und mit ihm zu leben. Ich werde es ihm sagen, wenn er zu mir kommt.

Als der Abend anbrach, kam Sir Archie zu ihr. Er war voll Freude, denn keinerlei böse Gedanken hatten ihn gequält, und er glaubte, dies komme daher, weil er versprochen hatte, an einem jungen Mädchen gutzumachen, was er an dem anderen verbrochen hatte.

Als Elsalill ihn sah und ihn reden hörte, brachte sie es nicht über sich, ihm zu sagen, daß sie betrübt war und sich von ihm trennen wollte.

Alle die Sorgen, die an ihr nagten, vergaß sie, wenn sie so saß und Sir Archie zuhörte.

Der nächste Tag war ein Sonntag, und da ging Elsalill zur Kirche. Sie ging zur hohen Messe und zum Abendgesang.

Als sie bei der hohen Messe saß und dem Geistlichen lauschte, hörte sie ganz in der Nähe jemanden schluchzen und weinen.

Sie glaubte, es sei einer von jenen, die neben ihr in der Bank saßen, aber sie konnte nach rechts und nach links blicken, sie sah doch nichts anderes als ruhige und feierliche Menschen.

Gleichwohl hörte sie deutlich, daß jemand weinte, und der Weinende schien ihr so nahe, daß sie ihn erreichen mußte, wenn sie nur die Hand ausstreckte.

Elsalill saß da und hörte, wie es seufzte und schluchzte, und sie dachte bei sich selbst, daß sie nie etwas gehört hatte, was so todtraurig geklungen hätte.

Wer ist es, der so tief bekümmert ist, daß er so bittere Tränen vergießen muß? dachte Elsalill.

Sie schaute sich um, und sie beugte sich über die nächste Bank vor, um es zu sehen. Aber alle saßen stumm da, und kein Gesicht war von Tränen überströmt.

Da dachte Elsalill, daß sie wohl nicht zu fragen und zu grübeln brauchte. Hatte sie doch vom ersten Augenblick an gewußt, wer es war, der neben ihr weinte.

»Mein Liebchen«, flüsterte sie, »warum zeigst du dich mir nicht, wie du es gestern tatest. Du weißt ja doch, daß ich gerne alles tun will, was in meinen Kräften steht, um deine Tränen zu trocknen.«

Sie horchte nach einer Antwort, aber sie erhielt keine. Sie hörte nur, wie die Tote neben ihr schluchzte.

Elsalill versuchte, darauf zu hören, was der Priester auf seiner Kanzel sagte, aber sie konnte dem nicht recht folgen, was er sprach. Und sie ward ungeduldig und flüsterte: »Ich weiß eine, die mehr Grund hat zu weinen als sonst irgend jemand und das bin ich selbst. Hätte meine Pflegeschwester mich nicht wissen lassen, wer ihre Mörder sind, so könnte ich hier jetzt in Lust und Freude sitzen.«

Während sie dem Weinen lauschte, wurde sie immer erzürnter, so daß sie dachte: Wie kann meine tote Pflegeschwester von mir verlangen, daß ich den verrate, den ich lieb habe? Niemals hätte sie selbst so etwas begehen wollen, wenn sie noch am Leben gewesen wäre

Sie saß in die Kirchenbank eingeschlossen, aber sie konnte

sich kaum still halten. Sie wiegte den Körper hin und her, und sie rang die Hände. Nun wird mich dies wohl den ganzen Tag verfolgen, dachte sie. Wer weiß, fuhr sie fort und wurde immer ängstlicher, wer weiß, ob es mich nicht immer verfolgen wird?

Aber immer tiefer und schwerer wurde das Schluchzen, das sie neben sich hörte, und schließlich rührte es doch ihr Herz, so daß sie selber zu weinen anfing.

Wer so weint, muß wohl einen furchtbar schweren Kummer tragen, dachte sie. Dem muß wohl ein Leid auferlegt sein, das schwerer ist, als ein Lebender fassen könnte.

Als der Gottesdienst zu Ende war und Elsalill die Kirche verlassen hatte, hörte sie das Schluchzen nicht mehr. Aber auf dem ganzen Heimwege ging sie selbst daher und weinte, weil ihre Pflegeschwester keine Ruhe finden konnte in ihrem Grabe.

Aber als abends wieder Gottesdienst gehalten wurde, ging Elsalill abermals zur Kirche, denn sie mußte wissen, ob ihre Pflegeschwester noch dort säße und weinte.

Elsalill hörte sie, sobald sie in die Kirche trat, und war im Innersten getroffen, als sie das Schluchzen vernahm. Sie fühlte, daß ihre Stärke verging, und sie hatte keinen anderen Willen mehr, als der Toten zu helfen, die friedlos unter den Menschen umherwanderte.

Als Elsalill aus der Kirche kam, war es noch so hell, daß sie sehen konnte, wie einer von denen, die vor ihr gingen, blutige Fußstapfen auf dem Schnee hinterließ.

Wer kann das sein, der so arm ist, daß er mit nackten Füßen geht und blutige Fußspuren im Schnee hinterläßt? dachte sie.

Alle, die vor ihr gingen, sahen aus wie wohlgestellte Leute. Sie waren alle fein säuberlich gekleidet und hatten Schuhe an den Füßen.

Aber die roten Fußstapfen waren nicht alt. Elsalill sah, wie sie sich in der Schneerinde abdrückten.

Das ist jemand, der sich auf weiten Wegen wundgegangen hat, dachte sie. Gott lasse ihn nicht mehr lange wandern, bis er ein schützendes Dach und Ruhe findet.

Sie wollte gerne wissen, wer es war, der eine so schwere Wanderung gemacht hatte, und sie folgte den Fußstapfen, obgleich sie so von ihrem eigenen Wege abweichen mußte.

Aber plötzlich merkte sie, daß alle Kirchenbesucher eine andre Richtung eingeschlagen hatten und daß sie sich allein auf dem Wege befand. Aber dennoch zeichneten sich noch immer die blutroten Fußstapfen vor ihr ab.

Es ist meine arme Pflegeschwester, die da geht, dachte sie, und sie erkannte mit einem Male, daß sie die ganze Zeit geahnt hatte, daß es jene war.

»Ach, mein armes Schwesterlein, ich glaubte, du wandeltest so leicht über die Erde, daß du deinen Fuß nicht an dem Boden stießest. Aber keiner der Lebenden kann verstehen, wie qualvoll deine Wanderung sein mag.«

Die Tränen traten ihr in die Augen, und sie seufzte: »Daß sie doch keine Ruhe finden kann in ihrem Grabe. Weh mir, daß sie hier so lange umherirren mußte, bis ihre Füße blutig geworden sind.«

»Bleib stehen, mein liebes Schwesterlein«, rief sie, »bleib stehen, damit ich mit dir sprechen kann.«

Aber als sie so rief, sah sie, wie die Fußstapfen sich noch rascher vom Schnee abhoben, als beschleunigte die Tote ihre Schritte. »Jetzt flieht sie vor mir. Sie erwartet von mir keine Hilfe mehr«, sagte Elsalill.

Die blutigen Fußstapfen brachten sie ganz außer sich, und sie rief: »Mein herzallerliebstes Schwesterlein, ich will alles tun, was du willst, daß du Ruhe findest in deinem Grabe.«

Kurz nachdem Elsalill diese Worte gesprochen hatte, kam eine hochgewachsene Frau, die hinter ihr gegangen war, auf sie zu und legte die Hand auf ihren Arm.

»Wer bist du, die du hier über die Landstraße gehst und weinst und die Hände ringst?« sagte die Frau. »Du gleichest einem kleinen Jüngferchen, das am Freitag zu mir kam und in meine Dienste treten wollte und dann fortblieb. Oder bist du's vielleicht gar selber?«

»Nein, ich bin's nicht selber«, sagte Elsalill, »aber wenn es so ist, wie ich meine, daß Ihr die Wirtin vom Ratskeller seid, so weiß ich, von welcher Jungfrau Ihr sprecht.«

»Dann mußt du mir sagen, warum sie von mir fortging und nicht wiederkam«, sagte die Wirtin.

»Sie ging von Euch fort«, sagte Elsalill, »weil sie die Reden der Missetäter nicht hören wollte, die in Eurem Saale saßen.«

»Wohl sitzen manche wilde Gesellen in meinem Saal, aber keine Missetäter«, sprach die Wirtin.

»Und doch hörte sie, wie drei Männer, die dort saßen, miteinander sprachen«, erwiderte Elsalill, »und einer von ihnen sagte: ›Trink, Bruderherz! Noch währt Herrn Arnes Schatz.‹«

Als Elsalill dies gesagt hatte, dachte sie: Nun habe ich meiner Pflegeschwester geholfen und erzählt, was ich gehört habe. Möge nun Gott mir helfen, daß die Wirtin es sich nicht einfallen läßt, meinen Worten Glauben zu schenken, dann trage ich keine Schuld.

Aber als sie an dem Gesicht der Wirtin sah, daß sie ihr glaubte, da erschrak sie sehr und wollte fliehen.

Doch bevor sie noch einen Schritt machen konnte, hatte die schwere Hand der Wirtin mit sicherem Griff die ihre gefaßt, so daß sie nicht entrinnen konnte.

»Hast du erzählen hören, daß solche Worte in meinem Kellersaal gefallen sind«, sagte die Wirtin, »dann geht es nicht an, daß du dich aus dem Staube machst. Du mußt mir zu jenen folgen, die den Willen und die Macht haben, die Mörder zu greifen und sie der Strafe zu überantworten.«

Sir Archies Flucht

Elsalill kam in den Kellersaal, in ihren langen Mantel gehüllt, und ging zu einem Tische, an dem Sir Archie saß und mit seinen Freunden zechte. Es waren eine Menge Gäste um die Tische geschart, aber Elsalill kümmerte sich nicht um alle die staunenden

Blicke, die ihr folgten, als sie hinging und sich an die Seite dessen setzte, dem sie gut war. Sie dachte nur, daß sie die letzten Augenblicke, in denen Sir Archie noch seine Freiheit hatte, mit ihm beisammen sein wollte. Als Sir Archie Elsalill kommen und sich neben ihm niederlassen sah, da stand er auf und setzte sich mit ihr an einen Tisch, der weit unten im Saale hinter einer Säule verborgen stand. Sie konnte sehen, daß es ihm nicht gefiel, daß sie zu ihm in den Keller gekommen war, da es nicht Brauch war, daß junge Mädchen sich dort sehen ließen.

»Ich habe Euch keine lange Botschaft zu sagen, Sir Archie«, sagte Elsalill, »aber Ihr müßt doch wissen, daß es nicht bei mir steht, Euch in Euer Land zu folgen.«

Als Sir Archie Elsalill dies sagen hörte, da erschrak er sehr, denn er fürchtete, wenn er Elsalill verlöre, würden die bösen Gedanken wieder Gewalt über ihn gewinnen. »Warum willst du mir nicht folgen, Elsalill?« sagte Sir Archie.

Elsalill saß bleich wie der Tod, ihre Gedanken waren so verwirrt, daß sie kaum wußte, was sie ihm antwortete.

»Es tut nicht gut, einem Landsknecht zu folgen«, sagte sie. »Niemand weiß, ob so einer Treu und Gelöbnis hält.«

Bevor Sir Archie noch antworten konnte, trat ein Seemann in den Kellersaal.

Er ging auf Sir Archie zu und sagte ihm, daß er von dem Schiffer der Galeasse ausgesandt sei, die hinter der Kleeinsel eingefroren lag. Nun ließ der Schiffer sagen, daß Sir Archie und alle seine Mannen an diesem Abend ihre Habseligkeiten in Ordnung bringen und an Bord kommen sollten. Der Sturm hätte sich aufs neue erhoben. Das Meer war bis weit nach Westen frei geworden. Es könnte wohl sein, daß noch vor Tagesanbruch der Weg nach Schottland offen wäre. »Du hörst, was er sagt«, sagte Sir Archie zu Elsalill »Willst du mich geleiten?«

»Nein«, sagte Elsalill, »ich will Euch nicht geleiten.« Aber im tiefsten Herzen war sie sehr froh, denn sie dachte: Nun kann es sich doch so fügen, daß er fortzieht, ehe noch die Wache kommt und ihn greift.

Sir Archie stand auf und ging zu Sir Philip und Sir Reginald und sprach von der Botschaft. »Geht ihr vor mir heim nach der Herberge«, sagte er, »und macht alles bereit! Ich muß noch ein paar Worte mit Elsalill sprechen.«

Als Elsalill sah, daß Sir Archie zu ihr zurückkam, streckte sie die Hände gegen ihn aus. »Warum kommt Ihr zurück, Sir Archie?« sagte sie. »Warum eilt Ihr nicht hinunter zum Meere, so rasch Eure Füße Euch tragen?«

Denn ihre Liebe zu Sir Archie war so groß. Sie hatte ihn wohl um ihrer lieben Pflegeschwester willen verraten, aber sie wünschte nichts sehnlicher, als daß er entrinnen möchte.

»Nein, ich will dich zuerst noch einmal bitten, daß du mit mir kommst«, sagte Sir Archie.

»Ihr wißt doch, Sir Archie, daß ich Euch nicht folgen kann«, sagte Elsalill.

»Warum kannst du nicht?« sagte Sir Archie.

»Du bist ein so einsames und armes Mädchen, daß keine Menschenseele danach fragt, was aus dir wird. Aber wenn du mit mir kommst, will ich dich zu einer mächtigen Frau machen. Ich bin ein vornehmer Mann in meinem Heimatlande. Du wirst in Seide und Gold gekleidet gehen, und du wirst an des Königs Hof den Reigen führen.«

Elsalill zitterte, daß er bei ihr blieb, während noch die Flucht möglich war. Sie hatte kaum die Ruhe, ihm zu antworten: »Zieht nun fort, Sir Archie! Ihr sollt nicht länger bleiben, um mich zu bitten.«

»Ich will dir etwas sagen, Elsalill!« sagte Sir Archie und sprach mit immer weicherer Stimme zu ihr. »Als ich dich zuerst sah, da dachte ich nur daran, dich zu locken und zu betören. Ich habe dir so manches Mal zuvor goldene Berge versprochen, aber seit gestern abend meine ich es ehrlich mit dir. Und nun ist es mein Wille und mein Wunsch, dich zu meinem Ehegemahl zu machen. Du kannst mir vertrauen, so wahr ich ein Edelmann und ein Krieger bin.«

Im selben Augenblick hörte Elsalill, daß bewaffnete Männer

über den Marktplatz vor den Keller zogen. Wenn ich ihm nun folge, dachte sie, so kann er noch entrinnen. Ich ziehe ihn ins Verderben. Um meinetwillen bleibt er hier so lange, daß die Wache ihn ergreifen kann. Aber ich kann doch dem Manne nicht folgen, der alle die Meinen gemordet hat, dachte sie. »Sir Archie«, sagte Elsalill, und sie hoffte, daß sie ihm Furcht einjagen würde. »Hört Ihr nicht, daß bewaffnete Männer über den Markt gezogen kommen?«

»Freilich höre ich es«, sagte Sir Archie. »Es hat wohl irgendwo in einer Schenke eine Schlägerei gegeben. Sei unbesorgt, Elsalill, es sind nur ein paar Fischer, die über Wetter und Wind in Zank geraten sind.«

»Sir Archie«, sagte Elsalill, »hört Ihr nicht, daß sie vor dem Rathaus haltmachen?«

Elsalill zitterte vom Scheitel bis zur Sohle, aber Sir Archie merkte es nicht, sondern war ganz ruhig.

»Wo sollen sie wohl sonst haltmachen?« sagte Sir Archie. »Sie müssen doch die Unruhestifter herführen, um sie im Rathause ins Gefängnis zu werfen. Höre nicht auf sie, Elsalill, höre auf mich, der dich bittet, ihm übers Meer zu folgen!«

Aber Elsalill versuchte noch einmal, Sir Archie zu erschrecken.

»Sir Archie«, sagte sie, »hört Ihr nicht, wie die Gewappneten die Treppe zum Rathauskeller hinuntersteigen?«

»Freilich höre ich es«, sagte Sir Archie, »sie kommen wohl her, um eine Kanne Bier zu leeren, nachdem sie ihre Gefangenen in sicheren Gewahrsam gebracht haben. Denke nicht an sie, Elsalill, sondern denke daran, daß morgen du und ich über das freie Meer in meine Heimat ziehen.«

Aber Elsalill war leichenblaß, und sie zitterte so, daß sie kaum sprechen konnte.

»Sir Archie«, sagte sie, »seht Ihr nicht, wie sie dort oben beim Schanktisch mit der Wirtin sprechen? Sie fragen sie wohl, ob einer von denen, die sie suchen, hier zu finden sei.«

»Sie machen wohl mit ihr aus, daß sie ihnen in dieser stürmischen Nacht einen starken heißen Trunk brauen soll«, sagte Sir

Archie. »Du sollst nicht so sehr zittern und ängstlich sein, Elsalill. Du kannst mir ohne Furcht folgen. Ich sage dir, wenn mein Vater mich jetzt mit dem edelsten Fräulein in meinem Lande vermählen wollte, ich würde ihr Nein sagen. Komm du getrost mit mir übers Meer, Elsalill! Du wirst dem größten Glück entgegenziehen.«

Unten an der Tür versammelten sich immer mehr Landsknechte, und Elsalill wußte vor Angst nicht mehr aus noch ein. Ich kann es nicht mit ansehen, daß sie kommen und ihn greifen, dachte sie. Sie beugte sich zu Sir Archie und flüsterte ihm zu: »Höret Ihr nicht, Sir Archie, daß jene Männer dort die Wirtin fragen, ob Herrn Arnes Mörder vielleicht hier im Saale sind?«

Da warf Sir Archie einen Blick durch das Gemach und sah die Landsknechte, die mit der Wirtin sprachen. Aber er sprang nicht auf, um zu fliehen, wie Elsalill erwartet hatte, sondern er beugte sich hinab und sah Elsalill in die Augen. »Hast du, Elsalill, mich erkannt und verraten?« fragte er.

»Ich habe es um meiner lieben Pflegeschwester willen getan, damit sie Ruhe finde in ihrem Grabe«, sagte Elsalill. »Gott weiß, was es mich gekostet hat. Aber flieht nun, Sir Archie! Noch ist es Zeit. Noch haben sie nicht Türen und Vorsaal verrammelt.«

»Du Wolfsjunges!« sagte Sir Archie. »Als ich dich zum ersten Male auf den Brücken sah, da dachte ich, daß ich dich töten sollte.«

Aber Elsalill legte ihre Hand auf seinen Arm. »Flieht, Sir Archie, ich kann nicht stillsitzen und sehen, wie sie kommen und Euch greifen. Wollt Ihr nicht ohne mich fliehen, so werde ich Euch in Gottes Namen folgen. Aber bleibt nicht länger um meinetwillen hier, Sir Archie. Alles, was Ihr begehrt, will ich für Euch tun, wenn Ihr nur Euer Leben rettet.«

Aber Sir Archie war jetzt sehr zornig, und er sprach hohnvoll zu Elsalill.

»Nun wirst du niemals, o Jungfrau, in goldgestickten Schuhen durch weite Schloßgemächer wandeln. Nun kannst du dein Leben lang hier in Marstrand bleiben und Heringe putzen. Niemals bekommst du einen Gatten, der Schloß und Lehen hat, Elsalill. Dein Mann wird ein armer Fischer sein, und deine Wohnstatt eine Hütte auf der kahlen Schäre.«

»Hört Ihr nicht, wie sie alle Türen besetzen und mit gestreckten Lanzen alle Eingänge bewachen?« fragte Elsalill. »Warum eilt Ihr nicht weg von hier? Warum flieht Ihr nicht hinunter aufs Eis und verbergt Euch auf einem Schiffe?«

»Ich fliehe nicht, weil es mich ergötzt, mit dir Zwiesprache zu halten, Elsalill«, sagte Sir Archie. »Denkst du auch daran, daß es jetzt mit aller Freude für dich vorbei ist, Elsalill? Denkst du auch daran, daß es jetzt aus ist mit meiner Hoffnung, meine Schuld zu sühnen?«

»Sir Archie«, flüsterte Elsalill und erhob sich in ihrer großen Angst, »jetzt sind sie bereit. Jetzt kommen sie, um Euch zu greifen. Flieht, ach flieht! Ich will zu Euch auf das Schiff kommen, wenn Ihr nur flieht.«

»Du brauchst dich nicht so zu ängstigen, Elsalill«, sagte Sir Archie. »Wir haben noch Zeit, ein wenig miteinander zu plaudern. Die Landsknechte haben nicht im Sinn, sich hier auf mich zu stürzen, wo ich mich verteidigen kann. Sie wollen mich wohl auf der engen Kellertreppe fangen. Da wollen sie mich auf ihre langen Lanzen spießen. Das ist es ja, was du mir immer gewünscht hast, Elsalill.«

Aber je erschrockener Elsalill sich zeigte, desto ruhiger wurde Sir Archie. Sie flehte ihn an zu fliehen, aber er lachte nur.

»Du sollst nicht so sicher sein, dass die Landsknechte mich fangen können. Ich habe schon schlimmere Gefahren bestanden als diese und bin mit heiler Haut davongekommen. Da sah es vor ein paar Monaten in Schweden ärger für mich aus. Da hatten ein paar Verleumder König Johann gesagt, seine schottische Garde wäre ihm nicht treu. Und der König glaubte ihnen. Er ließ die drei Anführer in den Turm werfen, und ihre Mannen wies er aus seinem Reich und ließ sie bewachen, bis sie über die Grenze waren.«

»Flieht, Sir Archie, flieht!« bat Elsalill.

»Du sollst keine Angst um mich haben, Elsalill«, sagte Sir Archie und lachte hart auf. »Heute abend bin ich wieder der alte, jetzt bin ich wieder in meiner Laune von einst. Jetzt sehe ich das junge Mädchen nicht mehr vor meinen Augen, da weiß ich mir schon zu helfen. Ich will dir von den dreien erzählen, die in König Johanns Gefängnis saßen. Die schlichen sich eines Nachts, als die Wächter berauscht waren, aus dem Turm und machten sich davon. Dann flüchteten sie zur Grenze. Aber solange sie im Land des Schwedenkönigs wanderten, wagten sie nicht zu verraten, wer sie waren. Sie wußten sich keinen andern Rat, Elsalill, sie verschafften sich Kleider aus zottigen Fellen und sagten, sie wären Gerbergesellen, die über Land gingen, um Arbeit zu suchen.«

Aber jetzt begann Elsalill zu merken, wie verändert Sir Archie gegen sie war. Sie begriff, daß er sie haßte, seit er wußte, daß sie ihn verraten hatte.

»Sprecht nicht so, Sir Archie!« sagte Elsalill.

»Warum mußtest du mich betrügen, als ich dir am meisten glaubte?« sagte Sir Archie. »Jetzt bin ich wieder so, wie ich früher war. Jetzt lasse ich es mir nicht einfallen, jemanden zu schonen. Und jetzt wirst du sehen, daß mir alles wieder glücken wird wie einst im Leben. Waren wir nicht übel daran, ich und meine Genossen, als wir endlich Schweden durchwandert hatten und hierher an die Küste kamen? Wir hatten kein Geld, um uns ehrliche Kleider zu kaufen Wir hatten kein Geld, um die Überfahrt nach Schottland zu bezahlen. Wir wußten uns keinen andern Rat, als in den Pfarrhof von Solberga einzudringen.«

»Sprecht nicht mehr davon!« sagte Elsalill.

»Doch, jetzt sollst du alles hören, Elsalill«, sagte Sir Archie. »Es gibt eins, was du nicht weißt, und das ist, daß wir zuerst, als wir in den Pfarrhof gekommen waren, zu Herrn Arne gingen, ihn weckten und ihm sagten, daß er uns Geld geben solle. Wenn er es gutwillig täte, wollten wir ihm nichts zuleide tun. Aber Herr Arne fing Händel mit uns an, und da mußten wir ihn niederwerfen. Und nachdem wir ihn getötet hatten, mußten wir auch seine Leute alle umbringen.« Elsalill unterbrach Sir Archie nicht mehr, aber es wurde kalt und leer in ihrem Herzen. Sie schauderte, als sie Sir Archie sah und hörte, denn während er sprach, bekam er ein grausames, blutdürstiges Aussehen. Was wollte ich tun? dachte sie. Bin ich toll gewesen, und habe ich den geliebt, der alle die Meinen gemordet hat? Möge Gott mir meine Sünde vergeben. »Als wir glaubten, daß alle tot seien«, sagte Sir Archie, »schleppten wir die schwere Geldtruhe aus dem Hause. Dann legten wir ringsherum Feuer an, damit die Menschen glaubten, Herr Arne sei verbrannt.«

»Ich habe einen Wolf im Walde geliebt«, sagte Elsalill zu sich selbst. »Und ihn habe ich vor der Strafe retten wollen!«

»Aber wir fuhren aufs Eis hinunter und flohen übers Meer«, fuhr Sir Archie fort. »Wir hatten keine Furcht, solange wir das Feuer zum Himmel lodern sahen; aber als wir es abnehmen sahen, erschraken wir. Wir wußten nun, daß Leute dorthin gekommen waren, die die Feuersbrunst gelöscht hatten und daß man uns nachsetzen könnte. Da fuhren wir ans Land zurück, wo wir eine Flußmündung mit schwachem Eise gesehen hatten. Wir hoben die Geldtruhe vom Schlitten und fuhren weiter, bis das Eis unter dem Pferde brach. Da ließen wir dieses ertrinken und sprangen zur Seite. Wenn du kein Mädchen wärst, Elsalill, würdest du begreifen, daß dies kühn gehandelt war. Wir haben uns wie Männer benommen.«

Jetzt war Elsalill ganz still. Sie saß da und fühlte einen brennenden Schmerz im Herzen. Aber Sir Archie haßte sie und war es froh, sie zu quälen. »Darauf nahmen wir unsere Gürtel und befestigten sie an der Truhe und begannen sie zu ziehen. Aber da die Truhe Spuren auf dem Eise hinterließ, gingen wir ans Land, rissen einer Tanne die Äste ab und legten Tannenreisig unter die Truhe. Dann streiften wir unsere Schuhe ab und wanderten über das Eis, ohne Spuren zu hinterlassen.«

Sir Archie hielt inne, um einen hohnvollen Blick auf Elsalill zu werfen.

»Obwohl dies alles uns trefflich geglückt war, waren wir doch übel dran. Wohin wir auch mit unsern blutigen Kleidern gekommen wären, überall hätte man uns erkannt und ergriffen. Aber höre nun dies, Elsalill, und sage es allen, die uns etwa nachsetzen wollen, damit sie verstehen, daß wir nicht zu denen gehören, die sich leicht fangen lassen! Höre dies: Als wir über das Eis in der Richtung nach Marstrand gingen, da trafen wir auf dem Meere unsre Landsleute und Kameraden, dieselben, die König Johann aus seinem Lande verwiesen hatte. Sie hatten Marstrand des Eises wegen nicht verlassen können, und sie halfen uns in unsrer Not, so daß wir zu Kleidern kamen. Seither sind wir ohne Gefahr hier in Marstrand umhergegangen. Und es hätte uns auch weiterhin keine Gefahr gedroht, wenn du nicht treulos gewesen wärest und mich verraten hättest.«

Elsalill saß still da, der Schmerz war zu groß für sie. Sie konnte kaum fühlen, daß ihr Herz schlug.

Aber Sir Archie sprang auf und rief:

»Und auch heute abend wird uns nichts Böses widerfahren. Davon sollst du Zeuge sein, Elsalill.«

Und damit ergriff er Elsalill mit seinen beiden Händen und hob sie empor. Und mit Elsalill vor sich, wie mit einem Schild, eilte Sir Archie durch den Kellersaal dem Ausgange zu. Und die Landsknechte, die als Wachen vor der Türe standen, streckten ihre langen Hellebarden gegen ihn aus, aber sie konnten sie nicht gebrauchen, aus Furcht, Elsalill zu verwunden.

Als Sir Archie auf die enge Treppe kam, streckte er Elsalill wieder vor sich aus. Und sie schützte ihn besser als der prächtigste Harnisch, denn die Krieger, die dort aufgestellt waren, konnten keinen Gebrauch von ihren Waffen machen. So kam er ein gutes Stück die Treppe hinauf, und Elsalill fühlte, wie ihr die freie Luft des Himmels entgegenwehte.

Aber Elsalill empfand keine Liebe mehr zu Sir Archie, sondern den tödlichsten Haß, und sie dachte nur daran, daß er ein böser Mörder war. Und als sie nun sah, daß sie ihn mit ihrem Leibe schützte, so daß er nahe daran war zu entrinnen, da streckte sie ihre Hand aus und zog eine der Lanzen, die die Krieger hielten, an sich heran und richtete sie auf ihr Herz. Nun will ich meiner Pflegeschwester so dienen, daß dies Werk endlich vollbracht sei, dachte Elsalill. Und beim nächsten Schritte, den Sir Archie über die Treppe machte, drang die Lanze in Elsalills Herz.

Aber da stand Sir Archie schon auf der obersten Stufe. Und die Kriegsleute fuhren zurück, als sie sahen, daß einer von ihnen die Jungfrau verwundet hatte. Und er eilte an ihnen vorbei.

Als Sir Archie auf den Marktplatz kam, hörte er aus einem Gäßchen Feldgeschrei und schottische Rufe: »Zu Hilfe! Zu Hilfe! Für Schottland, für Schottland!«

Das waren Sir Philip und Sir Reginald, die die Schotten gesammelt hatten und nun kamen, um ihn zu retten.

Und Sir Archie eilte ihnen entgegen und rief mit lauter Stimme: »Hierher! Hierher! Für Schottland! Für Schottland!«

Über das Eis

Als Sir Archie über das Eis wanderte, hielt er noch immer Elsalill im Arm.

Sir Philip und Sir Reginald schritten an seiner Seite. Sie wollten ihm erzählen, wie sie den Anschlag entdeckt hatten und wie es ihnen geglückt war, die schwere Geldtruhe auf die Galeasse zu schaffen und ihre Landsleute zu versammeln, aber Sir Archie achtete nicht auf sie. Er schien einherzugehen und mit der zu sprechen, die er in seinen Armen trug.

»Wer ist es, den du mit dir führst?« fragte Sir Reginald.

»Das ist Elsalill«, antwortete Sir Archie. »Ich will sie mit hinüber nach Schottland nehmen. Ich will sie nicht hier zurücklassen. Hier würde sie nie etwas andres sein als ein armes Fischermädchen.«

»Nein, das kann doch wohl nicht dein Ernst sein«, sagte Sir Reginald.

»Hier würde ihr niemand etwas anderes geben als Kleider aus grober Wolle«, sagte Sir Archie, »und in einem engen Bett aus harten Planken müßte sie schlafen. Ich will sie in die weichsten Kissen betten, und aus Marmor will ich ihre Ruhestatt aufführen lassen. Ich will sie in die kostbarsten Pelze hüllen, und ihre Füße sollen Schuhe mit Juwelenspangen umschließen.«

»Fürwahr, du denkst ihr große Ehren zu«, sagte Sir Reginald.

»Ich kann sie nicht hier daheim zurücklassen«, sagte Sir Archie. »Denn wer würde hier wohl Zeit finden, an solch ein armes kleines Ding zu denken? In wenigen Monaten schon würde sie von allen vergessen sein. Niemand würde sich nach ihr umsehen, niemand sie in ihrer Einsamkeit aufsuchen. Aber wenn ich einmal meine Heimat erreiche, dann will ich ihr dort eine schöne Wohnstatt erbauen lassen. Da soll ihr Name in den harten Stein eingegraben sein, so daß niemand ihn vergißt. Da werde ich selbst jeden Tag zu ihr kommen, und da wird alles so herrlich geschmückt sein, daß die Leute von weit und breit herbeiströmen werden, um sie zu besuchen. Da werden Tag und Nacht Kerzen und Lampen brennen, und da wird Musik und Gesang erklingen, als wäre da ein ewiges Fest.«

»Fürwahr, du denkst ihr große Ehren zu«, sagte Sir Reginald noch einmal.

»Ich muß es so einrichten, daß sie es gut hat«, sagte Sir Archie. »Sie ist es, die die bösen Gedanken von mir ferne hält. Wenn ich sie verlasse, weicht das Glück von mir.«

Der Sturm brauste ihnen heftig entgegen. Er riß Elsalills Mantel los und ließ ihn flattern wie eine Fahne.

»Willst du mir einen Augenblick helfen, Elsalill zu tragen«, sagte Sir Archie, »damit ich den Mantel um sie legen kann?«

Sir Reginald empfing Elsalill in seinen Armen, aber in demselben Augenblick erschrak er so heftig, daß er sie zwischen seinen Händen auf das Eis hinuntergleiten ließ.

»Ich wußte nicht, daß Elsalill tot ist«, sagte er.

Wellenrauschen

Die ganze Nacht schritt der Schiffer der großen Galeasse auf dem hohen Verdeck auf und nieder. Es war dunkel, und der Sturm pfiff um ihn her. Er kam bald mit Schnee und bald mit Regen herangetrieben. Noch immer lag das Eis fest und sicher rings um die Galeasse, so daß der Schiffer eigentlich ruhig in seiner Koje hätte schlummern können.

Aber er blieb die ganze Nacht wach. Einmal ums andre führte er die Hand ans Ohr und horchte.

Es war nicht leicht zu erraten, worauf er horchte. Alle seine Leute hatte er an Bord und auch alle die Reisenden, die er nach Schottland bringen wollte. Die lagen jetzt alle in den Schiffsräumen und schliefen. Keiner von ihnen führte ein Gespräch, dem der Schiffer hätte lauschen können.

Als der Sturm heranbrauste und die festgefrorene Galeasse erreicht hatte, stürzte er sich über das Fahrzeug, gleichsam wie aus alter Gewohnheit, um es vor sich her übers Meer zu treiben. Und als die Galeasse noch immer still lag, packte sie der Sturm immer wieder. Es rasselte in allen kleinen Eiszapfen, die im Takelwerk und an den Tauen hingen. Es knackte und knisterte im Schiffsbug. Es knatterte in den Masten, daß sie nahe daran waren zu zersplittern. Das war keine stille Nacht. Man vernahm es wie ein leichtes Knirschen in der Luft, wenn der Schnee herangesaust kam. Man hörte Klatschen und Plätschern, wenn der Regen niederpeitschte.

Aber im Eise tat sich eine Spalte nach der andern auf, und dabei hörte man ein Donnern, als lägen Kriegsschiffe im Meere, die sich heftig beschossen.

Aber auf dies alles horchte der Schiffer nicht.

Er ging die ganze Nacht auf und nieder, bis ein grauer Schein sich über den Himmel verbreitete, aber er hörte dennoch nicht, was er hören wollte.

Endlich erklang durch die Nacht ein singendes, eintöniges Brausen, ein wiegender, kosender Laut, wie von fernem Gesang.

Da eilte der Schiffer quer über die Ruderbänke in der Mitte der Galeasse zu dem hohen Aufbau im Kiel, wo seine Leute schliefen. »Steht jetzt auf«, rief er ihnen zu, »und fasset Bootshaken und Ruder. Nun wird bald die Stunde der Befreiung angebrochen sein. Ich höre das Brausen des offenen Wassers. Ich höre den Gesang der freien Wellen.«

Die Männer erhoben sich sogleich aus ihrem Schlummer. Sie standen auf dem Posten längs der Schiffsseiten, während der Morgen langsam anbrach.

Als es endlich so hell wurde, daß sie sehen konnten, was sich in der Nacht zugetragen hatte, fanden sie, daß Buchten und Sunde, weit hinaus ins Meer, offen wogten. Aber in der Bucht, in der sie eingefroren lagen, klaffte nicht eine Spalte im Eise; fest und ungebrochen lag es da.

Und in dem Sunde, der aus der Bucht führte, hatte sich eine hohe Eismauer aufgetürmt. Die Wellen, die frei davor spielten, schleuderten eine Eisscholle nach der andern hinauf.

Draußen im Sunde wimmelte es von Segeln. Das waren alle die Fischer, die in Marstrand eingefroren gewesen waren und jetzt davoneilten. Die See ging hoch, und Eisstücke tanzten noch über die Wogen, aber die Fischer gönnten sich wohl nicht die Zeit, auf ein ruhiges, gefahrloses Meer zu warten, sondern traten ihre Fahrt an. Sie standen im Bug ihrer Boote und hielten scharfen Ausguck. Die kleinen Eisstücke drängten sie mit dem Ruder weg, aber wenn die großen kamen, rissen sie das Steuer herum und wichen aus. Auf der Galeasse stand der Schiffer in dem hochaufgebauten Achterteil und sah ihnen nach. Er merkte wohl, daß sie eine beschwerliche Fahrt hatten, aber er sah auch, wie einer nach dem andern sich durchschlug und das offene Meer erreichte.

Und als der Schiffer die Segel über die blaue Flut gleiten sah, da packte ihn die Sehnsucht so stark, daß ihm die Tränen in die Augen traten.

Aber sein Schiff lag still, und vor ihm türmte sich das Eis zu einer immer gewaltigeren Mauer auf.

Draußen auf dem Meere schwammen nicht nur Fahrzeuge und Boote, sondern zuweilen kamen auch kleine weiße Eisberge herangezogen. Das waren gewaltige Schollen, die aufeinander geschleudert worden waren und jetzt südwärts trieben. Sie blinkten in der Morgensonne weiß wie Silber, und manchmal leuchteten sie so rot, als wären sie mit Rosen bestreut.

Aber mitten durch den zischenden Sturm ertönten laute Rufe. Bald klang es wie singende Stimmen und bald wie schmetternde Fanfaren. Ein starker Jubel jauchzte aus diesen Lauten. Es war so, daß einem das Herz aufging. Sie kamen von einem langen Zuge von Schwänen, die vom Süden heranflogen.

Aber als der Schiffer die Eisberge gen Süden ziehen und die Schwäne gen Norden fliegen sah, da kam eine solche Sehnsucht über ihn, daß er die Hände rang.

»Weh mir, daß ich hier bleiben muß!« rief er. »Wann kommt der Eisbruch hier in diese Bucht? Vielleicht muß ich noch viele Tage hier liegen und warten.«

Als er gerade so dachte, sah er einen Mann über das Eis heranfahren. Er kam aus einem engen Sunde in der Richtung von Marstrand, und er fuhr so ruhig über das Eis, als wüßte er nicht, daß die Wellen wieder anfingen, Boote und Schiffe zu tragen.

Als er an die Galeasse heranfuhr, rief er zum Schiffer hinauf:

»Guter Freund, hast du etwas zu essen, wenn du da im Eise festgefroren liegst? Willst du mir nicht gepökelte Heringe abkaufen oder getrockneten Kabeljau oder geräucherten Aal?«

Der Schiffer ließ sich nicht einfallen, ihm zu antworten. Er erhob die geballte Faust gegen ihn und fluchte.

Da stieg der Fischkrämer von seiner Fuhre herunter. Er nahm ein Bund Heu aus dem Schlitten und legte es dem Pferde vor. Dann erkletterte er das Verdeck der Galeasse.

Als er vor dem Schiffer stand, sagte er sehr ernst zu ihm:

»Ich bin heute nicht hier, um Fische zu verkaufen. Aber ich weiß, daß du ein frommer Mann bist. Darum bin ich hergekommen, um dich zu bitten, daß du mir ein Mädchen herbeischaffst, das die schottischen Krieger gestern mit auf das Schiff geführt haben.«

»Ich weiß nichts davon, daß sie ein Mädchen hierhergeführt hätten«, sagte der Schiffer. »Keine Frauenstimme habe ich in dieser Nacht an Bord des Schiffes vernommen.«

»Ich bin Torarin, der Fischkrämer«, sagte der andre, »du hast wohl schon von mir gehört? Ich habe im Pfarrhof von Solberga mit Herrn Arne in derselben Nacht zu Abend gegessen, in der er getötet wurde. Seither habe ich Herrn Arnes Pflegetochter in meinem Hause gehabt, aber gestern nacht wurde sie von seinen Mördern geraubt, und sie haben sie wohl mit hierher auf das Fahrzeug gebracht.«

»Sind Herrn Arnes Mörder an Bord meines Fahrzeugs?« rief der Schiffer entsetzt.

»Du siehst, daß ich ein so geringer und schwacher Mann bin«, sagte Torarin. »Mein einer Arm ist lahm, darum habe ich Angst, mich auf irgendein gewagtes Vorhaben einzulassen. Ich weiß schon seit ein paar Wochen, wer Herrn Arnes Mörder sind, aber ich wagte nicht zu versuchen, Rache an ihnen zu nehmen. Aber weil ich geschwiegen habe, sind sie jetzt entkommen, und es ist ihnen geglückt, das Mädchen fortzuführen. Doch jetzt habe ich mir gesagt, daß ich in dieser Sache nichts mehr zu bereuen haben will. Ich will es wenigstens versuchen, das junge Mädchen zu retten.«

»Wenn Herrn Arnes Mörder hier auf dem Schiffe sind, warum kommt dann nicht die Stadtwache heraus und greift sie?«

»Ich habe die ganze Nacht und den ganzen Morgen gebeten und gesprochen«, sagte Torarin. »Aber die Wache wagt sich nicht hier heraus, sie sagt, hier wären hundert Söldlinge an Bord, und sie wage es nicht, den Kampf mit ihnen aufzunehmen. Da dachte ich, daß ich in Gottes Namen wohl allein herausfahren und dich bitten müßte, mir das Mädchen zur Stelle zu schaffen, denn ich weiß, daß du ein frommer Mann bist.«

Aber der Schiffer sagte ihm nichts über das Mädchen. Er dachte nur an das andre. »Wie kannst du wissen, daß die Mörder hier an Bord sind?« sagte er.

Torarin wies auf eine große Eichentruhe, die zwischen den Ruderbänken stand.

»Ich habe diese Truhe zu oft in Herrn Arnes Haus gesehen, als daß ich sie nicht kennen sollte«, sagte er. »Darin liegt Herrn Arnes Schatz, und wo sein Schatz ist, da sind wohl auch seine Mörder.«

»Diese Truhe gehört Sir Archie und seinen beiden Freunden, Sir Reginald und Sir Philip«, sagte der Schiffer.

»Ja«, sagte Torarin und sah den Schiffer fest an, »so ist es. Sie gehört Sir Archie und Sir Philip und Sir Reginald.«

Der Schiffer stand eine Weile schweigend und sah sich nach allen Seiten um. »Wann glaubst du, daß hier in der Bucht der Eisbruch kommt?« sagte er zu Torarin.

»Es ist heuer wunderlich«, sagte Torarin. »In dieser Bucht pflegt das Eis früh zu schmelzen, denn hier ist starke Strömung. Aber wie es jetzt steht, mußt du dich in acht nehmen, daß du nicht ans Land gedrängt wirst, wenn das Eis in Bewegung kommt.«

»Ich denke an nichts andres«, sagte der Schiffer.

Wieder stand er eine Weile stumm da. Er wandte das Gesicht dem Meere zu. Die Morgensonne leuchtete hoch am Himmel, und die Wellen warfen ihren Glanz zurück. Hin und wider zogen die befreiten Schiffe, und die Meervögel kamen mit Freudenschreien vom Süden geflogen. Die Fische hielten sich am Wassersaum, sie machten hohe Sprünge und schnellten glitzernd aus dem Wasser, übermütig nach der Gefangenschaft unter dem Eise. Die Möwen, die draußen an der Eiskante Jagd gehalten hatten, kamen jetzt zu Scharen ans Land, um in den bekannten Revieren zu jagen.

Der Schiffer konnte diesen Anblick nicht ertragen.

»Bin ich ein Freund von Mördern und Missetätern?« sagte er. »Soll ich mir die Augen verschließen und nicht sehen, warum Gott meinem Fahrzeug die Pforten des Meeres nicht auftut? Soll ich leiden für die Unrechten, die ihre Zuflucht hierher genommen haben?«

Und der Schiffer ging zu seinen Leuten und sagte ihnen: »Ich weiß jetzt, warum wir hier eingeschlossen liegen müssen, während alle andern Fahrzeuge ins Meer hinausziehen. Das ist, weil wir Mörder und Missetäter an Bord haben.«

Darauf begab sich der Schiffer zu den schottischen Söldlingen, die noch im Schiffsraum lagen und schliefen. »Liebe Leute«, sagte er zu ihnen, »verhaltet euch noch ein Weilchen still, was ihr auch für Rufen und Lärmen an Bord hören möget! Wir müssen Gottes Geboten folgen und keine Missetäter unter uns dulden. Wenn ihr mir gehorcht, verspreche ich euch, daß ich euch die Truhe ausliefern will, in der Herrn Arnes Schatz ist, und ihr sollt ihn untereinander teilen dürfen.«

Aber zu Torarin sagte der Schiffer: »Gehe hinunter zu deinem Schlitten und wirf deine Fische aufs Eis. Du wirst jetzt eine andere Ladung zu führen haben.« Darauf brach der Schiffer mit seiner Mannschaft in die Kajüte ein, wo Sir Archie und seine Freunde schliefen. Und sie stürzten sich über sie, während sie noch im Schlummer lagen, um sie zu binden.

Und als die drei Schotten sich zu verteidigen suchten, da schlugen sie mit ihren Äxten und Spaken hart auf sie ein und sagten zu ihnen: »Ihr seid Mörder und Missetäter. Habt ihr geglaubt, ihr würdet eurer Strafe entgehen? Wißt ihr nicht, daß Gott um euretwillen die Pforten des Meeres verschlossen hält?«

Da riefen die drei Männer laut nach ihren Kameraden, daß sie kommen sollten und ihnen helfen.

»Ihr sollt nicht nach ihnen rufen«, sagte der Schiffer. »Sie kommen nicht. Sie haben Herrn Arnes Schatz zum Teilen bekommen, und sie sind dabei, die Silbermünzen in ihren Hüten zu messen. Um dieses Geldes willen ist der böse Handel geschehen, und um dieses Geldes willen kommt die Strafe über euch.«

Und ehe noch Torarin die Fische aus dem Schlitten geladen hatte, kamen der Schiffer und seine Mannschaft zu ihm aufs Eis hinab. Sie führten in ihrer Mitte drei Männer, die gefesselt waren. Sie waren jämmerlich geschlagen und ohnmächtig von ihren Wunden.

»Gott hat nicht vergeblich nach mir gerufen«, sagte der Schiffer. »Sowie ich seinen Willen verstanden habe, habe ich ihn befolgt.«

Sie legten die Gefangenen auf Torarins Schlitten, und Torarin fuhr mit ihnen durch enge Buchten und Sunde, wo das Eis noch fest lag, nach Marstrand.

Aber am Nachmittag stand der Schiffer noch auf der hohen Warte seines Fahrzeugs und blickte auf das Meer. Ringsumher war alles noch unverändert, und die Eismauer vor dem Fahrzeug türmte sich höher und immer höher auf.

Als es zu dämmern begann, sah der Schiffer ein kleines Häuflein Menschen von der Landseite her über das Eis ziehen und sich seinem Schiffe nähern.

Es dauerte lange, bis er die Kommenden so deutlich zu unterscheiden vermochte, daß er sehen konnte, was es für Leute waren. Doch dachte er gleich, daß sie alt und gebrechlich sein müßten, denn sie kamen nur langsam vorwärts.

Endlich, als sie ganz nahe waren, sah er, daß an der Spitze des Zuges zwei Priester in Mantel und Kragen schritten. Der eine war jung und der andre sehr alt. Hinter ihnen gingen ein paar Männer, die eine Bahre trugen, und zu allerletzt kam eine alte, alte Frau, die von zwei Dienerinnen gestützt wurde.

Sie blieben auf dem Eise unter dem Schiffe stehen, und der alte Geistliche sagte zum Schiffer:

»Wir sind hergekommen, um eine Jungfrau zu holen, die tot ist. Die Mörder haben gestanden, daß sie ihr Leben hingab, um sie an der Flucht zu hindern, und jetzt kommen wir und wollen sie holen, damit sie mit allen den Ehren begraben werde, die ihr gebühren, und Ruhe unter den Ihren finde.«

Da wurde Elsalill gefunden und hinunter aufs Eis gebracht. Sie wurde auf die Bahre gelegt, die die alten Männer trugen, und der alte Priester dankte dem Schiffer und wanderte wieder an der Spitze seiner Leute dem Lande zu.

Aber wie sie sich wendeten, um zu gehen, sah der Schiffer, daß eine andere Jungfrau, die er früher nicht gesehen hatte, neben der Bahre einherging, und sie beugte sich einmal ums andre zu der Toten hinunter und küßte sie zärtlich.

Aber wie die Trauernden dahinschritten, brachen Sturm und Wogen hinter ihnen herein und schleuderten das Eis empor, über das sie eben gewandert waren. Und kaum waren sie mit Elsalill hinter einer Landzunge verschwunden, als das Eis auch schon zersplittert war und die große Galeasse den Weg frei hatte, hinaus ins offene Meer.

Der Wechselbalg

Die Trollin kam durch den Wald geschlichen. Ihr Junges trug sie in einer Rindenbutte auf dem Rücken. Es war groß und häßlich, mit Haaren wie Borsten, nadelscharfen Zähnen und einer Kralle am kleinen Finger; aber die Trollin glaubte, daß es kein schöneres Kind geben könnte.

Wie die Trollin so einherging, kam sie zu einer Waldlichtung. Über den holprigen Waldweg kamen ein Bauer und sein Weib geritten.

Zuerst wollte die Trollin wieder in den Wald fliehen, damit niemand sie zu Gesicht bekäme, aber plötzlich bemerkte sie, daß die Bäuerin ein Kind auf dem Arm trug, und da wurde sie andern Sinnes. Sie schlich näher zum Weg heran und versteckte sich hinter einem Haselstrauch. »Ich will doch sehen, ob das Menschenkind ebenso schön ist wie meines«, dachte die Trollin. Aber in ihrem Eifer sah sie zu weit aus dem Busch hervor; und als die Reitenden sich näherten, erblickten die Pferde den großen schwarzen Trollkopf. Sie erschraken, stellten sich auf die Hinterbeine, scheuten und gingen durch. Fast wären der Bauer und sein Weib abgeworfen worden. Sie stießen einen Schrei aus, beugten sich vor, um die Zügel anzureißen, und waren im nächsten Augenblick verschwunden.

Die Trollin war wütend, weil sie das Menschenkind kaum zu Gesicht bekommen hatte. Aber plötzlich wurde sie wieder seelenvergnügt, denn da lag ja das Kind vor ihr auf der Erde. Als die Pferde durchgingen, war es der Bäuerin aus dem Arm gefallen.

Das Kind lag auf einem Haufen dürrer Blätter und war ganz unversehrt. Es schrie vor Schreck über den Fall; aber als die Trollin sich darüberbeugte, schien es über den Anblick so belustigt, daß es verstummte und lächelte und das Händchen ausstreckte, um an dem schwarzen Bart der Trollin zu zupfen.

Die Trollin stand ganz verblüfft da und betrachtete das Menschenkind. Sie sah die kleinen Händchen mit den rosenroten Nägeln, die klaren blauen Äuglein und das kleine Mündchen. Sie befühlte das weiche Haar, strich über die Wangen und wußte sich vor Staunen gar nicht zu fassen, daß ein Kind so rosig und weich und fein sein konnte.

Plötzlich riß die Trollin ihre Rindenbutte vom Rücken, holte ihr eignes Junges heraus und setzte es neben das Menschenkind. Als sie nun den Unterschied zwischen den beiden sah, konnte sie es nicht lassen, vor Wut laut aufzuheulen.

Unterdessen hatten der Bauer und sein Weib ihre Pferde wieder gebändigt. Sie kamen nun zurück, um ihr Kind zu suchen. Als die Trollin sie kommen hörte, kamen ihr fast die Tränen, denn sie hatte sich noch lange nicht an dem Menschenkind satt gesehen. Sie blieb sitzen, bis die Reiter fast in Sichtweite waren, dann faßte sie einen raschen Entschluß. Sie ließ ihr Junges am Wegesrand liegen, steckte das Menschenkind in ihre Rindenbutte und lief damit in den Wald.

Kaum war die Trollin in den Wald verschwunden, da kamen der Bauer und seine Frau, um nach dem Kind zu suchen.

Es waren prächtige Bauersleute, reich und geachtet und mit einem schönen Hof am Fuß des Waldhügels. Sie waren schon viele Jahre verheiratet, aber sie hatten nur dieses einzige Kindchen. Man kann sich also denken, wie sehr es ihnen am Herzen lag.

Die Frau war dem Mann um ein paar Pferdelängen voraus und erblickte zuerst das Kind am Wegesrand. Es schrie aus Leibeskräften, um die Trollin zurückzurufen; und die Bäuerin hätte schon an dem Geheul merken können, was für ein Kind das war, aber sie hatte solche Angst ausgestanden, daß sie bei dem Geschrei nur dachte: »Gott sei Dank, daß es am Leben ist.«

»Da liegt das Kind«, rief sie dem Mann zu, glitt aus dem Sattel und lief auf das Trolljunge zu.

Als der Bauer zur Stelle kam, saß die Frau am Wegesrand und

drehte das Kind hin und her. Sie glaubte, ihren Sinnen nicht trauen zu können.

»Mein Kind hatte doch keine Stachelzähne«, sagte sie, »mein Kind hatte doch keine Haare wie Schweinsborsten; mein Kind hatte doch keine Kralle am kleinen Finger.«

Der Bauer mußte annehmen, daß sein Weib verrückt geworden sei. Rasch sprang er vom Pferd.

»Sieh das Kind an und sage, ob du begreifen kannst, wie es sich so verändern konnte«, sagte die Frau und reichte es ihm. Er nahm es aus ihren Händen, aber kaum hatte er einen Blick darauf geworfen, da spuckte er dreimal aus und schleuderte es von sich. »Das ist doch ein Trolljunges«, rief er. »Das ist nicht unser Kind.«

Die Frau saß noch immer am Wegesrand. Sie konnte nicht fassen, was sich begeben hatte.

»Aber was tust du denn mit dem Kind?« fragte sie.

»Ja merkst du denn nicht, daß das ein Wechselbalg ist?« sagte der Mann. »Die Trolle haben die Gelegenheit benutzt; als unsere Pferde durchgingen, haben sie unser Kind gestohlen und dafür ein Trolljunges hingelegt.«

»Aber wo ist denn dann jetzt mein Kind?« fragte die Frau.

»Das ist bei den Trollen«, antwortete der Mann.

Nun begriff die Frau endlich das ganze Unglück. Sie erbleichte, und der Mann glaubte, daß sie auf der Stelle ihren Geist aufgeben würde.

»Unser Kind kann ja nicht weit fort sein«, sagte der Mann und versuchte sie zu beschwichtigen, obgleich er selbst nicht viel Hoffnung hatte. »Wir wollen in den Wald gehen und es suchen.« Damit band er die Pferde an einen Baum und begab sich in das Dickicht. Die Frau stand auch auf, um ihm zu folgen, da sah sie das Trolljunge auf dem Boden liegen; es konnte jeden Augenblick von den Pferden totgetrampelt werden, die unruhig waren und einmal ums andre wild nach hinten ausschlugen. Sie schauderte bei dem Gedanken, den Wechselbalg anrühren zu müssen, schob ihn aber doch so, daß die Pferde ihn nicht zertreten konnten.

»Hier liegt die Schelle, die unser Kind in der Hand hatte, als du es fallen ließest«, rief der Bauer aus dem Wald. »Jetzt weiß ich, daß ich auf der rechten Spur bin.«

Die Frau eilte ihm nach; und sie gingen in den Wald und suchten lange und eifrig. Aber sie fanden weder Kind noch Troll; und als die Dämmerung einbrach, mußten sie zu ihren Pferden zurückkehren.

Die Frau weinte und rang die Hände. Der Mann ging mit aufeinandergepreßten Lippen und sagte nicht ein Trostwort. Er war aus einem alten guten Geschlecht, das erloschen wäre, wenn er nicht einen Sohn bekommen hätte. Jetzt zürnte er der Frau, weil sie das Kind hatte zu Boden fallen lassen. Sie hätte es doch festhalten können! Aber als er sah, wie betrübt sie war, brachte er es nicht übers Herz, sie zu tadeln. Der Bauer half der Frau in den Sattel, da fiel ihr der Wechselbalg ein. »Was sollen wir mit dem Trolljungen anfangen?« rief sie.

»Ja, wo ist es denn hingekommen?« fragte der Mann.

»Es liegt dort unter dem Busch.«

»Da liegt es ja ganz gut«, sagte der Mann und lächelte bitter.

»Wir müssen es aber doch mitnehmen. Wir können es doch nicht hier in der Wildnis lassen.«

»Doch, das können wir sehr gut«, sagte der Bauer und setzte den Fuß in den Steigbügel.

Die Frau fand, daß der Mann eigentlich ganz recht hätte, und ließ das Pferd ein paar Schritte machen, aber da sie von weicher und warmherziger Gemütsart war, konnte sie unmöglich weiterreiten.

»Nein, es ist ja doch ein Kind«, sagte sie. »Ich kann es nicht hierlassen, den Wölfen zum Fraße. Du mußt mir den Jungen reichen.«

»Das tu ich nicht«, sagte der Mann. »Er liegt ganz gut, wo er liegt.«

»Wenn du ihn mir jetzt nicht bringst, muß ich heute abend wieder herkommen und ihn holen«, sagte sie.

»Nicht genug damit, daß die Trolle meinen Knaben gestohlen

haben«, sagte er, »sie haben auch noch meinem Weib den Kopf verdreht.« Aber dabei hob er doch das Kind auf und reichte es der Frau, denn er hatte eine große Liebe zu ihr und war es gewohnt, ihr gefällig zu sein.

Am nächsten Tag war das Unglück im ganzen Kirchspiel bekannt, und alle, die alt und klug waren, eilten in die Hütte des Bauern, um gute Ratschläge zu geben.

»Wer einen Wechselbalg im Haus hat, muß ihm jeden Tag mit einem derben Stecken Schläge geben«, sagte eine Alte.

»Warum soll ich denn so übel mit ihm umgehen?« fragte die Bäuerin. »Freilich ist er häßlich, aber er hat doch nichts Böses getan.«

»Ja, wenn man das Junge schlägt, bis das Blut fließt, dann kommt schließlich die Trollin herbeigesaust, wirft einem das eigene Kind zu und nimmt ihres mit. Ich weiß viele, die es so gemacht haben, um ihr Kind wiederzubekommen.«

»Aber diese Kinder sind dann nicht lange am Leben geblieben«, sagte eine andere. Die Bäuerin wußte, daß sie dieses Mittel nicht anwenden würde; es wäre ihr unmöglich gewesen.

In demselben Augenblick kam der Mann mit einem Stock in der Hand in die Stube und fragte nach dem Wechselbalg. Da sah die Frau, daß der Mann den Rat der klugen Frau befolgen und das Trollkind prügeln wollte, um sein eigenes zurückzubekommen. »Es ist gut, daß er es tut«, dachte sie. »Ich bin zu dumm. Ich könnte nie ein unschuldiges Kind schlagen.«

Aber kaum hatte der Mann dem Trollkind einen Hieb versetzt, da stürzte die Frau herbei und packte ihn am Arm. »Nein, schlag nicht, schlag nicht!« bat sie.

»Du willst wohl dein eignes Kind nicht wiederhaben?« sagte der Mann und versuchte sich loszumachen.

»Freilich will ich es wiederhaben, aber nicht auf diese Art«, sagte die Frau. Der Mann erhob den Arm zu einem neuen Schlag, aber die Frau warf sich auf das Kind, so daß der Hieb ihren Rücken traf.

»Gott schütze mich«, sagte der Mann, »jetzt sehe ich, du

willst unser Kind gar nicht wiederhaben, sonst würdest du dich nicht so anstellen.« Er blieb stehen und wartete, aber die Frau blieb liegen und schützte das Kind. Da warf der Mann den Stock fort und ging unmutig aus der Stube. Er wunderte sich später, daß er seinen Vorsatz nicht doch ausgeführt hatte, aber wenn seine Frau da war, bezwang ihn irgend etwas: er konnte ihr nicht zuwiderhandeln.

Ein paar Tage vergingen in Schmerz und Trauer. Was die Bäuerin am meisten quälte, war die Sorge für das Trollkind. Fast nahm es ihr die Kraft, ihr eignes Kind zu betrauern.

»Ich weiß nicht, was ich dem Wechselbalg zu essen geben soll«, sagte sie eines Morgens zu ihrem Mann. »Er will nichts essen – was ich ihm auch vorsetze.«

»Das ist nicht verwunderlich«, sagte der Mann. »Du wirst doch schon gehört haben, daß die Trolle nichts anderes essen als Frösche und Mäuse.«

»Aber du kannst doch nicht verlangen, daß ich zum Froschsumpf gehe und dort das Essen hole«, sagte die Frau.

»Nein, ich verlange nichts dergleichen«, antwortete der Bauer. »Ich finde, es wäre am besten, wenn der Wechselbalg verhungern würde.«

Die Woche verging, ohne daß die Bäuerin das Trolljunge bewegen konnte, irgend etwas zu sich zu nehmen. Es schrie nur in seiner Wiege und wurde ganz elend und mager. Die Bäuerin versuchte es mit allen möglichen guten Speisen; aber der Wechselbalg fauchte und spuckte nur, wenn sie ihn überreden wollte, etwas von den Leckerbissen zu kosten.

Eines Abends, als das Trollkind schon beinahe Hungers gestorben war, kam die Katze mit einer Maus zwischen den Zähnen in die Stube gelaufen. Da riß die Bäuerin der Katze die Maus aus dem Rachen, warf sie dem Kind hin und verließ hastig die Stube, um nicht sehen zu müssen, wie das Trolljunge aß.

Als der Bauer merkte, daß die Frau wirklich Frösche und Spinnen für den Wechselbalg sammelte, begann er einen solchen Abscheu vor ihr zu empfinden, daß er es kaum verbergen konnte.

Er konnte sich nicht überwinden, seiner Frau ein freundliches Wort zu sagen; und wäre nicht jene wunderliche Macht gewesen, die sie über ihn besaß, hätte er sie sogleich verlassen.

Auch die Dienstleute begannen der Bäuerin Ungehorsam und Unehrerbietigkeit zu zeigen, ohne daß der Bauer sich darum kümmerte.

Die Frau merkte bald: Wenn sie fortfuhr, den Wechselbalg in Schutz zu nehmen, würde sie es mit ihrem Mann, dem Gesinde und den Nachbarn sehr schwer haben; aber sie war nun einmal so: alles Schwache und Verfolgte mußte sie beschützen. Je mehr sie um des Wechselbalgs willen litt, desto getreulicher wachte sie darüber, daß ihm nichts Böses widerfuhr.

Ein paar Jahre später saß die Bäuerin an einem Vormittag allein in der Stube und nähte Flicken um Flicken auf ein kleines Kinderkleid. »Ach ja«, dachte sie, während sie so nähte, »der hat keine guten Tage, der für ein fremdes Kind sorgen muß.«

Sie nähte und nähte, aber die Löcher waren so groß und so zahlreich, daß ihr die Tränen in die Augen kamen. »Soviel weiß ich«, dachte sie, »wenn ich meines eignen Sohnes Kittelchen flickte, würde ich die Löcher nicht zählen.

Ich habe es doch gar zu schwer mit dem Wechselbalg«, dachte die Bäuerin, als sie ein neues Loch entdeckte. »Das beste wäre es schon, wenn ich ihn tief in den Wald führte und ihn dort zurückließe.

Ich brauchte mir gar nicht so viel Mühe zu geben, ihn loszuwerden«, fuhr sie nach einem Weilchen fort. »Ich brauchte ihn nur einen Augenblick ohne Aufsicht zu lassen, dann würde er schon im Brunnen ertrinken oder im Herd verbrennen oder vom Hund gebissen oder von den Pferden gestoßen oder von den Knechten erschlagen werden. Ja, es wäre ein leichtes, ihn loszuwerden, denn ausgelassen und schlimm ist er, und es gibt keinen, der ihn nicht haßte. Ich glaube, wenn ich nicht beständig um ihn wäre, würde ihn gleich jemand umbringen.«

Sie ging hin und sah das Kind an, das in einer Ecke der Stube lag und schlief. Es war inzwischen sehr gewachsen und sah jetzt noch viel häßlicher aus als am Anfang. Es hatte große, wulstige Lippen; die Augenbrauen waren wie zwei steife Bürsten, und die Haut war ganz braun.

»Deine Kleider flicken und über dich wachen, ginge wohl noch an«, dachte sie. »Wenn ich deinetwegen nicht schlimmere Sorgen hätte. Es ist ja fast, als hätte ich den Verstand verloren, da ich so viel um dich leide, wo du doch nur ein widerwärtiger Troll bist. Mein Mann verabscheut mich; die Knechte verachten mich; die Mägde höhnen mich; die Katze faucht mich an; der Hund knurrt, wenn er mir begegnet; und an dem allen bist nur du schuld.

Aber daß Tiere und Menschen mich hassen, ist noch nicht das schlimmste«, fuhr sie nachdenklich fort. »Das schlimmste ist, daß ich mich jedesmal, wenn ich dich ansehe, um so mehr nach meinem eignen Sohn sehne. Oh, mein liebes Kind, mein allerliebstes Goldkind, wo bist du jetzt? Schläfst du bei der Trollin auf Moos und Reisig?«

Da ging die Tür auf. Die Frau begab sich wieder zum Tisch und setzte sich zu ihrer Näharbeit. Es war ihr Mann, der eintrat. Er lächelte und sprach seit langer Zeit endlich wieder einmal mit freundlicher Stimme.

»Heute ist im Nachbardorf Jahrmarkt«, sagte er. »Wie wär' es, wenn wir hingingen?«

»Ach, das wollte ich gar so gerne«, sagte die Frau und wurde sehr froh.

»Nun, dann mach dich rasch fertig«, sagte der Mann. »Wir müssen zu Fuß gehen, denn die Pferde sind bei der Arbeit. Aber wir kommen noch zurecht, wenn wir den Weg über den Hügel nehmen.«

Ein kleines Weilchen später stand die Frau in Feiertagskleidern auf der Schwelle. Das war das Freudigste, was ihr seit Jahren begegnete, und sie hatte das Trollkind völlig vergessen. »Aber«, dachte sie ganz plötzlich, »vielleicht will mein Mann mich nur fortlocken, damit einer der Knechte das Trollkind erschlagen kann.« Sogleich ging sie in die Stube und kam mit dem großen Trolljungen auf dem Arm zurück.

»Kannst du den Wechselbalg nicht daheim lassen?« fragte der Mann, aber er lachte dabei und war ganz sanft.

»Nein, ich traue mich nicht, von ihm fortzugehen«, sagte sie.

»Ja, das ist deine Sache«, sagte der Bauer, »aber es wird dir schwer werden, solch einen Bengel den Hügel hinaufzuschleppen.«

Sie begannen ihre Wanderung. Es ging steil aufwärts. Sie mußten einen hohen Gebirgsgrat erklimmen, ehe sie in das benachbarte Dörfchen kamen.

Die Frau wurde schließlich so müde, daß sie kaum mehr einen Fuß vor den andern setzen konnte. Einmal ums andre suchte sie den großen Burschen zu überreden, selbst zu gehen, aber er wollte nicht.

Der Mann war die ganze Zeit vergnügt und so freundlich, wie er es nie mehr gewesen war, seit sie ihr Kind verloren hatten.

»Jetzt mußt du mir aber den Wechselbalg geben«, sagte er, »ich werde ihn ein Weilchen tragen.«

»Ach nein, ich kann schon«, sagte die Frau, »ich will nicht, daß du durch dieses Trollzeug Beschwerden hast.«

»Warum sollst du dich allein damit abplagen«, sagte er und nahm den Wechselbalg.

Als der Bauer das Kind nahm, war der Weg gerade am allersteilsten. Er führte ganz schmal und schlüpfrig am Rande eines Abgrundes vorbei. Es war kaum Platz, den Fuß aufzusetzen. Die Frau ging hinter ihm und bekam plötzlich große Angst. »Geh hier vorsichtig«, rief sie. Gleich darauf glitt er auch wirklich aus und hätte fast das Trolljunge in den Abgrund fallen lassen.

»Wenn das Kind jetzt gefallen wäre, dann wären wir es für alle Zeit los gewesen«, dachte sie. Aber in demselben Augenblick wußte sie, daß es die Absicht des Mannes war, das Kind hier hinunterzuwerfen und dann zu tun, als wäre ein Unglück geschehen. »Ach«, dachte sie, »er hat das alles nur so eingerichtet, um das Kind beseitigen zu können, ohne daß ich die Absicht merke. Ja, wäre es nicht am besten, wenn ich ihm seinen Willen ließe?«

Wieder rutschte der Mann auf einem lockeren Stein aus; wieder wäre ihm das Kind fast aus dem Arm gefallen.

»Gib mir das Kind, du fällst damit«, sagte die Frau.

»Nein«, sagte der Mann, »ich werde schon aufpassen.«

»Du sollst es mir geben« rief die Frau, »du bist schon zweimal ausgeglitten.«

In demselben Augenblick rutschte der Mann zum drittenmal aus. Er streckte die Arme nach einem Baumast, um sich daran festzuhalten, und das Kind fiel. Die Frau stürzte vor, packte einen Zipfel des Kittelchens und zog das Kind daran wieder auf den Weg.

Da wandte sich der Mann ihr zu. Sein Gesicht war jetzt häßlich und böse. »Als du unser Kind im Walde fallen ließest, warst du nicht so flink«, sagte er zornig.

Die Frau antwortete nicht. Sie saß auf der Erde und weinte darüber, daß die Freundlichkeit des Mannes nur gespielt gewesen war.

»Warum weinst du?« sagte er hart. »Es wäre wohl kein so großes Unglück gewesen, wenn ich den Balg hätte fallen lassen. Komm jetzt, es wird spät.«

»Ich glaube, ich hab' keine Lust mehr, auf den Markt zu gehen«, sagte sie.

»Na ja, mir ist die Lust auch vergangen«, sagte er.

»Ich will lieber nach Hause«, sagte die Frau.

»Ja, warum sollten wir auch auf den Markt, wenn es uns keine Freude macht«, sagte er und war einig mit ihr.

Auf dem Heimweg fragte sich der Mann, wie lange er es noch mit seinem Weib aushalten könnte. – Wenn er von seiner Macht Gebrauch machte und sie zwänge, das Trollkind zu lassen, dann könnte alles zwischen ihnen wieder gut werden, meinte er; aber so, wie es jetzt war, wollte er am liebsten von ihr befreit sein. Er war nahe daran, Gewalt gegen sie anzuwenden und das Kind an sich zu reißen, aber da begegnete er ihrem Blick, der so schwermütig und traurig war, daß er es nicht vermochte, hart gegen sie zu sein. Um ihrer Trauer willen tat er sich Gewalt an, wie er es bisher getan hatte, und alles blieb, wie es gewesen war.

Wieder vergingen einige Jahre, und es kam eine Sommernacht, da auf dem Bauernhof eine Feuersbrunst ausbrach. Als die Leute aufwachten, waren Stube und Kammer voll Rauch; und der ganze Dachboden war ein Feuermeer. Es war gar nicht daran zu denken, zu löschen oder zu retten; man konnte nur hinausstürmen, um nicht zu verbrennen.

Der Bauer lief auf den Hof hinaus und stand da und sah das brennende Haus an.

»Ich möchte wissen, wer mir das angetan hat?«

»Wer? Nun, wer sollte es wohl anders gewesen sein als der Wechselbalg?« sagte ein Knecht. »Es war schon immer sein Spiel, Reisighaufen zu machen und sie anzuzünden.«

»Gestern hat er einen großen Haufen trockner Zweige auf den Dachboden getragen«, sagte die Magd. »Er wollte sie eben anzünden, als ich kam und es bemerkte.«

»Gewiß hat er gestern abend den Brand gelegt«, sagte der Knecht. »Ihr könnt ganz sicher sein, daß er das Unglück verursacht hat.«

»Wenn er nur wenigstens verbrennen wollte«, sagte der Bauer, »dann wollte ich nicht klagen, daß meine alte Hütte in Flammen aufgegangen ist.«

Als er das sagte, trat die Frau aus dem Hause und schleppte das Kind hinter sich her. Da stürzte der Bauer heran, entriß ihr das Kind, hob es hoch in die Luft und warf es wieder in das Haus zurück. Das Feuer schlug gerade zum Dach und zu den Fenstern heraus. Die Hitze war fürchterlich. Einen Augenblick sah die Frau den Mann an, leichenblaß vor Schreck, dann kehrte sie um und eilte in das Haus zurück – dem Kind nach.

»Es macht mir gar nichts, wenn du mitverbrennst«, rief ihr der Bauer nach. Sie kam jedoch wieder heraus und hatte das Kind in den Armen. Ihre Hände waren arg verbrannt, und das Haar war fast abgesengt. Niemand sagte ein Wort zu ihr, als sie herauskam. Sie ging zum Brunnen, löschte ein paar Funken, die an ihrem Rocksaum glühten, und setzte sich dann auf den Boden. Das Trollkind lag auf ihrem Schoß und schlummerte bald ein, doch sie saß hochaufgerichtet und starrte mit traurigen Augen vor sich hin. Viele Menschen eilten herbei, um zu löschen, aber niemand sprach zu ihr. Es war, als ob sie etwas Häßliches und Unheimliches an sich hätte, das Schrecken und Abscheu erregte.

Bei Tagesanbruch, als das Feuer gelöscht war, kam der Bauer auf sie zu.

»Ich halte es nicht länger aus; ich kann nicht mit Trollen zusammenleben, obgleich ich dich ungern verlasse. Ich gehe jetzt meiner Wege und komme nie wieder.«

Als die Frau diese Worte hörte und sah, wie der Mann sich gleich darauf abwandte, um seiner Wege zu gehen, da zuckte es in ihr, als wollte sie ihm nacheilen – aber das Trollkind lag schwer auf ihrem Schoß. Sie schien nicht Kraft genug zu haben, es abzuschütteln, und blieb sitzen.

Kaum war der Bauer in den Wald gekommen, als ihm ein kleiner Knirps in vollem Lauf über die Hügel entgegenkam. Er war schön wie ein junges Bäumchen und schmal und schlank. Das Haar war seidenweich und die Augen leuchteten wie blauer Stahl.

»Ach ja, so wäre mein Sohn jetzt, wenn ich ihn hätte behalten dürfen«, dachte der Bauer. »Einen solchen Erben hätte ich gehabt. Das wäre freilich ein ander Ding gewesen als das schwarze Ungetüm, das meine Frau mir ins Haus gebracht hat.«

»Grüß Gott«, sagte der Bauer zu dem Kind, »wohin gehst du denn?«

»Grüß Gott«, sagte das Bürschchen und reichte ihm die Hand. »Wenn du erraten kannst, wer ich bin, sollst du erfahren, wohin ich gehe.«

Als der Bauer die Stimme hörte, wurde er ganz blaß. »Ich kenne diese Stimme«, sagte er. »Wenn mein Sohn nicht bei den Trollen wäre, würde ich sagen, daß du es bist.«

»Ja, jetzt habt Ihr recht geraten, Vater«, sagte das Bürschchen und lachte. »Und weil Ihr recht geraten habt, sollt Ihr auch wissen, daß ich auf dem Wege zur Mutter bin.«

»Du sollst nicht zur Mutter gehen«, sagte der Bauer. »Sie fragt gar nicht nach dir. Sie hat für niemand ein Herz, nur für ein großes garstiges Trolljunges.«

»Meint Ihr das, Vater?« fragte der Knabe und sah dem Vater tief in die Augen. »Dann ist es vielleicht besser, wenn ich fürs erste bei Euch bleibe.«

Der Bauer war so froh über das Kind, daß ihm die Tränen in die Augen kamen. »Ja, bleib du nur bei mir«, sagte er und nahm den Knaben in seine Arme und küßte ihn. Er hatte große Angst, ihn aufs neue zu verlieren, und wagte es nicht, ihn wieder auf den Boden zu stellen, sondern wanderte mit dem Kind im Arm weiter.

Als er ein paar Schritte gegangen war, begann der Kleine zu plaudern.

»Das ist gut, daß Ihr mich nicht so tragt, wie Ihr den Wechselbalg getragen habt«, sagte der Knabe.

»Was meinst du damit?« fragte der Bauer.

»Ja, die Trollin ging auf der andern Seite der Kluft mit mir, und jedesmal, wenn Ihr mit dem Kind ausglittet, Vater, glitt sie mit mir aus.«

»Ach was, ihr gingt auf der andern Seite der Kluft?« sagte der Bauer und wurde plötzlich nachdenklich.

»Nie habe ich solche Angst gehabt«, sagte das Bürschchen. »Als Ihr das Trollkind in die Schlucht warft, wollte mich die Trollin hinterherwerfen. Wäre Mutter nicht so geschwind gewesen …«

Der Bauer begann langsamer zu gehen, während er dem Kleinen Fragen stellte.

»Du mußt mir erzählen, wie es dir bei den Trollen ergangen ist.«

»Manches Mal recht schlimm«, sagte der Kleine, »aber wenn Mutter gut zu dem Trolljungen war, dann war die Trollin auch gut zu mir.«

»Pflegte sie dich vielleicht zu schlagen?« fragte der Bauer.

»Sie schlug mich nicht öfter, als Ihr das andre Kind schlugt.«

»Was kriegtest du denn zu essen?« fragte der Bauer.

»Jedesmal wenn Mutter dem Wechselbalg Spinnen und Mäuse gab, bekam ich Butterbrot. Aber wenn Ihr dem Trolljungen Kuchen und Fleisch vorsetztet, dann setzte mir die Trollin Schlangen und Kröten vor. In der ersten Zeit wäre ich fast verhungert. Wenn Mutter dann nicht mehr Barmherzigkeit bewiesen hätte als Ihr andern, wäre ich wohl gestorben.«

Als das Kind dies sagte, machte der Bauer kehrt und ging rasch in das Tal hinab, seinem Hof zu.

»Ich weiß nicht, woher das kommt«, sagte er, »aber es ist mir, als spürte ich einen Brandgeruch, wenn ich dich anrühre; und dein Haar sieht aus, als ob es vom Feuer versengt wäre.«

»Das ist doch nicht zu verwundern«, sagte das Kind. »Ich wurde doch heute nacht ins Feuer geworfen, als Ihr das Trollkind in die brennende Hütte schleudertet. Und wenn Mutter das Trolljunge nicht gerettet hätte, so wäre ich wohl auch verbrannt.«

Der Bauer schien nun solche Eile zu haben, daß er fast lief, um in sein Heim und zu seinem Weibe zurückzukommen. Aber plötzlich blieb er stehen.

»Jetzt mußt du mir aber sagen, woher es kommt, daß die Trolle dich freigegeben haben?« sagte er.

»Als Mutter das opferte, was ihr mehr ist als das Leben, hatten die Trolle keine Macht mehr über mich und ließen mich ziehen«, sagte das Kind.

»Hat sie geopfert, was ihr mehr ist als das Leben?« fragte der Bauer.

»Ja, das hat sie, als sie Euch ziehen ließ, ohne einen Versuch zu machen, Euch zurückzuhalten«, sagte das Kind.

Die Frau saß noch immer am Brunnen. Sie schlief nicht, aber sie schien wie versteinert. Sie vermochte sich nicht zu rühren; was rings um sie vorging, bemerkte sie ebensowenig, als wenn sie tot gewesen wäre. Da hörte sie ihren Mann nach ihr rufen, und ihr

Herz begann wieder zu pochen. Neues Leben erwachte in ihr. Sie schlug die Augen auf und sah sich wie eine Schlaftrunkene um. Es war hellichter Tag; die Sonne schien, und die Vögel sangen, und es schien ihr ganz unmöglich, an einem so schönen Morgen unglücklich zu sein. Aber gleich darauf sah sie die verkohlten Balken, wo einst die Hütte gestanden hatte. Sie sah Menschen mit geschwärzten Händen und berußten Gesichtern. Da kam es ihr zum Bewußtsein, daß sie zu einem schwereren Unglück erwachte als je zuvor; aber dennoch hatte sie das Gefühl, als ob alles Leid nun zu Ende sein müßte. Sie sah sich nach dem Wechselbalg um. Er lag nicht mehr auf ihrem Schoß und war auch nirgends zu sehen. Da hörte sie ihren Mann aus weiter Ferne rufen. Er kam aus dem Wald, zum Hof herunter, und all die fremden Menschen, die beim Löschen geholfen hatten, liefen ihm entgegen und umringten ihn, so daß sie ihn nicht sehen konnte. Sie hörte nur, wie er unaufhörlich rief: »Mutter, Mutter! Komm doch und sieh! Komm und sieh!« Und die Stimme brachte Kunde von einer großen Freude. Sie blieb dennoch regungslos sitzen. Sie wagte ihm nicht entgegenzugehen. Endlich kam die ganze Menschenschar auf sie zu; und der Mann trennte sich von den andern und kam heran und legte ein schönes Kind in ihre Arme.

»Hier ist unser Sohn; er ist zu uns zurückgekehrt«, sagte der Mann. »Und du – und kein andrer – hast ihn gerettet.«

Das Hünengrab

Es war um die Jahreszeit, wo das Heidekraut rot blüht. Auf der Sandhalde wuchs es in dichten Büscheln. Von niedrigen, baumähnlichen Stämmchen erhoben sich dichtsitzende grüne Zweige mit nadelharten, festen Blättern und kleinen, spät welkenden Blüten. Diese schienen nicht aus dem gewöhnlichen saftreichen Blumengewebe zu bestehen, sondern aus trocknen, harten Schuppen. Sie waren sehr unansehnlich von Größe und Gestalt; auch war ihr Geruch nicht sonderlich. Als Kinder der offenen Heide hatten sie sich nicht in der windgeschützten Luft entwikkelt, in der die Lilien ihre Kelchblätter entfalten, auch nicht in dem üppigen Erdreich, aus dem die Rosen die Nahrung für ihre schwellenden Kronen schöpfen. Was sie zu Blumen machte, war eigentlich die Farbe; denn leuchtend rot waren sie. Den Farbe schenkenden Sonnenschein hatten sie reichlich gehabt. Sie waren keine bleichen Kellergewächse, keine schattenfrohen Stubenhocker. Die gesegnete Fröhlichkeit und Stärke der Gesundheit lag über der ganzen blühenden Heide.

Das Heidekraut deckte das karge Feld mit seinem roten Mantel bis hinauf zum Waldessaum. Da erhoben sich auf einem sanft ansteigenden Bergfirst ein paar uralte, halb zusammengestürzte Grabhügel; und wie innig das Heidekraut sich auch an sie zu schmiegen suchte: es gab doch dort oben Risse, durch die große flache Felsenplatten durchschimmerten, Fetzen der rauhen Haut des Berges selbst. Unter dem größten Grabhügel ruhte ein alter König, Atle genannt. Unter den anderen schlummerten die seiner Mannen, die gefallen waren, als die große Schlacht dort auf der Halde geschlagen ward. Nun hatten sie schon so lange dagelegen, daß die Angst und die Ehrfurcht vor dem Tode von ihren Gräbern gewichen war. Der Weg ging zwischen ihren Ruhestätten hindurch. Wer nachts hier wanderte, dem kam es nie in den Sinn, sich umzusehen, ob wohl zu mitternächtlicher Stunde nebelumhüllte Gestalten auf der Spitze der Grabhügel säßen und in stummer Sehnsucht zu den Sternen emporblickten.

Es war ein glitzernder Morgen, taufrisch und sonnenwarm. Der Schütze, der seit dem Morgengrauen auf der Jagd gewesen war, hatte sich in das Heidekraut hinter König Atles Hügel geworfen. Er lag auf dem Rücken und schlief. Den Hut hatte er über die Augen gezogen und die Jagdtasche aus Fell, aus der die langen Ohren des Hasen und die gekrümmten Schwanzfedern des Auerhahns lugten, lag unter seinem Kopf. Pfeile und Bogen hatte er neben sich.

Aus dem Wald kam ein Mädchen, ein Bündelchen mit Essen in der Hand. Als sie auf die flachen Platten zwischen den Grabhügeln kam, dachte sie, was für ein guter Tanzplatz hier sei. Und sie bekam große Lust, ihn zu probieren. Sie warf das Bündelchen ins Heidekraut und begann ganz mutterseelenallein zu tanzen. Sie wußte nicht darum, daß hinter dem Königshügel ein Mann lag und schlief.

Der Schütze schlief noch immer. Brennend rot stand das Heidekraut gegen den tiefblauen Himmel. Der Ameisenlöwe hatte seinen Graben dicht neben dem Schlummernden aufgeworfen. Darin lag ein Stück Katzengold und funkelte, als wollte es alle alten Stoppeln der Sandhalde in Brand setzen. Über dem Kopf des Schützen breiteten sich die Auerhahnfedern wie ein Federbusch aus, und ihre Metallfarben schillerten vom tiefsten Purpur bis ins Stahlblau. Auf den unbeschatteten Teil seines Gesichts brannte glühender Sonnenschein. Aber er schlug die Augen nicht auf, um den Morgenglanz zu schauen.

Unterdessen fuhr das Mädchen fort zu tanzen, und es drehte sich so eifrig, daß die geschwärzte Mooserde, die sich in den Unebenheiten der Blöcke angesammelt hatte, um sie schwirrte. Eine alte, trockne Fichtenwurzel, blank und grau vom Alter, lag ausgerissen im Heidekraut. Die nahm sie und drehte sich mit ihr herum. Späne lösten sich aus dem modernden Baum. Tausendfüßler und Ohrwürmer, die in den Ritzen genistet hatten, stürzten sich schwindlig in die lichte Luft und verbohrten sich in die Wurzeln des Heidekrauts.

Wenn die fliegenden Röcke die Heide streiften, flatterten daraus Scharen von kleinen grauen Schmetterlingen auf. Die Unterseite ihrer Flügel war weiß und glänzte wie Silber; sie wirbelten wie trockenes Laub im Sturm auf und ab. Sie schienen nun ganz weiß, und es war, als ob das rote Heidemeer weißen Schaum emporspritzte. Die Schmetterlinge hielten sich ein kurzes Weilchen schwebend in der Luft. Ihre zarten Flügel zitterten so heftig, daß der Farbenstaub sich löste und als dünner, silberweißer Flaum auf das Heidekraut fiel. Da war es, als würde die Luft von einem sonnig glitzernden Tauregen durchrieselt.

Ringsum im Heidekraut saßen Heuschrecken und rieben ihre Hinterbeine gegen die Flügel, so daß es wie Harfensaiten klang. Sie hielten guten Takt und waren so eingespielt, daß jeder, der über die Heide ging, dieselbe Heuschrecke auf seiner Wanderung zu hören meinte, obgleich er sie bald zur Rechten, bald zur Linken hatte, bald vor, bald hinter sich. Aber die Tanzende war nicht zufrieden mit ihrem Spiel, sondern begann nach einem kleinen Weilchen selbst den Takt zu einem Tanzspiel zu trällern. Ihre Stimme war schrill und spröde. Der Schütze erwachte von dem Gesang. Er wendete sich seitwärts, richtete sich auf dem Ellbogen auf und sah über das Hünengrab hinweg zu ihr, die tanzte.

Er hatte geträumt, daß der Hase, den er soeben getötet hatte, aus der Jagdtasche gesprungen sei und seine eigenen Pfade genommen habe, um auf ihn zu schießen. Nun sah er zu dem Mädchen hinüber, schlaftrunken, wirr von Träumen; nach dem Schlaf brannte sein Kopf in der Sonne.

Sie war groß und von grobem Gliederbau; nicht hold von Angesicht, nicht leicht im Tanz, nicht taktfest im Gesang. Sie hatte breite Wangen, dicke Lippen und eine platte Nase. Sie war sehr rot im Gesicht, sehr dunkel von Haar, üppig von Gestalt, kräftig in den Bewegungen. Ihre Kleider waren dürftig, aber grell. Rote Borten faßten den gestreiften Rock ein, und bunte Wollgarnlitzen folgten den Nähten des Leibchens. Andere Jungfrauen gleichen Rosen und Lilien. Diese war wie das Heidekraut, stark, fröhlich, leuchtend.

Mit Freude sah der Schütze das große, prächtige Weib auf der roten Halde tanzen, mitten unter zirpenden Grashüpfern und flatternden Schmetterlingen. Und wie er sie so ansah, lachte er, daß der Mund sich von einem Ohr zum anderen zog. Aber da erblickte sie ihn plötzlich und blieb unbeweglich stehen.

»Du meinst wohl, ich sei von Sinnen«, war das erste, was sie hervorbrachte. Zugleich erwog sie, wie sie ihn bewegen könne, über das zu schweigen, was er gesehen hatte. Sie wollte nicht unten im Dorf erzählen hören, daß sie mit einer Fichtenwurzel getanzt habe.

Er war ein wortkarger Mann. Nicht eine Silbe brachte er über die Lippen. Er war so scheu, daß er nichts Besseres anzufangen wußte als zu fliehen, obwohl er gern geblieben wäre. Hastig kam der Hut auf den Kopf und die Jagdtasche auf den Rücken. Dann lief er zwischen den Heidekrauthügeln fort.

Sie packte das Eßbündel und eilte ihm nach. Er war klein, steif von Bewegungen und hatte sichtlich geringe Kräfte. Sie holte ihn bald ein und schlug ihm den Hut vom Kopf, um ihn zu zwingen stehenzubleiben. Eigentlich hatte er die größte Lust zu bleiben, aber er war ganz wirr vor Schüchternheit und floh in noch größerer Hast. Sie lief ihm nach und begann, an seiner Tasche zu zerren. Da mußte er stehenbleiben, um die Tasche zu verteidigen. Das Mädchen fiel ihn mit aller Macht an. Sie rangen und sie warf ihn zu Boden. »Jetzt wird er's keinem erzählen«, dachte sie und war froh.

In demselben Augenblick erschrak sie doch sehr; denn er, der auf der Erde lag, schien ganz bleich und die Augen drehten sich in ihren Höhlen. Er hatte sich aber nicht verletzt. Es war die Gemütsbewegung, die er nicht vertragen hatte. Nie zuvor hatten sich so strittige und starke Gefühle in diesem einsamen Waldbewohner geregt. Er war froh über das Mädchen und zornig und scheu und dennoch stolz, daß sie so stark war. Er war ganz betäubt von alledem.

Die große, starke Jungfrau legte den Arm um seinen Rücken und richtete ihn auf. Sie brach Heidekraut und peitschte sein Gesicht mit den steifen Zweigen, bis das Blut in Bewegung kam. Als seine kleinen Augen sich wieder dem Tageslicht zuwendeten, leuchteten sie vor Freude beim Anblick des Mädchens. Noch immer schwieg er; aber die Hand, die sie um seinen Leib gelegt hatte, zog er an sich und streichelte sie sanft.

Er war ein Kind des Hungers und der zeitigen Mühsal. Trokken und bleichgelb, fleischlos und blutarm war er. Es rührte sie, daß er so verzagt war, er, der doch um die Dreißig sein mochte. Sie dachte, daß er wohl ganz mutterseelenallein tief im Walde leben müsse, da er so kläglich und so schlecht gekleidet war. Keinen hatte er wohl, der nach ihm sah, nicht Mutter noch Schwester oder Liebste.

Der große barmherzige Wald breitete sich über die Wildnis aus. Verbergend und schützend nahm er in seinen Schoß alles auf, was bei ihm Hilfe suchte. Mit hohen Stämmen hielt er Wacht um die Höhle des Bären, und in der Dämmerung dichter Gebüsche hegte er das mit Eiern gefüllte Nest der kleinen Vöglein.

Zu dieser Zeit, da man noch Leibeigene hielt, flüchteten viele von ihnen in den Wald und fanden Schutz hinter seinen grünen Mauern. Er ward für sie ein großer Kerker, den sie nicht zu verlassen wagten. Der Wald hielt seine Gefangenen in strenger Zucht. Er zwang die Stumpfen zum Nachdenken und erzog die in der Knechtschaft Verkommenen zu Ordnung und Ehrlichkeit. Nur dem Fleißigen schenkte er die Gnade des Lebens.

Die beiden, die sich auf der Heide getroffen hatten, waren Abkömmlinge solcher Gefangenen des Waldes. Sie gingen manchmal hinunter in die bebauten, bewohnten Täler, denn sie brauchten nicht mehr zu befürchten, in die Knechtschaft zurückgeführt zu werden, aus der ihre Väter geflohen waren; doch am liebsten nahmen sie den Weg durch das Waldesdunkel. Der Name des Schützen war Tönne. Sein eigentliches Handwerk war, den Boden urbar zu machen, aber er verstand sich auch auf andere

Dinge. Er sammelte Reisig, kochte Teer, trocknete Schwämme und ging oft auf die Jagd. Sie, die tanzte, hieß Jofrid. Ihr Vater war Köhler. Sie band Besen, pflückte Wacholderbeeren und braute Bier aus dem weißblumigen Porsch. Beide waren sehr arm.

Früher hatten sie einander in dem großen Wald nie getroffen, aber jetzt deuchte sie, daß alle Wege des Waldes sich zu einem Netz verschlängen, in dem sie hin und her liefen und einander unmöglich vermeiden konnten. Nie wußten sie nun einen Pfad zu wählen, auf dem sie einander nicht begegneten.

Tönne hatte einmal einen großen Kummer gehabt. Er hatte lange mit seiner Mutter in einer elenden Reisigkoje gehaust; aber als er heranwuchs, faßte er den Plan, ihr ein warmes Häuschen zu bauen. In allen seinen Mußestunden ging er in den Holzschlag, fällte Bäume und spaltete sie in angemessene Stücke. Dann verbarg er das aufgehäufte Bauholz in dunklen Klüften unter Moos und Reisig. Er hatte im Sinn, daß seine Mutter nicht früher von all der Arbeit erfahren sollte, als bis er so weit war, die Hütte aufzubauen. Aber seine Mutter starb, ehe er ihr zeigen konnte, was er gesammelt hatte, ehe er ihr auch nur zu sagen vermochte, was er tun wollte. Er, der mit demselben Eifer gearbeitet hatte wie David, Israels König, als er Schätze für Gottes Tempel sammelte, trauerte bitterlich. Er verlor alle Lust an dem Bau. Für ihn war die Reisigkoje gut genug. Und doch hatte er's nicht viel besser in seinem Heim als ein Tier in seiner Höhle.

Als nun er, der bisher immer allein umhergeschlichen war, Lust bekam, Jofrids Gesellschaft zu suchen, bedeutete dieser Wunsch wohl sicherlich, daß er sie gern zur Liebsten und Braut haben wollte. Jofrid erwartete auch täglich, daß er mit ihrem Vater oder mit ihr selbst von der Sache sprechen werde. Aber Tönne brachte es nicht über sich. Man merkte ihm an, daß er von unfreier Abkunft war. Die Gedanken bewegten sich langsam in seinem Kopf wie die Sonne, wenn sie über das Himmelszelt zieht. Und schwerer war es für ihn, diese Gedanken zu zusammenhängender Rede zu formen, als für einen Schmied, einen Armreif aus rollenden Sandkörnern zu schmieden.

Eines Tages führte Tönne Jofrid zu einer der Schluchten, wo er sein Bauholz verborgen hatte. Er riß Zweige und Moos fort und zeigte ihr die abgehauenen Stämme. »Das hätte Mutter haben sollen«, sagte er. Und sah Jofrid erwartungsvoll an. »Dies hätte Mutters Hütte werden sollen«, wiederholte er. Merkwürdig schwer fiel es dieser Jungfrau, die Gedanken eines jungen Gesellen zu fassen. Da er ihr Mutters Bauholz zeigte, hätte sie doch verstehen müssen; aber sie verstand nicht.

Da beschloß er, ihr seine Absicht noch deutlicher zu erklären. Ein paar Tage später begann er, die Stämme zu der Stelle zwischen den Grabhügeln zu schleppen, wo er Jofrid zum ersten Male gesehen hatte. Sie kam, wie gewöhnlich, heran und sah ihn arbeiten. Sie ging jedoch weiter, ohne etwas zu sagen. Seit sie Freunde geworden waren, war sie ihm oft an die Hand gegangen, aber bei dieser schweren Arbeit schien sie ihm nicht helfen zu wollen. Tönne meinte doch, sie hätte verstehen müssen, daß es ihre Hütte war, die er jetzt zimmern wollte.

Sie verstand es ganz wohl, aber sie spürte keine Lust, sich einem Mann von Tönnes Art zu schenken. Sie wollte einen starken, gesunden Mann haben. Es schien ihr ein schlechtes Auskommen zu versprechen, wenn sie sich mit einem verheiratete, der so schwach und wenig begabt war. Und doch zog viel sie zu diesem stillen, scheuen Mann. Man denke doch, daß er sich so hart geplagt hatte, um seine Mutter zu erfreuen, und nicht das Glück genossen hatte, zur Zeit fertig zu werden. Sie hätte über sein Schicksal weinen können. Und nun baute er die Hütte gerade da, wo er sie tanzen gesehen hatte. Er hatte ein gutes Herz. Und das lockte sie und band ihre Gedanken an ihn; aber sie wollte durchaus nicht seine Frau werden.

Jeden Tag ging sie über die Heide und sah die Hütte aufragen, dürftig und ohne Fenster; der Sonnenschein rieselte durch die undichten Wände.

Tönnes Arbeit ging sehr rasch vorwärts; aber er arbeitete nicht sorgfältig, sein Bauholz war nicht in Kanten behauen, kaum abgerindet. In die Diele legte er gespaltene junge Bäume.

Sie wurde sehr uneben und schwankend. Das Heidekraut, das darunter blühte – denn es war nun ein Jahr seit dem Tag vergangen, an dem Tönne hinter König Atles Hügel gelegen und geschlafen hatte –, steckte ganz verwegen seine roten Trauben durch die Ritzen, und die Ameisen wanderten unbehindert aus und ein und musterten dies gebrechliche Menschenwerk.

Wohin Jofrid auch in diesen Tagen ihre Schritte lenken mochte: immer schwebte ihr der Gedanke vor, daß dort eine Hütte für sie erbaut würde. Ein eigenes Heim ward ihr bereitet, dort oben auf der Heide. Und sie wußte, daß, wenn sie nicht als Hausmutter einzog, der Bär oder der Fuchs dort hausen mochte. Denn so gut kannte sie Tönne, daß sie begriff: Wenn es sich zeigte, daß er vergeblich gearbeitet hatte, würde er niemals in die neue Hütte einziehen. Er würde weinen, der Arme, wenn er hörte, daß sie nicht dort hausen wolle. Es würde ein neuer Kummer für ihn sein, ebenso groß wie damals, als seine Mutter starb. Aber er mußte wohl sich selbst die Schuld geben; warum hatte er sie nicht rechtzeitig gefragt?

Sie glaubte, daß sie ihm schon dadurch ein Zeichen gab, daß sie ihm nie bei der Hütte half. Dazu hatte sie doch große Lust. Jedesmal wenn sie weiches weißes Moos sah, wollte sie es ausraufen, um es in die lecken Wände zu stopfen. Sie war auch geneigt, Tönne beim Mauern des Herdes zu helfen. Wie er dabei verfuhr, mußte sich ja aller Rauch in der Hütte sammeln. Aber es war ja gleichgültig, wie es da wurde. Da würde keine Speise kochen, kein Trank sieden. Dumm war's doch, daß diese Hütte niemals aus ihren Gedanken weichen wollte.

Tönne arbeitete mit glühendem Eifer; er war gewiß, daß Jofrid die Absicht verstehen mußte, sobald nur die Hütte fertig war. Er grübelte nicht viel über sie nach. Er hatte vollauf mit Holzspalten und Zimmern zu tun. Die Zeit verging rasch.

Eines Nachmittags, als Jofrid über die Heide ging, sah sie, daß eine Tür an die Hütte gekommen war und eine Steinplatte als Schwelle dalag. Da begriff sie, daß alles nun fertig sei, und sie ward sehr erregt. Tönne hatte das Dach mit Büschen und blühendem Heidekraut gedeckt; und eine starke Sehnsucht ergriff sie, unter dieses rote Dach zu treten. Er selbst war nicht bei dem Neubau, und sie entschloß sich hineinzugehen. Diese Hütte war ja für sie gezimmert. Sie war ihr Heim. Jofrid konnte der Lust nicht widerstehen, sie anzusehen.

Drinnen sah es traulicher aus, als sie erwartet hatte. Wacholder war über den Boden gestreut. Frischer Duft von Nadeln und Harz füllte den Raum. Die Sonnenstrahlen, die durch Luken und Spalten hereinspielten, spannen goldene Bänder durch die Luft. Es sah da aus, als würde sie erwartet; in die Mauerspalten waren grüne Zweige gesteckt, und auf dem Herd stand eine frisch gefällte Tanne. Tönne hatte nicht sein altes Hausgerät hineingestellt. Da war nur ein neuer Tisch und eine Bank, über die eine Elenhaut geworfen war.

Kaum war Jofrid über die Schwelle getreten, fühlte sie sich schon von dem fröhlichen Behagen eines Heims umgeben. Friedlich und ruhig ward ihr zumute, als sie so stand: von dort zu scheiden schien ihr ebenso schwer wie fortzugehen und bei Fremden zu dienen. Jofrid hatte vielen Fleiß darauf gewandt, sich eine Art Aussteuer zu schaffen. Sie hatte mit kunstfertigen Händen Tücher gewebt, wie man sie braucht, um eine Stube zu schmücken; die wollte sie in ihrem eignen Heim aufhängen, wenn sie eins bekam. Nun mußte sie denken, wie sich diese Tücher wohl hier ausnehmen würden. Sie hätte sie gern in der neuen Hütte probiert.

Rasch eilte sie heimwärts, holte ihren Leinwandschatz und begann, die farbenprächtigen Stoffstücke unter der Decke aufzuhängen. Sie stieß die Tür auf, so daß die helle Abendsonne auf sie und ihre Arbeit fiel. Sie regte sich eifrig in der Stube, geschäftig und munter, ein Heldenliedchen trällernd. Von Herzen froh war sie. Es wurde gar prächtig da drinnen. Die gewebten Rosen und Sterne leuchteten wie nie zuvor.

Während sie arbeitete, hielt sie gute Ausschau über die Heide und die Hünengräber. Vielleicht kauerte Tönne jetzt hinter einem der Grabhügel und lachte sie aus. Der Königshügel lag gerade vor der Tür, und dahinter sah sie eben die Sonne versinken. Immer wieder blickte sie hin. Ihr war, als müsse dort jemand sitzen und sie betrachten.

Gerade als die Sonne so tief unten war, daß nur noch ein paar blutrote Strahlen über die alte Steinhalde spielten, sah sie, wer es war, der sie betrachtete. Der ganze Hügel war kein Hügel mehr, sondern ein großer, alter Kämpe, der narbig und ergraut dasaß und sie anstarrte. Rings um sein Haupt bildeten die Sonnenstrahlen eine Krone, und sein roter Mantel war so weit, daß er sich über die ganze Heide ausbreitete. Sein Haupt war groß und schwer, das Antlitz grau wie Stein. Seine Kleider und Waffen waren auch steinfarben und ahmten so genau die Tönung und das Moosflechtenkleid der Steine nach, daß man sehr scharf hinsehen mußte, um zu merken, daß es ein Kämpe und kein Steinhaufen war. Es war wie mit jenen Würmern, die Baumzweigen gleichen. Man kann zehnmal an ihnen vorbeigehen, ehe man merkt, daß, was man für hartes Holz gehalten hat, ein weicher Tierkörper ist.

Aber Jofrid konnte sich nicht länger darüber täuschen, daß es der alte König Atle selbst war, der da saß. Sie stand in der Tür, hielt die Hand beschattend über die Augen und sah ihm gerade in sein Steingesicht. Er hatte sehr kleine, schräge Augen unter seiner hochgewölbten Stirn, eine breite Nase und einen zottigen Bart. Und er lebte, dieser steinerne Mann. Er lächelte und blinzelte ihr zu. Angst und bang wurde ihr; und am meisten erschreckten sie seine dicken Arme mit den steifen Muskeln und die haarigen Hände. Je länger sie ihn ansah, desto breiter wurde sein Lächeln; und endlich hob er einen seiner mächtigen Arme, um sie zu sich zu winken. Da floh Jofrid heimwärts.

Aber als Tönne nach Haus kam und die Hütte mit bunten Tüchern geschmückt fand, faßte er so großen Mut, daß er seinen Fürbitter zu Jofrids Vater schickte. Der fragte Jofrid um ihre Meinung, und sie willigte ein. Sie war sehr zufrieden mit der Wendung, die die Sache genommen hatte; wenn sie ihre Hand auch halb gezwungen schenkte. Sie konnte dem Mann doch nicht Nein sagen, in dessen Hütte sie schon ihre Aussteuer getragen hatte. Doch sah sie zuerst nach, ob der alte König Atle wieder ein Grabhügel geworden sei.

Tönne und Jofrid lebten viele Jahre glücklich. Sie standen in gutem Ruf. »Das sind gute Menschen«, sagte man. »Seht, wie sie einander beistehen, wie sie zusammen arbeiten, seht, wie eins nicht ohne das andere leben kann!«

Tönne wurde mit jedem Tag stärker, ausdauernder und weniger träge von Gedanken. Jofrid schien einen ganzen Mann aus ihm gemacht zu haben. Meist ließ er sie entscheiden; aber er verstand es auch, mit zäher Hartnäckigkeit seinen eigenen Willen durchzusetzen.

Wo Jofrid sich auch zeigte, gab es Scherz und Fröhlichkeit. Ihre Kleider wurden immer bunter, je älter sie wurde. Das ganze Gesicht war grellrot. Aber in Tönnes Augen war sie lieblich.

Sie waren nicht so arm wie mancher andere ihres Standes. Sie aßen Butter zur Grütze und mengten weder Kleie noch Baumrinde ins Brot. Das Porschbier schäumte in ihren Humpen. Ihre Schaf- und Ziegenherden vermehrten sich so rasch, daß sie sich Fleischnahrung gönnen konnten.

Einmal machte Tönne für einen Bauern drunten im Tal den Boden urbar. Als der sah, wie Tönne und seine Frau in großer Fröhlichkeit zusammenarbeiteten, dachte auch er: »Das sind gute Menschen.« Der Bauer hatte jüngst seine Ehefrau verloren, die ihm ein halbjähriges Kind hinterlassen hatte. Er bat Tönne und Jofrid, seinen Sohn in Pflege zu nehmen. »Das Kind ist mir sehr teuer«, sagte er, »drum gebe ich es euch, denn ihr seid gute Menschen.« Sie hatten keine eigenen Kinder, so daß es sehr schicklich schien, dieses zu nehmen. Sie willigten auch ohne Zögern ein. Sie meinten, Vorteil davon zu haben, wenn sie das Kind eines Bauern aufzogen; auch erwarteten sie sich von einem Pflegesohn Freude für ihre alten Tage.

Aber das Kind wurde nicht alt bei ihnen. Ehe das Jahr um war, war es tot. Dies sei die Schuld der Pflegeeltern, sagten viele, denn das Kind war ganz frisch und gesund gewesen, bevor es zu ihnen kam. Damit wollte aber niemand sagen, sie hätten es vorsätzlich getötet; man meinte nur, daß sie etwas auf sich genommen hätten, was über ihr Vermögen gegangen war. Sie hatten nicht Verstand oder Liebe genug gehabt, um dem Kind die Pflege angedeihen zu lassen, deren es bedurfte. Sie hatten sich gewöhnt, nur an sich selbst zu denken und für ihr eignes Wohl zu sorgen. Sie hatten nicht Zeit, ein Kind zu betreuen. Sie wollten am Tage zusammen an die Arbeit gehen und nachts einen ruhigen Schlummer schlafen. Sie fanden, daß der Kleine zuviel von der guten Milch trinke, und sie gönnten es ihm nicht so wie sich selbst. Sie wußten aber nicht etwa, daß sie den Knaben schlecht behandelten. Sie dachten, daß sie geradeso für ihn sorgten wie rechte Eltern. Eher kam es ihnen vor, daß der Pflegesohn eine Strafe und Plage für sie gewesen war. Sie trauerten nicht über seinen Tod.

Frauen pflegen ihre Lust und Herzensfreude daran zu haben, mit Kindern umzugehen; aber Jofrid hatte einen Mann, für den sie in vielen Stücken die Sorge einer Mutter tragen mußte, und begehrte deshalb nicht, noch anderes zu betreuen. Gern sehen Frauen sonst auch die raschen Fortschritte der Kleinen; aber Jofrid hatte Freude genug, wenn sie sah, wie Tönne sich zu Verstand und Männlichkeit entwickelte; sie freute sich an der Zunahme der Herden und an dem Anbau unten auf der Heide.

Jofrid ging auf den Hof des Bauern und sagte ihm, daß das Kind gestorben sei. Da sprach der Mann: »Nun ist es mir ergangen wie dem, der so weiche Kissen in sein Bett legt, daß er bis auf den harten Grund sinkt. Gar zu gut wollte ich meinen Sohn hüten; und siehe: nun ist er tot!« Und er war betrübt.

Bei seinen Worten begann Jofrid bitterlich zu weinen. »Wollte Gott, daß du uns deinen Sohn nicht gegeben hättest!« sagte sie. »Wir waren zu arm. Er hat es nicht gut genug bei uns gehabt.«

»Dies wollte ich nicht sagen«, antwortete der Bauer. »Eher glaube ich, daß ihr das Kind verhätschelt habt. Doch ich will keinen Menschen anklagen; denn über Leben und Tod gebietet Gott allein. Nun ist es mein Wille, den Leichenschmaus meines einzigen Sohnes mit demselben Aufwand zu feiern, als wenn ein Erwachsener gestorben wäre; und zum Gastmahl lade ich Tönne und dich. Daraus mögt ihr sehen, daß ich keinen Groll gegen euch hege.«

So wohnten Tönne und Jofrid dem Leichenschmaus bei. Sie wurden freundlich bewirtet, und niemand sagte ihnen ein böses Wort. Wohl hatten die Frauen, die die Leiche entkleideten, erzählt, daß sie jämmerlich abgefallen sei und Spuren schwerer Vernachlässigung gezeigt habe. Das konnte aber wohl auch von der Krankheit herkommen. Niemand wollte Schlechtes von den Pflegeeltern glauben, denn man wußte, daß sie gute Menschen waren.

Jofrid weinte viel in diesen Tagen; namentlich, als sie die Frauen erzählen hörte, wie sie bei ihren kleinen Kindern wachen und sich für sie plagen müßten. Sie merkte auch, daß bei dem Leichenschmaus unter den Weibern beständig von Kindern gesprochen wurde. Einige hatten solche Freude an ihnen, daß sie gar nie aufhören konnten, von ihren Fragen und Spielen zu erzählen. Jofrid hätte gern von Tönne gesprochen; aber die meisten Frauen sprachen gar nicht von ihren Männern.

Spät abends kehrten Jofrid und Tönne von dem Leichenschmaus heim. Sie gingen sogleich zu Bett. Aber kaum waren sie eingeschlafen, als sie von einem leisen Wimmern geweckt wurden. Das ist das Kind, dachten sie, noch halb schlafend, und waren unwillig über die Störung. Aber plötzlich setzten sie sich beide im Bett auf. Das Kind war doch tot. Woher kam dieses Wimmern? Wenn sie ganz wach waren, hörten sie nichts; aber sobald sie einzuschlummern begannen, vernahmen sie es wieder. Kleine, schwache Füßchen hörten sie über die Steinplatte vor der Hütte gehen, ein kleines Händchen tastete an der Tür, und da sie nicht offen war, wanderte das Kind wimmernd und tappend die Wand entlang, bis es vor ihrer Lagerstätte stehenblieb. Wenn sie sprachen oder sich im Bett aufsetzten, vernahmen sie nichts; aber wenn sie einschlummern wollten, hörten sie deutlich die unsicheren Schritte und das erstickte Schluchzen.

Was sie nicht glauben wollten, was ihnen aber in den letzten Tagen als Möglichkeit vor Augen gestanden hatte: Nun wurde es ihnen zur Gewißheit, daß sie das Kind getötet hatten. Wie hätte es sonst umgehen können?

Von dieser Nacht an war alles Glück von ihnen gewichen. Sie lebten in steter Furcht vor dem Gespenst. Tagsüber hatten sie wohl einige Ruhe, aber in den Nächten wurden sie von dem Weinen und dem erstickten Schluchzen des Kindes so gestört, daß sie nicht wagten, allein zu liegen. Jofrid ging oft weit über Land, um einen Menschen zu holen, der über Nacht in ihrer Hütte bleiben konnte. Kam ein Fremder, so hatten sie Ruhe; aber sobald sie allein waren, hörten sie das Kind.

In einer Nacht, für die sie keinen Gast gefunden hatten und die sie, des Kindes wegen, wieder schlaflos verbrachten, stand Jofrid aus dem Bett auf.

»Schlaf du nur, Tönne«, sagte sie. »Wenn ich mich wach halte, wird sich nichts hören lassen.«

Sie ging aus dem Haus, setzte sich auf die Türschwelle und überlegte, was sie tun sollten, um Ruhe zu finden; denn so konnten sie nicht weiterleben. Sie fragte sich, ob Beichte und Buße, Demütigung und Reue sie von dieser schweren Heimsuchung befreien könnten.

Da begab es sich, daß sie die Augen aufschlug und dieselbe Erscheinung sah wie schon einmal zuvor von dieser Stelle. Der Grabhügel war zu einem Kämpen geworden. Es war eine dunkle Nacht; dennoch konnte sie deutlich sehen und vernehmen, daß der alte König Atle dasaß und sie betrachtete. Sie sah ihn so genau, daß sie die mit Moos bewachsenen Armringe an seinen Handgelenken unterschied und wahrnehmen konnte, daß seine Beine mit gekreuzten Bändern umwickelt waren, zwischen denen die Wadenmuskeln schwollen.

Diesmal hatte sie keine Angst vor dem Alten. Er schien ihr ein Freund und Tröster im Unglück. Er sah sie gleichsam mitleidig an, als wolle er ihr Mut einflößen. Da dachte sie, daß dieser gewaltige Held einst seinen Tag gehabt hatte, an dem er die Feinde in Scharen auf die Heide niederstreckte und in den Blutströmen watete, die zwischen den Hügeln brausten. Was hatte er da nach einem toten Manne mehr oder weniger gefragt? Wie tief hatte das Seufzen der Kinder, deren Väter er erschlagen hatte, sein Steinherz gerührt? Federleicht hätte die Bürde von eines Kindes Tod auf seinem Gewissen gelegen.

Und sie vernahm sein Flüstern, dieselbe Weise, die das alte, steinkalte Heidentum zu allen Zeiten geflüstert hat. »Warum bereuen? Die Götter lenken das Geschick. Die Nornen spinnen des Lebens Faden. Warum sollten die Kinder der Erde trauern, daß sie getan, was die Unsterblichen sie zu tun zwangen?«

Da ermannte sich Jofrid und sagte zu sich selbst: »Was konnte ich dafür, daß das Kind starb? Gott allein ist's, der alles lenkt. Nichts geschieht ohne seinen Willen.« Und sie dachte, daß sie das Gespenst am besten abwehren werde, wenn sie alle Reue von sich fernhielt.

Aber da öffnete sich die Haustür, und Tönne kam zu ihr heraus. »Jofrid«, sagte er, »es ist jetzt in der Hütte. Es kam heran und klopfte an den Bettrand und weckte mich. Was sollen wir tun, Jofrid?«

»Das Kind ist ja tot«, sagte Jofrid. »Du weißt, daß es tief unter der Erde liegt. Das alles sind nur Träume und Hirngespinste.« Sie sprach hart und abweisend, denn sie fürchtete, daß Tönne in dieser Sache zu weichherzig sein und sie dadurch ins Unglück stürzen könne.

»Wir müssen ein Ende machen«, sagte Tönne.

Jofrid lachte grell auf. »Was willst du tun? Gott hat es uns auferlegt. Konnte er das Kind nicht am Leben erhalten, wenn er wollte? Er wollte es nicht; und jetzt verfolgt er uns um seines Todes willen. Sage mir, mit welchem Recht er uns verfolgt?«

Sie hatte ihre Worte von dem alten Steinkämpen, der finster und hart auf seinem Hügel saß. Es war, als habe er ihr alles eingegeben, was sie Tönne erwiderte.

»Wir müssen eingestehen, daß wir das Kind vernachlässigt haben, und Buße tun«, sagte Tönne.

»Niemals will ich für etwas leiden, das nicht meine Schuld ist«, sagte Jofrid. »Wer wollte, daß das Kind sterbe? Ich nicht, ich nicht. Welche Art von Buße willst du denn tun? Willst du dich geißeln oder fasten wie die Mönche? Mich dünkt, du kannst deine Kräfte zur Arbeit brauchen.«

»Mit dem Geißeln habe ich es schon probiert«, sagte Tönne. »Es nützt nichts.«

»Siehst du!« sagte sie und lachte wieder.

»Da tut anderes not«, fuhr Tönne mit beharrlicher Entschlossenheit fort. »Wir müssen gestehen.«

»Was willst du Gott sagen, das er nicht schon wüßte?« höhnte Jofrid. »Lenkt nicht er deine Gedanken? Was willst du ihm sagen?« Sie fand jetzt, daß Tönne dumm und eigensinnig sei. So hatte sie ihn zu Beginn ihrer Bekanntschaft gefunden; aber dann hatte sie nicht mehr daran gedacht, sondern ihn liebgehabt wegen seines guten Herzens.

»Wir müssen dem Vater unsere Schuld gestehen, Jofrid, und ihm Buße bieten.«

»Was willst du ihm bieten?« fragte sie.

»Die Hütte und die Ziegen.«

»Sicherlich fordert er volle Mannesbuße für seinen einzigen Sohn. Die läßt sich mit allem, was wir besitzen, nicht bezahlen.«

»Wir wollen uns selber als Knechte in seine Gewalt geben, wenn er sich nicht mit weniger zufrieden gibt.«

Bei diesen Worten packte Jofrid kalte Verzweiflung, und sie haßte Tönne aus der Tiefe ihrer Seele. Alles, was sie verlieren mußte, stand klar vor ihr. Die Freiheit, für die einst die Ahnen das Leben gewagt, die Hütte, den Wohlstand, Ehre und Glück. »Merke meine Worte wohl, Tönne«, sagte sie heiser, halb erstickt von Schmerz, »der Tag, an dem du solches tust, ist mein Todestag.«

Dann ward kein Wort mehr zwischen ihnen gewechselt; aber sie blieben auf der Türschwelle sitzen, bis der Tag anbrach. Keiner fand ein Wort, um zu begütigen und zu versöhnen. Beide fürchteten und verachteten einander. Eins maß das andere mit dem Maß seines Zorns und fand es engherzig und böse.

Seit dieser Nacht ließ Jofrid Tönne oft ihre Überlegenheit fühlen. Sie gab ihm in der Gegenwart Fremder zu verstehen, daß er einfältig sei, und half ihm bei der Arbeit so, daß er ihre Kraft erkennen mußte. Sie wollte ihm offenbar die Hausherrngewalt nehmen. Manchmal stellte sie sich sehr froh, um ihn zu zerstreuen und von seinen Grübeleien abzulenken. Er hatte noch nichts getan, um seinen Plan ins Werk zu setzen, aber sie glaubte nicht, daß er ihn aufgegeben habe.

In dieser Zeit wurde Tönne mehr und mehr, wie er vor seiner Heirat gewesen war. Er wurde mager und bleich, wortkarg und träg von Gedanken. Jofrids Verzweiflung ward mit jedem Tag größer, denn es war, als sollte ihr nun alles genommen werden. Doch kam ihre Liebe zu Tönne wieder, als sie ihn unglücklich sah. »Was gilt mir alles, wenn Tönne zugrunde geht?« dachte sie. »Es ist besser, mit ihm in der Knechtschaft zu leben, als ihn als Freien sterben zu sehen.«

Jofrid konnte sich jedoch nicht so plötzlich überwinden, Tönne zu gehorchen. Sie kämpfte einen langen und schweren Kampf. Aber eines Morgens, als sie erwachte, war ihr ungewöhnlich ruhig und mild zumute. Da war ihr, als könne sie nun tun, was er forderte. Und sie weckte ihn und sagte, daß es jetzt so werden solle, wie er wollte. Nur diesen einzigen Tag möge er ihr gönnen, damit sie von all dem ihren Abschied nehmen könne.

Den ganzen Vormittag ging sie seltsam sanft umher. Leicht kamen ihr Tränen in die Augen, wie einem, der Abschied nimmt. Ihr schien, die Heide habe sich an diesem Tag, ihr zuliebe, besonders schön geschmückt. Der Frost war über sie hingezogen, die Blumen waren verschwunden, und das ganze Feld trug ein braunes Kleid. Aber als die Sonne des Herbsttags ihre schrägen Strahlen darüber hingleiten ließ, war es, als erglühe das Heidekraut aufs neue rot. Und sie gedachte des Tages, an dem sie Tönne zum erstenmal gesehen hatte.

Sie wünschte, daß sie den alten König noch einmal schauen dürfe; denn er hatte ja mitgeholfen, ihr Glück zu schaffen. Sie hatte sich in der letzten Zeit ernstlich vor ihm gefürchtet. Es war, als lauerte er darauf, sie zu packen. Aber jetzt konnte er keine Macht mehr über sie haben, meinte sie. Sie wollte aufmerken, ob sie ihn nicht sehen konnte, abends, wenn der Mondschein kam.

Um die Mittagszeit kamen ein paar umherwandernde Spielleute vorbeigezogen. Da hatte Jofrid den Einfall, sie zu bitten, den ganzen Nachmittag in ihrem Hause zu bleiben; denn nun wollte sie ein Fest feiern. Tönne mußte schnell zu ihren Eltern gehen und sie bitten zu kommen. Dann liefen ihre kleinen Geschwister weiter ins Dorf hinab, um Gäste zu holen. Bald waren viele Menschen versammelt.

Die Fröhlichkeit war groß. Tönne hielt sich abseits in einer Ecke der Hütte, wie es seine Gewohnheit war, wenn Besuch kam; aber Jofrid war beinahe wild in ihrer Fröhlichkeit. Mit gellender Stimme führte sie die Tanzspiele an und bot eifrig den Gästen das schäumende Bier. Eng war es in der Stube, aber die Spielleute waren flink, und der Tanz hatte Leben und Lust. Es wurde erstickend heiß dort drinnen. Man stieß die Tür auf; und nun sah Jofrid erst, daß die Nacht angebrochen und der Mond aufgegangen war. Da trat sie in die Haustür und blickte in die weiße Welt des Mondscheins hinaus.

Es war starker Tau gefallen. Die ganze Heide war weiß, weil sich das Mondlicht in den zahllosen Tropfen spiegelte, die sich auf allen Zweiglein gesammelt hatten. Das kurze Moos, das ringsum auf Felsplatten und Steinen wuchs, war schon gefroren und von Reif bedeckt. Jofrid stieg hinab; wohlig schwankend war's unter dem Fuß. Sie ging ein paar Schritte über den Pfad, der ins Dorf hinabführte, gleichsam als wolle sie prüfen, welches Gefühl es sei, da zu gehen. Tönne und sie sollten am nächsten Tag Hand in Hand hier wandern; in tiefste Schmach hinein. Denn wie auch die Begegnung mit dem Bauern ablief, was er auch nahm und was er sie behalten ließ: sicherlich war Schmach ihr Los. Die an diesem Abend eine gute Hütte und viele Freunde hatten, würden am nächsten Tag von allen verabscheut sein, vielleicht auch all dessen beraubt, was sie erworben hatten, vielleicht sogar ehrlose Knechte. Sie sagte zu sich selbst: »Dies ist der Weg des Todes.« Und nun konnte sie nicht fassen, wie sie die Kraft haben sollte, ihn zu wandeln. Ihr war, als sei sie von Stein, eine schwere Steingestalt wie der alte König Atle. Trotzdem sie lebte, hatte sie das Gefühl, ihre schweren Steinglieder nicht regen zu können, um diesen Weg zu gehen.

Sie wendete ihre Blicke dem Königshügel zu und sah deutlich den alten Kämpen da sitzen. Aber in dieser Nacht war er wie zum Fest geschmückt. Er trug nicht mehr das graue, mit Moos bewachsene Steingewand, sondern weißes, schimmerndes Silber. Auch schmückte ihn wieder eine Krone von Strahlen, wie damals, als sie ihn zuerst sah; aber diese Krone war weiß. Und weiß leuchteten Brustplatte und Armring, glitzernd weiß waren Schwertgriff und Schild. Er saß da und betrachtete sie in stummer Gleichgültigkeit. Das seltsam Unergründliche, das in großen Steingesichtern liegt, hatte sich nun auf ihn herabgesenkt. Da thronte er dunkel und mächtig; und Jofrid hatte die unklare Vorstellung, daß er ein Bild von etwas sei, was in ihr lag und in allen Menschen, etwas, das in fernen Jahrhunderten begraben war, von vielen Steinen bedeckt und dennoch nicht tot. Sie sah ihn, den alten König, mitten im Menschenherzen sitzen. Über dessen unfruchtbare Felder breitete er seinen weiten Königsmantel. Da tanzte die Genußsucht, da jubelte das Prachtverlangen. Er war der große Steinheld, der Not und Armut vorüberwandern sah, ohne daß sein Steinherz gerührt ward. »Die Götter wollen es so«, sagte er. Er war der starke steinerne Mann, der ungesühnte Sünde tragen konnte, ohne zu wanken. Stets sagte er: »Warum trauern, da das, was du tatest, dir doch von den Unsterblichen aufgezwungen ward?«

Jofrids Brust hob sich in einem Seufzer, der tief wie ein Schluchzen war. In ihr lebte eine Ahnung, die sie sich nicht klarzumachen vermochte, eine Ahnung, daß sie mit dem steinernen Mann kämpfen müsse, wenn sie glücklich werden sollte. Aber zu gleicher Zeit fühlte sie sich so hilflos schwach. Ihre Unbußfertigkeit und der Steinheld auf der Heide schienen ihr ein und dasselbe, und konnte sie jene nicht besiegen, so würde dieser in irgendeiner Weise Macht über sie erlangen.

Sah sie nun wieder zu der Hütte hin, wo die Tücher unter den Dachbalken schimmerten, wo die Spielleute Fröhlichkeit verbreiteten, und wo alles war, was sie liebte, dann fühlte sie, daß sie nicht in die Knechtschaft gehen konnte. Nicht einmal Tönne zuliebe. Sie sah sein blasses Antlitz in der Hütte und fragte sich mit zusammengekrampftem Herzen, ob er verdiene, daß sie ihm alles opfere.

Aber drinnen in der Hütte hatten sich die Leute zu einem Reigentanz aufgestellt. Sie ordneten sich in einer langen Reihe, faßten einander bei den Händen und stürzten, mit einem wilden, starken, jungen Gesellen an der Spitze, in rasender Eile vorwärts. Der Anführer zog sie durch die offene Tür hinaus auf die im Mondschein glitzernde Heide. Sie stürmten an Jofrid vorbei, keuchend und wild; strauchelten über Steine, sanken ins Heidekraut, zogen weite Kreise rings um die Hütte. Der letzte in der Reihe rief Jofrid an und streckte ihr die Hand entgegen. Sie faßte sie und lief mit.

Das war kein Tanz, nur ein wahnsinniges Hinstürmen. Doch Fröhlichkeit war darin, Lebenslust und Übermut. Immer kühner wurden die Schwenkungen, immer lauter tönten die Rufe, immer stürmischer ward das Lachen. Von Hünengrab zu Hünengrab, wie sie da über die Heide zerstreut lagen, schlang sich die Reihe der Tanzenden. Wer bei den heftigen Schwenkungen niederfiel, wurde wieder emporgerissen, der Langsame vorwärtsgezogen. Die Spielleute standen in der Haustür und lockten zu immer wilderem Taumel. Da war keine Zeit zu ruhen, zu denken, sich vorzusehen. In immer tollerer Hast ging der Tanz über schwankes Moos und glatte Felsplatten.

Bei alledem empfand Jofrid immer deutlicher, daß sie die Freiheit behalten mußte, daß sie lieber sterben, als sie verlieren wollte. Sie merkte, daß sie Tönne nicht folgen konnte. Sie dachte daran zu fliehen, fort in den Wald zu eilen und niemals wiederzukommen.

Alle Hügel hatten sie jetzt umkreist, bis auf den König Atles. Jofrid sah, daß es jetzt zu diesem hinaufging, und sie hielt die Blicke scharf auf den mächtigen Mann geheftet. Da sah sie, wie sich seine Riesenarme nach den Hinstürmenden ausstreckten. Sie schrie laut auf; doch nur ein schallendes Gelächter antwortete ihr. Sie wollte stehenbleiben; aber eine starke Faust riß sie weiter. Sie sah ihn nach den Vorbeieilenden greifen, aber so hurtig waren sie, daß die schweren Arme keinen von ihnen erreichen konnten. Unfaßlich war ihr, daß niemand ihn sah. Todesangst kam über sie. Sie wußte, daß er sie erreichen werde. Auf sie hatte er gelauert, seit vielen Jahren. Mit den anderen trieb er nur sein Spiel.

Ihrer würde er sich nun endlich bemächtigen.

Jetzt kam an sie die Reihe, an König Atle vorbeizueilen. Sie sah, wie er sich erhob, sich dann zum Sprung duckte, um ernst zu machen und sie zu fangen. In dieser höchsten Not fühlte sie: Wenn sie sich jetzt entschloß, am nächsten Morgen die schwere Wanderung anzutreten, hatte er nicht die Macht, sie zu packen. Aber sie konnte nicht. Sie kam zuletzt, und die Drehungen waren nun so heftig, daß sie mehr geschleppt und gezogen wurde, als daß sie selbst lief, und Mühe hatte, nicht zu Boden zu fallen. Doch obgleich sie in der rasendsten Eile dahinwirbelte, war der alte Kämpe noch rascher. Die schweren Arme senkten sich auf sie hinab, die steinernen Hände ergriffen sie, zogen sie an die mit silberblankem Harnisch bedeckte Brust. Immer schwerer legte sich die Todesangst auf sie; aber sie wußte noch bis zuletzt: Nur weil sie den Steinkönig im eigenen Herzen nicht zu besiegen vermocht hatte, war König Atle Gewalt über sie gegeben.

Nun war es zu Ende mit Tanz und Fröhlichkeit. Jofrid lag im Sterben. Sie war in dem rasenden Lauf an den Königshügel geschleudert worden und hatte von seinen Steinen den Todesstoß empfangen.

ANHANG

Quellennachweise

Der Stein im See
in: Selma Lagerlöf, Große Erzählungen.
Nymphenburger Verlagshandlung, München 1974.

Die Silbergrube
in: Selma Lagerlöf, Die schönsten Sagen und Märchen.
Nymphenburger Verlagshandlung, München 1976.

Das Wasser in der Kirchenbucht
in: Selma Lagerlöf, Die schönsten Sagen und Märchen.
Nymphenburger Verlagshandlung, München 1976.

Die Legende vom Vogelnest, Das Hünengrab
in: Selma Lagerlöf, Gesammelte Werke in zehn Bänden, Band 8, Unsichtbare Bande, Erzählungen. Albert Langen Verlag, München 1912.

Die Legende von der Christrose, Gottesfriede, Das Mädchen vom Moorhof, Der Wechselbalg
in: Selma Lagerlöf, Gesammelte Werke in zehn Bänden, Band 9, Ein Stück Lebensgeschichte und andere Erzählungen.
Albert Langen Verlag, München 1912.

Herrn Arnes Schatz
in: Selma Lagerlöf, Gesammelte Werke in zehn Bänden, Band 7, Eine Herrenhofsage und anderes. Albert Langen Verlag, München 1912.

Daten zu Leben und Werk

1858
Geburt am 20. November auf dem Gutshof Mårbacka (Östra Ämtervik, Provinz Värmland) als viertes von fünf Kindern des Leutnants und Gutsbesitzers Erik Gustaf Lagerlöf und seiner Frau Louise Elisabeth (geb. Wallroth). Selma Lagerlöf leidet unter einer Gehbehinderung aufgrund eines missgebildeten Hüftgelenks.

1881–1885
Gegen den Wunsch ihres Vaters geht Selma Lagerlöf nach Stockholm und besucht ab 1882 das Königliche Höhere Lehrerinnenseminar.

1885–1895
Tätigkeit als Lehrerin an der Höheren Lehranstalt für Mädchen in Landskrona (Provinz Schonen). 1886: Dichterische Gestaltung von Kindheitserinnerungen. Veröffentlichung von Sonetten in der Zeitschrift *Dagny*. 1887: Verkauf des verschuldeten Familienbesitzes Mårbacka. 1891: Veröffentlichung des Romans *Gösta Berlings saga* (*Gösta Berling*). 1893: Durchbruch als Schriftstellerin in Folge der positiven *Gösta Berling*-Rezension des dänischen Literaturkritikers Georg Brandes. 1894: Erscheinen von *Osynliga länkar* (*Unsichtbare Bande*), einer Auswahl von Erzählungen. 1895: Beendigung der Berufstätigkeit als Lehrerin.

1895–1897
Italienreise mit der Schriftstellerin Sophie Elkan. 1897: Übersiedlung nach Falun (Provinz Dalarna). Erscheinen des von den Eindrücken der Reise geprägten Romans *Antikrists mirakler* (*Die Wunder des Antichrist*).

1899–1902
1899: Erscheinen einer Auswahl von Legenden und Erzählungen, *Drottningar i Kungahälla* (*Die Königinnen von Kungahälla*) sowie *En herrgårdssägen* (*Eine Herrenhofsage*). 1899–1900: Reise nach Ägypten und Palästina, als deren literarischer Reflex 1901 *In Dalarne*, der erste Teil des Romans *Jerusalem*, erscheint. 1902: Veröffentlichung von *Im Heiligen Land*, dem zweiten Teil des Romans *Jerusalem*.

1904
Erscheinen von *Herr Arnes penningar* (*Herrn Arnes Schatz*) und *Kristuslegender* (*Christuslegenden*).

1906/07
Erscheinen des als Lesebuch für die Volksschule verfassten Romans *Nils Holgerssons underbara resa genom Sverige* (*Die wunderbare Reise des kleinen Nils Holgersson mit den Wildgänsen*).

1907
Verleihung der Ehrendoktorwürde durch die Universität Uppsala. Rückkauf des elterlichen Gutes. Aufnahme eines sechsjährigen Pflegesohns mit dem Namen Nils Holgersson.

1909
Verleihung des Nobelpreises für Literatur. Mårbacka wird wieder zum Lebensmittelpunkt.

1910–1915
1910: Renovierung des Herrenhauses, Wiedererwerb und Erweiterung der landwirtschaftlichen Nutzfläche des Gutes Mårbacka. 1911: Erscheinen des Romans *Liljecronas hem* (*Liljecronas Heimat*). In ihrer berühmten Rede »Hem och stat« kontrastiert Selma Lagerlöf die friedliche Welt des weiblich geprägten »Heims« mit der vom männlichen Machtprinzip beherrschten Sphäre des Staates. 1912: Erscheinen des Romans

Körkarlen (*Der Fuhrmann des Todes*). 1914: Erscheinen des Romans *Kejsarn av Portugallien* (*Der Kaiser von Portugallien*, dt. Erstübersetzung unter dem Titel *Jans Heimweh*), Ernennung zum ersten weiblichen Mitglied der Schwedischen Akademie. 1915: Herausgabe des ersten Teils von *Troll och människor* (*Trolle und Menschen*).

1918
Erscheinen des Romans *Bannlyst* (*Das heilige Leben*) als Ausdruck einer durch den Ersten Weltkrieg verstärkten pazifistischen Haltung.

1919
Aufgabe der Winterwohnung in Falun und vollständige Übersiedlung nach Mårbacka.

1921/1922
Umbau Mårbackas im neoklassizistischen Stil. 1922: Erscheinen des ersten Teils der *Mårbacka*-Trilogie.

1925
Erscheinen der Romane *Löwensköldska ringen* (*Der Ring des Generals*) und *Charlotte Löwensköld* (*Charlotte Löwensköld*). Verleihung der Illis Quorum-Medaille durch die schwedische Regierung.

1928
Mit dem Roman *Anna Svärd* (*Anna, das Mädchen aus Dalarne*) erscheint der dritte und letzte Teil des unvollendeten *Löwensköld*-Zyklus.

1930/1932
Erscheinen des zweiten und dritten Teils der *Mårbacka*-Trilogie: *Ett barns memoarer*, 1930 (*Aus meinen Kindertagen*) und *Dagbok för Selma Ottilia Lovisa Lagerlöf*, 1932 (*Das Tagebuch*

der Selma Ottilia Lovisa Lagerlöf). 1932: Auszeichnung mit der theologischen Ehrendoktorwürde der Universität Kiel.

1933
Beteiligung an einem Komitee zur Rettung jüdischer Flüchtlinge aus Deutschland. Erscheinen des letzten selbst herausgegebenen Bandes *Höst*, einer Sammlung von Erzählungen, Essays und Legenden.

1940
Unterstützung der deutsch-jüdischen Schriftstellerin Nelly Sachs bei ihrer Flucht nach Schweden. Am 16. März 1940 stirbt Selma Lagerlöf im Alter von 81 Jahren auf dem Gutshof Mårbacka und wird auf dem Friedhof ihrer Heimatgemeinde Östra Ämtervik beigesetzt.

Aus Kindlers Literatur Lexikon: Selma Lagerlöf, ›Das erzählerische Werk‹

Das äußerst umfangreiche erzählerische Werk der Autorin, das zwischen 1891 und 1945 erschien, gehört zu den international (und vor allem in Deutschland) am meisten rezipierten Werken der schwedischen Literatur. Seit ihrem Debüt 1891 verfasste Lagerlöf ihr gesamtes Leben hindurch Prosatexte unterschiedlichen Umfangs, die meist als ›berättelser‹ (Erzählungen) betitelt wurden. Aufgrund der hohen Popularität wurden etliche dieser Erzählungen in verschiedenen Ausgaben immer wieder abgedruckt. Unterscheiden lassen sich die Gruppe der »Legenden«, die auf biblischen Motiven beruhen (z. B. »Legenden om fågelboet«, 1892; *Die Legende vom Vogelnest*, o. J., M. Franzos), zum Teil längere Erzählungen, die Stoffe und Volkssagen aus der värmländischen Heimat der Autorin aufgreifen (z. B. *Herr Arnes penningar*, 1903; *Herrn Arnes Schatz*, o. J., M. Franzos), einige zum Teil ebenfalls Romanlänge erreichende Texte, in denen melodramatische und phantastische Elemente handlungsleitend sind (z. B. *En herrgårdssägen*, 1899; *Eine Herrenhofsage*, o. J., P. Klaiber) sowie das dreibändige Erinnerungswerk (*Mårbacka I–III*, 1922, 1930, 1932; *Mårbacka. Jugenderinnerungen*, 1949, P. Klaiber-Gottschau).

Gemeinsam ist diesen vielfältigen Erzählwerken ihr fingiert-mündlicher, naivistischer Erzählton, der einerseits zur Beliebtheit der Autorin, andererseits aber lange auch zu ihrer Unterschätzung als ›sagotant‹ (»Märchentante«) führte. Nirgends wird die Fiktionalisierung der Narrationsebene deutlicher als im dritten Band der Autobiographie, Lagerlöfs letztem Werk, in dem die über 70-jährige Autorin in die Erzählposition einer 14-jährigen Tagebuchschreiberin schlüpft, so dass manche Leser an ein authentisches Tagebuch glaubten. Erst wenn die Camouflage des Erzählens durchschaut ist, kann das *Dagbok för Selma*

Ottilia Lovisa Lagerlöf. Mårbacka III, 1932 (*Tagebuch für Selma Ottilia Lovisa Lagerlöf*, P. Klaiber-Gottschau, 1990) als eine Autobiographie und selbstreflexive Poetik verstanden werden, in der das Schreiben als Kompensation und kreative Umdeutung der Wirklichkeit hervortritt und im Rückblick als die dem Gesamtwerk zugrunde liegende Dichtungslehre entfaltet wird. Eine Schlüsselstelle dafür stellt die Bildbetrachtung des Gemäldes »Karl X. Gustav am Totenbett Axel Oxenstiernas« dar. Die Malerei lässt die Grausamkeit der Realität durchaus erkennen, mildert sie aber ab durch einen »schönen Schein«, den die »gemalten Vorhänge« über der Darstellung ausbreiten. Diese Strategie der imaginären Vorhänge übernimmt die Erzählerin Selma, um das Erlebte erträglich und Enttäuschung und Tod repräsentierbar zu machen. Für die 14-jährige Protagonistin bedeutet das Schreiben Leidenschaft, Flucht und Verarbeitung gleichermaßen. In Lagerlöfs Poetik bringt diese Ambivalenz ein Verfahren der Fiktionalisierung hervor, das die nie verschwiegene Konfliktlage, die oftmals existentielle Grenzsituation, durch narrative, metaphorische und mythologische Muster überformt zur Darstellung bringt.

Stoffe und Motive aus Legenden, Volkssagen oder Gleichnissen bieten daher Modelle zur Repräsentation von Konfliktmustern, in denen sich soziale mit ethischen und (tiefen-)psychologischen Problemstellungen überlagern. Die häufig aufgerufenen übernatürlichen, wunderbaren oder melodramatischen Ereignisse sind weder bloßer Nervenkitzel noch verharmlosende Verschleierung: Sie können als zeichenhafte Abbildung der Schichtenstruktur der menschlichen Psyche gelten, in der das Wichtigste verborgen bleibt oder in symbolischer Verdichtung zum Ausdruck kommt. Die Träume und Visionen in *Herr Arnes penningar*, Scheintod und Wiederauferstehungen in *En herrgårdssägen*, die Taten und Gedanken des psychisch Kranken in *Kejsarn av Portugallien*, 1914 (*Jans Heimweh*, 1928, P. Klaiber) verfolgen Strukturen des Unterbewussten, bilden Traumata nach, die Schuld, Liebeskonflikte, Begehren und Tod hervorgerufen haben.

Mit ihrer phantasiegeleiteten Imagination trug Lagerlöf zur Diskursivierung des Unbewussten, zum Diskurs der Psychoanalyse bei, der bei ihr vom Verständnis für das Abweichende, das Andere getragen wurde. Durch diesen Ansatz, durch ihren ethischen und machtkritischen Impetus und die implizite (und erst von der Genderforschung entdeckte) Kritik am herkömmlichen dichotomischen Geschlechterverhältnis gehört ihr Erzählwerk – den traditionellen Stoffen und dem archaisierenden Erzählton zum Trotz – zur modernen europäischen Literatur des 20. Jh.s.

Die Popularität der Erzählungen wurde durch zeitnahe Umsetzungen in andere Medien gesteigert, zum einen durch Illustrationen, wie etwa denen des finnischen Bildkünstlers Albert Edelfelt in der Originalausgabe von *Herr Arnes penningar*, zum anderen durch Verfilmungen durch bedeutende schwedische Regisseure wie Mauritz Stiller (*Herr Arnes penningar*, 1919) und Victor Sjöström (*Körkarlen*, 1920; *Der Fuhrmann des Todes*), die beide Höhepunkte des frühen europäischen Stummfilms darstellen.

Annegret Heitmann